佐藤志帆子 著

近世武家社会における待遇表現体系の研究

―桑名藩下級武士による『桑名日記』を例として―

和泉書院

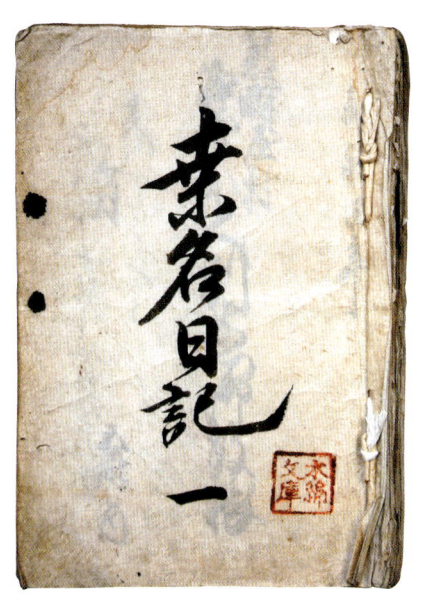

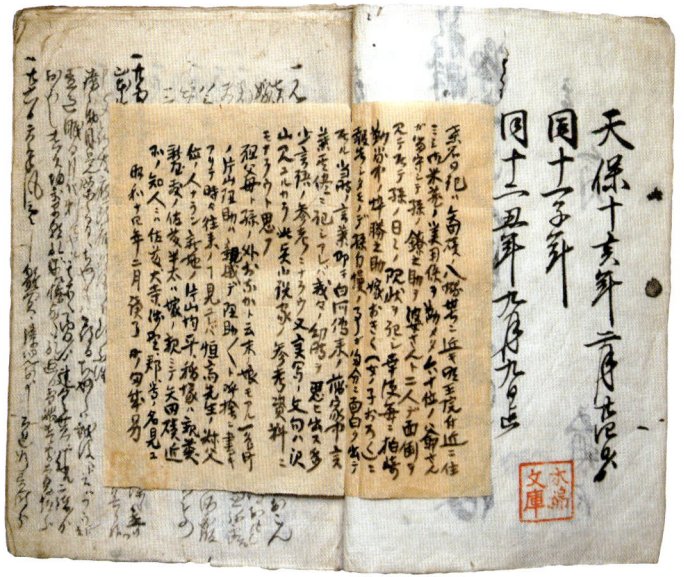

桑名市博物館蔵　上：自筆本『桑名日記』第１冊表紙　下：同　見返し

表紙の題字と見返しの目次は、澤下春男氏、澤下能親氏による解題によれば、『桑名日記』の筆者・渡部平太夫の孫の真吾（『桑名日記』に登場する鐐之助の弟）によって書かれたものであると推定されるという。また、見返しの附紙には、昭和14年・町田成男氏による読了の記録が記されている。

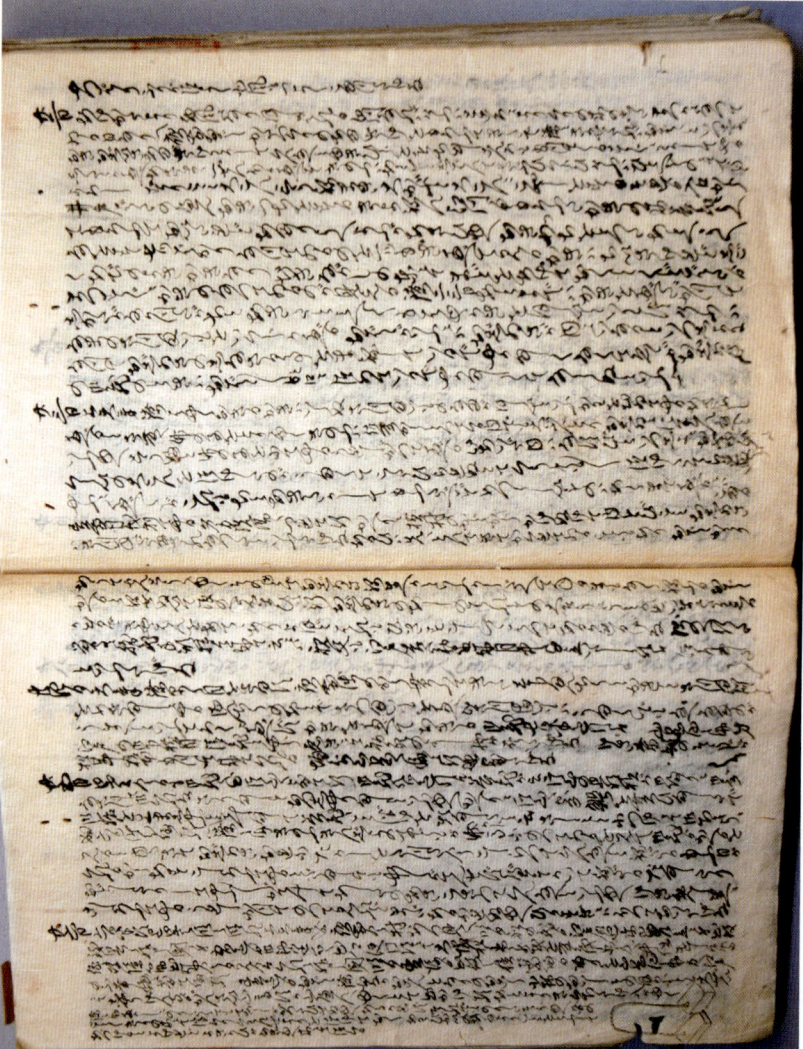

桑名市博物館蔵　自筆本『桑名日記』第1冊（天保12年8月22日～26日の部分）

左下に、平太夫の孫・鐐之助に頼まれて作った竹馬（たかし）の絵がみえる。平太夫は細かな字でていねいに10年にわたり日記を書き続け、鐐之助の両親がいる柏崎に日記を送り続けた。

東北大学附属図書館狩野文庫蔵 『桑名御城下之図 折一枚』

桑名藩では、居住域が厳密に定められていた。この地図は、家中、社、寺、町家の居住域を色分けして示したものである。下級武士であった渡部平太夫は、家中のものが住む区画のなかでも、桑名城（右下）から離れた矢田河原庚申堂北（西龍寺の東隣）に住んでいた。

序

　「功をあせらず後々まで動かぬ論証を」　これが本書を成り立たせている基本姿勢である。これは、著者、佐藤志帆子さんの恩師である彦坂佳宣先生が、その師佐藤喜代治先生の教えとして著者にさずけたものである。証拠としての用例を漏れなく集め、丁寧に分析し、そこから実証的に飛躍のない帰結を固めよとの謂である。

　現今の日本語史研究には、理論を背景にスペキュレーションをおこない、高所から対象となる言語現象を把握するというトップダウン的な方向をとる立場がある。一方、従来からの日本語史研究は対象に沈潜し、その対象を精細に把握することを旨とする研究が主流であった。このうちの前者の方法は、従来のあり方が「事実の羅列」になりがちであるというところを克服するという側面をもつものであって、このような方針が採られることで、新たに見えてくるものも多く、昨今試みられることが多くなってきているものといってよい。いってみれば、近年の「はやり」である。しかしながら、このふたつの方向性は、根源的には一方が優れ、他方が劣るということで語られるものではない。その両面があってこそ、言語現象がよりよく理解できるのである。つまり、他方が他方を必要とする関係である。とはいっても、ひとりの研究者が、ひとまとまりの研究をおこなおうとすると、その両方を一度によくすることはできないのが普通である。では、どちらを選ぶのか。

　本書はいうまでもなく、後者の方向性を採る。「功をあせらず後々まで動かぬ論証を」を基本姿勢とするからである。本書がとりあげる『桑名日記』は、江戸時代末期の伊勢国桑名藩の下級武士による日記である。江戸時代は武家の時代であるとはいうものの、その武家のことばを知るための資料は意外にも多くない。『桑名日記』は武家ことばを知ることのできる貴重な資料である。

本書においては、この『桑名日記』の言語事実、なかでもその待遇的な側面がきわめて精細に記述されている。著者は『桑名日記』を繰り返し繰り返し丁寧に読み、そのなかで用いられている武家のことばを、まさに委細漏らさずということばが誇張でないほど、精緻に記述する。これが本書のすぐれた特徴のひとつといってよい。そして、ここにおいて著者の緻密さ、すぐれた観察眼をみることができる。

では本書は、言語事実を記述するにとどまっているかというと、そのようなことはまったくない。『桑名日記』を繰り返し丁寧に読むことで江戸時代末期の桑名藩の武家社会の姿を的確につかみ、言語使用者の社会的位置を把握する。そのうえで、その武家社会における言語使用者個々の社会的位置と精細に明らかにした言語使用とをつきあわせるのである。その結果、この言語社会におこなわれる異なる二種の待遇表現システムを見出している。これは、歴史的社会言語学の実践にほかならず、この点で、歴史的な言語記述の範疇を大きく超えているといってよい。むろん、これは武家社会とそのことばが生き生きと描かれているという『桑名日記』の性格によるところが大きいということはあろう。しかし、『桑名日記』の武士世界によくなじみ、また、登場人物の生き生きとした声に耳を傾けたのは著者である。これが、本書の優れた特徴のふたつめである。ここにおいても、著者の総合的な力量の高さがうかがわれる。

さらに著者は、この言語社会におこなわれる二種の待遇表現システムのもつ言語史的意味・言語普遍的意味についても考える。待遇表現システムと言語社会の性格との関係という点を問題にするのである。この点は、きわめて大きな問題であるから、今後さらに検討が加えられていくことになるであろう。しかし、ボトムアップの方向でここまでたどり着いている。これが、本書の優れた特徴のみっつめである。著者にとっても、この研究分野にとっても、対象に沈潜しその対象を精細に把握することからの出発は正解であったといえるだろう。

以上の点から、本書、佐藤志帆子著『近世武家社会における待遇表現体系の研究―桑名藩下級武士による『桑名日記』を例として―』を、世に広く薦

めるものである。読者諸賢には、このボトムアップの日本語史研究の醍醐味を是非とも味わってほしい。

　本書は、東北大学大学院文学研究科に提出された博士論文がもとになっている。私は、博士論文やそのために積み上げた個々の論文ができあがる過程に立ち会った者であるが、このような形にまとまってみると、あらためて、その精緻さ、まとまりのよさに感嘆せざるを得ない。どちらかといえば、理屈優先になりがちな私自身が、成稿の議論の過程で佐藤志帆子さんが折々に口にする、「功をあせらず後々まで動かぬ論証を」ということばに教えられるところは多かったように思う。そのような経緯をもつ本書が、このような形でまとまったことは、喜ばしいかぎりである。

　あらためて繰り返そう。江戸時代武家ことばの精緻な記述、歴史社会言語学的な実践、言語のもつ待遇表現システムと言語社会の性格との関係の提示という点で本書の価値は高い。文献による言語史的分析の醍醐味を味わうことができる。重ねて本書を江湖に薦める次第である。

　　2014年7月

　　　　　　　　　　　　　　　　　　　　　　大　木　一　夫

『桑名日記』の言語的研究が世に出るにあたって

　このたび、佐藤志帆子さんの著書『近世武家社会における待遇表現体系の研究』が刊行されることになった。おめでたいことである。
　著書にも触れられているが、佐藤さんと私とは、彼女が立命館大学の学生であったころ、学生・院生たちと勉強会をした仲である。好奇心にあふれた目をして、物怖じせず質問する学生であった。それがこんなにも早く、著書を出すとは、その後も引き続いて東北大学の院生として、また大学教員として、多くの努力を重ねたたまものであろう。
　この著は、『桑名日記』の諸特徴を存分に踏まえ、敬語体系の分析・記述にとどまらず、社会言語学的な見地からその価値を定位した、注目すべき研究成果であると思う。親族関係の解明に新見を含み、分限帳や桑名藩の地図を活用して、これらと待遇表現・行動との関連を考察している。特に、終章近くにあるX・α・βの体系、すなわち武家層の「公的な待遇行動」、「藩士の日常かつ広い層にわたるそれ」、「内輪の地域・家族内でのそれ」の区分の試みは、幾つかの研究事例を参考にしつつも、彼女の目を通して『桑名日記』の内部にひそむ言語生活の立体構造について、豊かな解釈を提示したものである。近世語の研究にとどまらず、日本語の言語生活上の問題にも広がる芽を感じさせる。
　幾らか個人的な思い出も述べれば、私がこの『桑名日記』『柏崎日記』に接したのは35年以上前のこと、旧蔵者の三重県多度郡の伊東家を訪問し、ご家族の暖かいおもてなしを受け、撮影の便宜を与えられた。その後も何かと助言を惜しまれず、桑名民俗学会の皆さんともお会いし、著書にもある澤下春男氏は当時この日記を翻刻中、自ら和文タイプライターをたたいて入力されていた。そして時に、伊東さんらは、日記の筆者・平太夫の死因、孫・鐐

之助の行方、また支領・柏崎の模様について語っておられことが思い出される。そうした中で私の研究も幾らか進んだのであった。

　そして今、これらの方々の多くは物故され、資料も桑名市博物館に移管されている。こうした時期に、本著のような本格的な研究が現れて、関係者の方々も喜ばれているに違いない。

　　　2014年7月

彦坂　佳宣

目　次

序………………………………………………………………大　木　一　夫　　i
『桑名日記』の言語的研究が世に出るにあたって……………彦　坂　佳　宣　　v

　凡　例………………………………………………………………………………xiv

序章　研究の目的と方法………………………………………………………　1
　1．本書の目的と方法……………………………………………………………　1
　2．近世武家社会における待遇表現体系についての先行研究…………………　5
　3．本書の構成……………………………………………………………………　7

第 1 部　『桑名日記』と近世末期桑名藩の下級武士とその家族

第 1 章　『桑名日記』と桑名藩に残る歴史史料…………………………… 15
　1．本章の目的…………………………………………………………………… 15
　2．言語資料としての『桑名日記』の価値…………………………………… 16
　3．桑名藩に残る歴史史料……………………………………………………… 21
　　3.1　身分を知りうる史料………………………………………………… 22
　　3.2　親戚関係を知りうる史料…………………………………………… 23
　　3.3　近隣関係を知りうる史料…………………………………………… 24
　4．まとめ………………………………………………………………………… 25

第 2 章　『桑名日記』に登場する藩士とその家族の属性………………… 27
　1．本章の目的…………………………………………………………………… 27
　2．平太夫からみた『桑名日記』に登場する藩士とその家族………………… 27

2.1　渡部平太夫とその家族…………………………………………… 29
　　2.2　親戚………………………………………………………………… 30
　　2.3　家族・親戚以外の桑名藩士……………………………………… 34
　　2.4　その他……………………………………………………………… 36
　3.　待遇表現の使い分けに関わる登場人物の属性……………………… 37
　　3.1　身分………………………………………………………………… 37
　　3.2　世代………………………………………………………………… 37
　　3.3　まとめ……………………………………………………………… 42
　4.　本書での分析に登場する藩士とその家族の属性…………………… 43

第3章　近世末期桑名藩の下級武士とその家族の生活 ………… 53

　1.　本章の目的………………………………………………………………… 53
　2.　渡部平太夫の一日………………………………………………………… 55
　3.　下級武士とその家族の生活……………………………………………… 59
　　3.1　家族や近隣の人々との日常生活………………………………… 60
　　3.2　教育と読書………………………………………………………… 63
　　3.3　下級武士の親戚づきあい………………………………………… 64
　　3.4　桑名藩士としての生活…………………………………………… 66
　　3.5　下級武士を取り巻く社会情勢…………………………………… 68

第2部　『桑名日記』にみる近世末期桑名藩の
　　　　下級武士とその家族の待遇表現

第4章　「来ル」を意味する尊敬語 ……………………………………… 75

　1.　本章の目的………………………………………………………………… 75
　2.　分析対象…………………………………………………………………… 76
　3.　「来ル」を意味する尊敬語の運用実態………………………………… 78
　　3.1　御出ナサル………………………………………………………… 80

	3.2	ゴザラシル…………………………………………………	83
	3.3	ゴザル………………………………………………………	87
	3.4	来ナサル……………………………………………………	88
	3.5	来ナル………………………………………………………	89
	3.6	［基本形来ル］の待遇価値………………………………	93
4.	まとめ………………………………………………………………		96

第5章　命令形による命令表現……………………………… 101

1. 本章の目的………………………………………………………… 101
2. 分析対象…………………………………………………………… 102
3. 命令形による命令表現の運用実態……………………………… 104
   - 3.1　御〜ナサレマシ系………………………………………… 106
   - 3.2　御〜ナサレ系……………………………………………… 107
   - 3.3　ナサレ系…………………………………………………… 109
   - 3.4　ナヘ………………………………………………………… 111
   - 3.5　ヤレ系……………………………………………………… 116
   - 3.6　［敬語動詞連用形］＋マシ……………………………… 119
   - 3.7　［普通動詞命令形］……………………………………… 120
4. まとめ……………………………………………………………… 121

第6章　授受補助動詞クレル類命令形による働きかけの表現……… 125

1. 本章の目的………………………………………………………… 125
2. 分析対象…………………………………………………………… 126
3. 授受補助動詞クレル類命令形による働きかけの表現の運用実態…… 128
   - 3.1　御〜クダサレ系…………………………………………… 130
   - 3.2　テクダサレ………………………………………………… 132
   - 3.3　御〜テオクレナサレ系…………………………………… 133
   - 3.4　テオクレナサレ系………………………………………… 134
   - 3.5　テオクレ…………………………………………………… 136

3.6　テクンナヘ系 …………………………………………………… 136
　　　3.7　テクリヤレ系 …………………………………………………… 140
　4.　まとめ ……………………………………………………………………… 142

第7章　述部待遇表現形式の体系間における待遇価値の異同 ……… 145

　1.　本章の目的 ………………………………………………………………… 145
　2.　授受補助動詞クレル類命令形を含まない形式と含む形式の待遇価値の異同 … 147
　　2.1　【ア】礼儀を必要とするような改まった場面における待遇価値の異同 … 148
　　　2.1.1　下位の者に対して用いられる御〜ナサレ系と御〜クダサレ系 … 148
　　　2.1.2　上位の者に対して用いられる御〜ナサレマシと御〜クダサリマシ … 151
　　　2.1.3　まとめ …………………………………………………………… 153
　　2.2　【イ】親しい間柄の打ち解けた場面のなかでも一定の礼節を必
　　　　　要とするような近しい人との場面における待遇価値の異同 … 153
　　　2.2.1　下位の者に対して用いられる「ナサヘ」とテオクレナサレ … 154
　　　2.2.2　上位の者に対して用いられる「ナサレ」とテオクレナサリマシ … 156
　　　2.2.3　まとめ …………………………………………………………… 157
　　2.3　【イ】親しい間柄の打ち解けた場面のなかでもより近しい
　　　　　人との場面における待遇価値の異同 ………………………………… 158
　　　2.3.1　下位の者に対して用いられる「ヤレ」と「テクリヤレ」 … 158
　　　2.3.2　上位の者に対して用いられる「ナヘ」と「テクンナヘ」 … 159
　　　2.3.3　まとめ …………………………………………………………… 160
　3.　「来ル」を意味する尊敬語の待遇価値 …………………………………… 162
　　3.1　御出ナサルの待遇価値 ………………………………………………… 163
　　3.2　来ヤルの待遇価値 ……………………………………………………… 165
　　3.3　会話文における終止形による「来ル」を意味する尊敬語の体系 … 166
　4.　まとめ ……………………………………………………………………… 167

第8章　人称代名詞 ……………………………………………………………… 169

　1.　本章の目的 ………………………………………………………………… 169

2．分析対象 …………………………………………………… 170
　3．自称代名詞 ………………………………………………… 172
　　3.1　〈私〉 ………………………………………………… 172
　　3.2　オレ …………………………………………………… 175
　　3.3　オラ …………………………………………………… 177
　4．対称代名詞 ………………………………………………… 179
　　4.1　オマヘ ………………………………………………… 179
　　4.2　キサマ ………………………………………………… 180
　5．人称代名詞と述部待遇表現形式の対応関係 ……………… 182
　6．『桑名日記』における人称代名詞の特徴―他資料との比較から― …… 184

第3部　近世末期桑名藩の下級武士とその家族の待遇表現体系の性格をめぐって

第9章　第三者待遇表現の運用上の特質 ……………………… 197
　1．本章の目的 ………………………………………………… 197
　2．分析対象 …………………………………………………… 198
　3．第三者待遇として用いられる尊敬の述部待遇表現形式の運用実態 … 200
　　3.1　アソバス系 …………………………………………… 201
　　3.2　御〜ナサル系 ………………………………………… 203
　　3.3　御〜＋指定 …………………………………………… 203
　　3.4　ナサル系 ……………………………………………… 204
　　3.5　ナル系 ………………………………………………… 205
　　3.6　レル・ラレル ………………………………………… 206
　　3.7　ンス …………………………………………………… 207
　　3.8　テ＋指定 ……………………………………………… 208
　　3.9　普通動詞の位置づけ ………………………………… 208
　　3.10　運用実態のまとめ …………………………………… 210
　4．第三者待遇表現の運用上の特質 ………………………… 212

    4.1　話し相手待遇との比較から ……………………………… 212
    4.2　Aタイプによって待遇される人の位置づけ …………… 214
    4.3　第三者待遇における尊敬の述部待遇表現形式の使い分け …… 216
    4.4　まとめ ……………………………………………………… 217
  5. 第三者待遇表現からみた家庭内での会話場面における待遇表現の性格
      ―身内尊敬用法や自然物に対する敬語使用にも着目して― ……… 218
  6. まとめ …………………………………………………………… 221

第10章　待遇表現の使い分けに関わる場面の内実 …………… 225
　　　　　―平太夫の一日の生活に着目して―

  1. 本章の目的 ……………………………………………………… 225
  2. 場面とは何か …………………………………………………… 227
  3. 分析対象 ………………………………………………………… 230
  4. 待遇表現の使い分けに関わる場面の内実 …………………… 233
    4.1　A群が用いられる会話場面 ……………………………… 234
    4.2　B群が用いられる会話場面 ……………………………… 240
    4.3　C群が用いられる会話場面 ……………………………… 245
  5. まとめ …………………………………………………………… 248

第11章　体系分化の方向性と社会構造との相関からみた …… 255
　　　　　待遇表現体系の性格

  1. 本章の目的 ……………………………………………………… 255
  2. 体系分化の方向性からみた待遇表現体系の二種 …………… 256
  3. α体系とβ体系が運用される社会のあり方 ……………… 260
    3.1　言語共同体の規模―使用者の異なり人数と延べ人数― …… 266
    3.2　言語共同体の構成員―使用者の親疎と住所から― ……… 267
  4. 体系分化の方向性と社会構造との相関からみたα体系とβ体系 …… 270
    4.1　α体系 ………………………………………………………… 270
    4.2　β体系 ………………………………………………………… 271

5. 日本語諸方言にみられる二種の待遇表現体系……………………… 273
　　　　5.1　岐阜県西部方言にみられる社会方言と家庭敬語―小森俊平（1933）から―… 273
　　　　5.2　長野県飯山市と新潟県新井市にみられる都市部の待遇表現と
　　　　　　農村部の待遇表現―三石泰子（1977）から― ……………… 274
　　6. 待遇表現の歴史的変遷との関わりからみた二種の待遇表現体系…… 275
　　7. まとめ ………………………………………………………………… 278

第12章　近世末期桑名藩の下級武士とその家族の
　　　　武家のことばとしての待遇表現体系 ……………………………… 281

　　1. 本章の目的 …………………………………………………………… 281
　　2. 本書のまとめ ………………………………………………………… 282
　　3. 近世末期桑名藩における武家のことばとしての待遇表現体系 …… 286
　　　　3.1　武家のことばとしての待遇表現体系
　　　　　　―『三重県方言』による旧桑名藩士に対する調査との対照から―… 286
　　　　3.2　武家のことばとしてのβ体系 ………………………………… 290
　　4. 従来の研究において武家のことばとされてきた待遇表現の位置づけ… 294
　　5. 使用者からみたＸ体系・α体系・β体系の位置づけ ……………… 298
　　　　5.1　使用者の側からみたＸ体系 …………………………………… 299
　　　　5.2　使用者の側からみたα体系 …………………………………… 301
　　　　5.3　使用者の側からみたβ体系 …………………………………… 305
　　6. ひとつの地域社会に複数の体系が併存していることの意味 ……… 306
　　7. おわりに ……………………………………………………………… 308

終章　近世語研究への展望 ………………………………………………… 311

既出論文との関係 …………………………………………………………… 319
本書において用いた資料／史料一覧 ……………………………………… 320
参考文献 ……………………………………………………………………… 321
あとがき ……………………………………………………………………… 325

凡　例

1．用例の示し方

　『桑名日記』『柏崎日記』を引用する際には、基本的には澤下春男氏・澤下能親氏の翻刻の表記に従った。ただし、読みやすさを考え、内容に支障をきたさない範囲で表記をあらため、句読点を施したところがある。

　また、『桑名日記』から用例をあげる際には、次のように用例番号を（　）で示し、末尾に冊数と澤下春男氏・澤下能親氏の翻刻（第1刷）のページ数を示した。ただし、第3冊はページ数の前に「竹」と表記された所がある。なお、引用文の下線と（　）内の説明は筆者による。「…」は省略を示す。

（1）　鐐之助ハ留守。珍ら敷七ツ時分迄じゝばゝ斗也。…夕方かぼちや棚ヲ崩し夕飯給直ニ鐐之迎ニ（新屋敷へ）行。おすゑさと表へ出見てゐる。見付ると飛込おじゐさがむかひニ来なつたと言様子也。　　　2-83

2．注の示し方

　注は各章の末尾に掲げ、本文には該当箇所に以下のように上付き小文字によって指示した。

　　辻村敏樹（1971：7）が指摘するように、「敬語史は純然たる言語形態史としての面を持つだけでなく、同時に言語生活史とも言うべき面をも持っており、それら両面にわたっての叙述がなければ、敬語史としての叙述は十分なものとなり得ない」のである[1]。

3．参考文献の示し方

　参考文献は本文中において、各章ではじめに言及するところで、「辻村敏樹（1971）」のように著者名および発行年を示し、詳細は、参考文献に掲載した。なお、著者名は各章で最初に言及する場合に姓名を示し、それ以降は、姓のみを示した。また、参考文献を引用する際には、引用箇所の頁数についても示し、引用にあたっては、旧字体を新字体にあらためた。

序章　研究の目的と方法

1．本書の目的と方法

　江戸時代は、近代日本語の成立を考えるうえで極めて重要な時代である。江戸時代に至り、封建制の確立に伴って地域・階層の分化が進み、位相ごとにそれぞれの社会生活の状況を反映した言語体系が次第に形成されていった。一方で、江戸時代末期には、江戸語を中心として複雑な表現が整理され、単純化していったことが知られている（小松寿雄　1985、田中章夫　2001他）。

　そうしたなかで、江戸時代を通じて支配者階級にあった武家のことばは、江戸時代のことばを考えるうえで、極めて重要な位置を占めるものと考えられる。たとえば、現代日本語でも広く用いられるオ～ニナルという表現は、武家の文章語を起源とするものであることが知られている（原口裕　1974）。しかし、こうした指摘は部分的なものであって、武家のことばの実態については必ずしも十分には明らかになっていない。

　江戸時代のことばについて体系的に明らかにしたものとしては、前期上方語をおもな対象とした山崎久之（2004）、後期江戸語をおもな対象とした小島俊夫（1974）がある。これらの研究は、江戸時代のことばのなかでも待遇表現を対象として、その体系を明らかにしたものである。これまでに山崎、小島の研究によって、江戸時代にみられる多彩な形式の待遇価値や、それぞれの形式の敬意が変遷する様子などが精細に明らかになっている。江戸時代における待遇表現体系は、山崎によれば5段階に、小島によれば6段階に分けられるという。しかし、これらの研究は洒落本や滑稽本といった文芸作品を対象として行われたものであったために、そこで示された体系は、おもに町人の実態を反映したものであった。武家の待遇表現については、「拙者」

や「申ス」といった武家特有の語彙や語法などが指摘されているが、これは山崎が指摘しているように「町人文学に現われた武士ことばの体系である」(山崎　2004：514)。

　このように江戸時代の待遇表現体系は、町人の実態については精細に明らかになっているものの、武家の実態については、いまだ不明なところが多い。これは、武家によって書かれた資料は文語的なものに偏り、口語的なものが少ないことによると考えられる。従来の研究では、文芸作品から見出される"武士らしい"ことばを垣間見てきたものといえる。しかし、さきにも述べたように、武家のことばは江戸時代のことばを考えるうえで重要な位置を占めるものと考えられることから、武家の待遇表現についても武家によって書かれた口語的な資料を新たに探し求めたうえで、その体系を明らかにしていく必要があると思われる。諸星美智直(2004：24)は、「近世武家の言語を研究する方法としては、戯作資料だけでなく、口語的な古文書の収集とその実証的な分析なくして日本語史の真実の解明とはならないのである。その上で戯作資料における実態と突き合わせ分析する必要があろう」と述べている。

　そこで、本書ではそのような資料のひとつである『桑名日記』を対象として、近世武家社会における待遇表現体系の実態を明らかにしたい。

　本書で扱う『桑名日記』は天保10年(1839)から嘉永元年(1848)にかけて、近世末期桑名藩の下級武士・渡部平太夫によって書かれた日記である。下級武士の日常を綴った私的な日記であるため、次のような口語的な文体が広くみられ、下級武士とその家族の日常会話における言語実態を知ることができる。また、待遇表現は人間関係や場面をはじめとしたさまざまな要因によって使い分けられるものであるが(菊地康人　1994)、『桑名日記』はおよそ10年にもおよぶ日記であるため、日記の内容から下級武士とその家族の生活の様子を知ることができ、そこにみられる待遇表現が具体的にどのような人間関係の、どのような場面で用いられていたのかを把握することができる。

　　八日　天きあたゝか。あさ御ぜんたべてから鎔こしんやしきへつれゆく。
　　みなさま大よろこび。じきうらへかきをもいでもらひ二ついてゆく。お

ばゝさま鐐このかほをながめてあのまあかわゆらしいかほをおかゝに見せたらどふだろうとおつしやる。それから大きなかきを一つむいてもろふてたべ、おじやのも半ぶんやる。そのうちニおぢさもおじいさも御かへり、おや鐐こがきているかよくきたぞと大よろこびなさる。すこしもだかれずあるきとふしましたと云バそれハかんしんだ〳〵とくりかへし〳〵ほめなさる。じんざもきていて鐐さ大きくなりなされたとよろこんでおる。おれハかへるぜやと云バ、あい、ばんニおばゝにおくつてもらうんだといふ。おばゞさまおゝ〳〵おくつてやるとも〳〵とよろこんでいなさる。 1-21

　武家のことばにかぎらず文献資料を対象とする場合、人間関係や場面といった待遇表現の使い分けに関わるさまざまな要因を把握することは容易ではない。文献資料を対象とした研究をみると、具体的な人間関係や場面との相関から待遇表現の運用実態を明らかにするといった研究はいまだ少ないようである。さきにみた山崎と小島の研究も、場面について考慮しつつ人間関係の枠組みが何段階あるのかということを捉えているものの、基本的には人称代名詞と述部形式との対応関係から体系を導きだしている。これは、永田高志（2005：90）が述べているように、「現代語であれば、臨地調査で実際にどのように話すか調査をすることができるが、歴史的文献においては不可能である」ことによると思われる。たとえば、従来の研究が対象としていた文芸作品では、身分や年齢といった具体的な属性を把握することは難しい。
　しかしながら、そこにみられる待遇表現がたしかに生きていた人々のあいだで運用されていたものである以上、たとえ文献資料であっても、待遇表現の使い分けに関わる人間関係や場面といったさまざまな要因を把握する方法を探り、そのうえで、そうした要因や生活実態あるいは社会のありようとの関わりから待遇表現を捉えていく必要がある。辻村敏樹（1971：7）が指摘するように、「敬語史は純然たる言語形態史としての面を持つだけでなく、同時に言語生活史とも言うべき面をも持っており、それら両面にわたっての叙述がなければ、敬語史としての叙述は十分なものとなり得ない」のである[1]。

そのようななかにあって、本書で扱う『桑名日記』は、さきにも述べたようにおよそ10年にもおよぶ私的な日記であるために、日記の内容から人間関係や場面、あるいは武家の生活の様子を具体的に知ることができる文献資料である。さらに、桑名藩には、『桑名日記』に登場する藩士の身分を記した分限帳などの歴史史料が多く残っていることから、それらの歴史史料を用いることにより、登場人物の属性についても、より客観的に知ることができる。したがって、『桑名日記』は、人間関係や場面、あるいは武家の生活実態や社会のありようとの関わりから待遇表現の運用実態を捉えることができる貴重な文献資料といえる[2]。

なお、『桑名日記』の言語実態について論じたものとしては、『桑名日記』にみられる東西方言対立的事項を分析した彦坂佳宣（1984）、および原因・理由表現の実態を分析した彦坂佳宣（2003）がある。詳細については第１章で言及するが、これらの研究によって、近世末期の桑名藩では、特有の家中弁が形成されていたことが知られている。

ところで、山崎や小島の研究からもうかがえるような、人称代名詞の多様化や丁寧語の発達といった江戸時代における待遇表現体系にみられる特徴は、聞き手に対する配慮の深まりを示すものといえる。

そして、こうした現代の敬語を含む待遇表現につながる聞き手に対する配慮の深まりは、従来、町人の都市生活を背景として発達したものと考えられてきた。敬語史を「敬譲の意識」から「礼儀の意識」へという意識の変化として捉えた宮地裕（1981：21）は、「町人が、とくに都市生活において、「眼前の相手が自分にどのような利害をもたらす者なのか、はかりしれないことさえある」ところから、相手への慎重な配慮をはらい、聞き手への敬語を普及させていくことになった」としたうえで、近世敬語の特徴を次のように述べている。

　　近世敬語は二重性格を持つものだったと総括されよう。すなわち、支配武士階層と被支配町人、その他階層とのあいだの上位・下位関係にもとづく古代敬語の性格と、都市生活町人を代表とする庶民のあいだに醸成

されていった現代敬語的市民社会敬語の性格という二重性格である。

宮地（1981：21）

　聞き手への配慮の深まりは、たしかに町人のあいだにおいても醸成されていったものであろう。だが、こうした聞き手に対する配慮の深まりが武家においてはみられなかったのかというと、武家によって書かれた文献資料を対象とした具体的、かつ体系的な研究はないために、いまのところ、そのような確証はない。宮地のような見方は、従来の研究が対象としてきた町人の実態をふまえたものとみられる。このように、古代敬語から現代敬語への歴史的変遷を考える際にも、従来の研究が対象としてきた資料に位相的な偏りがあったことが歴史的変遷の全体像を捉えにくくしているものといえる。したがって、この点においても、武家によって書かれた文献資料を対象として、武家社会における実態を明らかにしていく必要があるといえる。

　以上のように、本書では、待遇表現の歴史的研究においてさまざまな可能性を持っていると思われる『桑名日記』を対象として、これまでほとんどその実態が明らかにされてこなかった近世武家社会における待遇表現体系について明らかにし、その性格を考察したい。

2．近世武家社会における待遇表現体系についての先行研究

　ここで、近世武家社会における待遇表現体系についての先行研究を整理しておく。さきにも述べたように、武家によって書かれた口語的な文献資料は少なく、その数は多くはないが、本書の分析をはじめるにあたり確認しておく必要があろう。

　まず、前節でも述べたように、山崎久之（2004）、小島俊夫（1974）による文芸作品を対象とした研究では、文芸作品のなかに武家特有の語彙や語法がみられることが指摘されている。とくに人称代名詞については、複数の形式が武家の代名詞として指摘されている。

　山崎は、江戸前期の上方待遇表現体系にみられる武家の人称代名詞として、

自称の「拙者」「われわれ」「身ども・それがし」「われ」、対称の「お手まへ」「おみ」「おんみ」「其の方」「御自分様」「御自分」「貴殿」「貴公」「汝」をあげている。

小島は、人情本や滑稽本にみられる人称代名詞のなかでも武士によって用いられたものとして、自称の「拙者」と対称の「貴殿・貴公さま・貴所・貴公・お手前さま・そのもと・ご自分さま・ご自分・そち・その方」をあげている。

そして、武家によって書かれた文献資料にみられる待遇表現に言及したものとして、おもなものに、勝海舟の父・左衛門太郎夢酔によって書かれた『夢酔独言』を対象とした中村通夫（1948）、松平定信の側近・水野為長によって書かれた『よしの冊子』を対象とした金田弘（1987）、武市瑞山文書を対象とした諸星美智直（1997）などがある。

中村は、「江戸で生まれた武家階級の日常会話に近い言葉で書かれた」資料であるという『夢酔独言』に、レル・ラレルによるいわゆる「られ敬語」がみられることを指摘している。

金田は、『よしの冊子』にみられる文末辞、代名詞、尊敬表現を対象として、「公的な場と、私的な場で使用される寛政期の武士の言葉」について明らかにしている。代名詞では自称の「おれ」「拙者」「私」と、対称の「貴様」「其元」「其方」が多用されているといい、尊敬表現としては「おつしやる」、「思召す」、および「るる・らるる」「しやる・さつしやる」「（御）〜被成」「御〜に成」「（御）〜遊ばす」などがあるという。

諸星は、土佐藩士である武市瑞山の文書類に、「私」や「其方」といった人称代名詞がみられること、なかでも対称代名詞のアナタや尊敬表現の「御〜被成」「オ〜ニナル」といった「共通語的な語法」がみられることを指摘している。

さらに、原口裕（1974）は、オ〜ニナルの早い時期の使用が『桑名日記』、およびその返信にあたる『柏崎日記』にみられることを指摘している[3]。

このように、近世武家社会における待遇表現について言及した先行研究はいくつかみられるものの、いずれも部分的な指摘にとどまっている。ただし、

そのようななかでも金田弘（1987）は、具体性にはやや欠けるものの、いくつかの形式を「公的場面」、「私的場面」といった場面ごとに捉えており、武家の待遇表現について体系的にうかがい知るものとして、注目される。なお、金田が対象とした『よしの冊子』は、『桑名日記』が書かれるおよそ40年前に、『桑名日記』の筆者が仕えたのとおなじ松平越中守家の家臣によって書かれたものであり、同一藩内の事情を知るものとしても注目される。

3．本書の構成

　前節でみたように、近世武家社会における待遇表現体系についての先行研究は少なく、体系的な研究はほとんどないといってよい。このような研究状況からも、近世武家社会における待遇表現体系の研究をさらに進めていく必要があるといえよう。本書ではこうした状況をふまえ、近世末期桑名藩の下級武士・渡部平太夫によって書かれた『桑名日記』を対象として、『桑名日記』ならではの良さを生かしつつ、人間関係や場面、さらには武家の生活実態や社会のありようとの関わりから、待遇表現の運用実態や体系のありようを描き出してみようと思う。

　ここで、本書の構成を述べておく。本書は、第1部「『桑名日記』と近世末期桑名藩の下級武士とその家族」、第2部「『桑名日記』にみる近世末期桑名藩の下級武士とその家族の待遇表現」、第3部「近世末期桑名藩の下級武士とその家族の待遇表現体系の性格をめぐって」の3部から構成される。

第1部　『桑名日記』と近世末期桑名藩の下級武士とその家族

　　第1部では、まず、第1章において、本書で扱う『桑名日記』と桑名藩に残る歴史史料について整理する。そして、第2章において、第2部と第3部の分析で人間関係を把握する際に必要となる登場人物の属性について整理する。また、第3章では、日記の内容から下級武士とその家族の生活実態を明らかにする。これらの章により、第2部以降で明らかにしていく近世末期桑名藩の下級武士とその家族の待遇表現体系が、ど

のような社会の、どのような生活のなかで運用されていたものであるのかを明らかにする。

第2部　『桑名日記』にみる近世末期桑名藩の下級武士とその家族の待遇表現

　　第2部では、『桑名日記』にみられるさまざまな待遇表現を具体的にとりあげて、その運用実態をみていく。本書ではとくに、述部において待遇表現として用いられる形式（以下、述部待遇表現形式とする）と人称代名詞を対象として運用実態を分析する。なお、本書では、いわゆる謙譲語と丁寧語については、扱わない。

　　分析にあたっては、それぞれの形式を第1部で明らかにした登場人物の属性や日記の内容からわかる場面の性質と照らし合わせながら、使い分けの実態を明らかにしていく。詳しくは第2部のはじめに述べるが、第4章では「来ル」を意味する尊敬語を、第5章では命令形による命令表現にみられる述部待遇表現形式を、第6章では授受補助動詞クレル類命令形による働きかけの表現にみられる述部待遇表現形式を、そして、第8章では人称代名詞を対象として分析する。第2部では、こうした分析を積み重ねることにより、近世末期桑名藩の下級武士とその家族の待遇表現体系の全体像を明らかにしていく。

第3部　近世末期桑名藩の下級武士とその家族の待遇表現体系の性格をめぐって

　　第3部では、第2部で個々に明らかにした体系を広くみわたすことによって、近世末期桑名藩の下級武士とその家族の待遇表現体系の性格をみていく。まず、第9章では第三者待遇表現の運用上の特質を明らかにする。次に、第10章では待遇表現の使い分けに関わる場面の内実について、第3章で明らかにした平太夫の一日の生活との相関から明らかにする。そして、第11章では、待遇表現体系の体系分化の方向性と社会構造との相関から近世末期桑名藩の下級武士とその家族の待遇表現体系の性格を考える。さらに、第12章では、ここまでの内容を整理するとともに、近世末期の桑名藩において武家のことばとして捉えられていた体系はどのようなものかという観点から待遇表現体系の性格を考える。

以上のようにして、『桑名日記』にみられる近世末期桑名藩の下級武士とその家族の待遇表現体系のありようを明らかにすることをとおして、近世武家社会における待遇表現体系の一端を明らかにしたい。

　本書では、日記の内容や桑名藩に残る歴史史料を活用することにより、その時代をたしかに生きていた人々の生活を浮かびあがらせ、生活のなかで運用されていたものとしての待遇表現体系のすがたを捉えることをこころみる。

　注
1）　本書では、敬語を待遇表現の一部を成すものと考える。辻村はこの引用箇所のつづきで、「更に言うならば、敬語が敬語としての機能を果たすのは、敬語でないところの表現、即ち、通常語や卑罵語と言われるものとの対応においてであることを考えると、ひろくそれらをも含んだ表現、つまり、待遇表現の中における位置づけを考える必要があり、敬語史もそうした観点からの展望が大切であると言える」と述べている。こうした指摘をふまえ本書では、敬語を含む待遇表現の運用実態をみていく。
2）　武家によって書かれた資料は、歴史的に見れば「史料」であるが、本書では二次的に用いる「歴史史料」と区別して、一次的に用いるものを「文献資料」とする。
3）　ただし、金田弘（1987）は、澤下春男氏・澤下能親氏の翻刻（本書で扱う翻刻）では「御～被成」となっているところを、原口が対象とした翻刻（堀田吉雄解題（1971）『桑名日記・柏崎日記（抄）』）では「御～に成」としていることから、『桑名日記』『柏崎日記』にみられる用例については慎重に検討する必要があることを述べている。

第 1 部

『桑名日記』と近世末期桑名藩の下級武士とその家族

第1部では、本書で扱う『桑名日記』と桑名藩に残る歴史史料がどのようなものであるのかについて、明らかにする。また、第2部以降の分析において必要となる登場人物の属性を整理するとともに、第2部以降において明らかにしていく待遇表現が、どのような社会の、どのような生活のなかで用いられていたものであるのかについてもここでみておく。

　まず、**第1章**では、『桑名日記』の概要と、言語資料としての『桑名日記』の価値について、『桑名日記』の返信にあたる『柏崎日記』の記述や、彦坂佳宣（1984）（2003）による『桑名日記』を対象とした先行研究から明らかにする。さらに、桑名藩に残る歴史史料について整理し、さまざまな歴史史料を本書においてどのように活用するのかということを明確にする。

　次に、**第2章**では、『桑名日記』の日記の内容と桑名藩に残る歴史史料から、『桑名日記』に登場する藩士とその家族の属性を整理する。本書では、第2部以降の分析において、ここで整理する属性を用いて待遇表現の使い分けの実態を分析していく。

　そして、**第3章**では、桑名藩の下級武士とその家族の生活について、日記の内容から明らかにする。『桑名日記』はおよそ10年にもおよぶ日記であるため、彼らの生活ぶりを詳しく知ることができる。従来の文献資料を対象とした研究では、こうした生活実態についてはあまり着目されてこなかったように思う。しかしながら、待遇表現は日々の生活において、さまざまな人と出会うなかで使われるものであることから、その待遇表現体系がどのような生活のなかで用いられていたものであるのかを知ることは、重要なことであると思われる。

　以上のように、第1部では、本書で扱う『桑名日記』と歴史史料について整理し、登場人物の属性を整理するとともに、近世末期の桑名藩をたしかに生きていた下級武士とその家族のすがたを描き出すことを目的とする。

第1章 『桑名日記』と桑名藩に残る歴史史料

1．本章の目的

　本書で扱う『桑名日記』は、天保10年（1839）2月24日から嘉永元年（1848）3月4日にかけて、桑名藩（現在の三重県桑名市）の下級武士であった渡部平太夫によって書かれた日記である。『桑名日記』が成立した事情については、『桑名日記』『柏崎日記』を翻刻した澤下春男氏による『桑名日記柏崎日記解題』に詳しい。それによれば、『桑名日記』成立の事情は以下のようである。
　天保10年（1839）、桑名藩の下級武士・渡部平太夫の甥で平太夫の養子となった渡部勝之助は、藩領の柏崎（現在の新潟県柏崎市）への着任を拝命する。その際、勝之助は妻のおきくを伴って柏崎に赴任することになる。だが、その時、勝之助・おきく夫妻には幼少の長男・鐐之助がいた。跡継ぎである長男は藩主のもとで育てたいという思いがあったのであろうか、鐐之助は祖父にあたる平太夫のもとに預けられることになった。そこで、平太夫が柏崎の勝之助夫妻に、鐐之助の成長や身の回りの出来事などを伝えるべく記したものが、『桑名日記』である。なお、平太夫と平太夫の家族については、第2章で詳しく述べる。また、系図についても第2章のなかにおいて示す。
　こうして柏崎に届けられた『桑名日記』は、澤下春男氏による『桑名日記柏崎日記解題』によれば、明治維新後の明治元年8月に、勝之助の次男・真吾によって桑名に戻された。その後、何らかの事情により各所を点々とし、まず、「多度故伊東富太郎翁の木綿文庫に収り」、その後、伊東富太郎氏の「御令孫伊東春夫氏が継承されて、昭和四十六年三月十七日三重県教育委員会から文化財指定をうけて現在に至っている」ものであるという。なお、現在は、『桑名日記』の返信にあたる渡部勝之助著『柏崎日記』とともに、桑名市博

物館に所蔵されている。

　翻刻されたものとしては、まず、堀田吉雄氏による『桑柏日記民俗抄』（伊勢民俗学会、昭和44年）、および「桑名日記・柏崎日記（抄）」（『日本庶民生活史料集成』第15巻、昭和46年）に抄録されたものがある。そして、昭和57年に刊行された澤下春男氏、澤下能親氏による全文の翻刻によって、両日記は広く知られるところとなった。本書においても、この澤下春男氏、澤下能親氏による翻刻を用い、不明なところがあるときや用例を慎重に扱う必要があるときは、筆者が桑名市博物館において撮影した自筆本の写真版と照合し、確認する。

　さて、こうして多くの人に読み継がれ今日に伝わった『桑名日記』であるが、本書はこの『桑名日記』を対象として、近世末期桑名藩の下級武士とその家族の待遇表現体系のありようを明らかにすることを目的とするものである。

　本章では、はじめに、『桑名日記』の言語資料としての価値を明らかにしておきたい。また、ここでは、以降の分析において登場人物の属性を把握する際に活用する桑名藩に残る歴史史料についても整理しておく。

2．言語資料としての『桑名日記』の価値

　『桑名日記』（以下、『桑名』とする）は、第一に、武家によって書かれた文献資料にあってはめずらしく、次のような口語的な文体が広くみられる点において注目されるものである。

　（1）　鐐之助武八ニつりばりをもろふて大よろこび。おじゐさつりニいきなんかおじゐさ〳〵といじりぬく。…もろこの一ひきもつれゝバよいがと思ふていつたれバ、そこへ入ると六寸ほどのふながかゝる。鐐おどりあがる。五寸程のふなかゝる。三寸ほどのもろこもかゝる。その内子どもがすくいニふ（虫）きて、むしやふニにごしてもふつれぬゆへやめてかへる。おもてからおばゝ〳〵〳〵とじなつてとびこミ、大ぶながつれたミへ〳〵いれものをくんなへはやふ水を入てくんなへと大さわぎし

てはちへ入、ふたしておく。六ツ過又たどのかたニてかミなりなり、北のかた所々ニてひかる。鐐かやへはいろうといふから入る。べいきよふといふゆへ、かミなりさまハとふへところだから、おつかなくなへニ、べいきずともゑゝといふても、きよふといふゆへ、ひとへものをかけてやる。ぢきねふる。大あせかいてゐるで、ひとへものをとる。…鐐せんとうかへりニ、佐藤へより、けふつつてきたうなぎ二くしもろふてきて、ぢきなめこんでしまう。
                                                                1-171

このようにいきいきとした口語的な文体が広くみられるが、これは、『桑名』が成立した事情と深く関わっている。

　『桑名』は、さきにも述べたように、平太夫が孫・鐐之助の成長の様子を、柏崎に住む鐐之助の両親に伝えるために書いたものである。およそ10年ものあいだ、ほぼ毎日欠かすことなく書かれた『桑名』は、柏崎に下向する藩士や江戸藩邸を経由する飛脚によって柏崎に届けられていたとみられる。『桑名』が届けられた柏崎では勝之助とおきく夫妻はもちろんのこと、柏崎陣屋の人々が集まって日記を読んでいた。

　次にあげるのは、平太夫の養子・渡部勝之助が桑名の平太夫に宛てて書いた『柏崎日記』（上巻、中巻、下巻の全3冊）の一部であるが、これらの記事からは『桑名』が柏崎でどのように読まれていたのかをうかがいしることができる。（2）では鐐之助の母・おきくだけでなく、柏崎陣屋に住む「（竹内の）叔母さ」や「大竹の娘」も集まって、勝之助が読み聞かせる『桑名』の内容に聞き入っている。なお、この（2）は天保12年7月15日の日記であるが、これは前掲（1）の鐐之助が大ぶなを釣った日（天保12年6月15日）のことを話題にしているものと思われる。また、（3）では日記のなかでも鐐之助の元気な様子を記したところを中心として、人々に読み聞かせている。（4）ではおきくが仕事をしながら、（5）では「叔母さと品川のかゝ衆大倉与十郎」が甘酒を飲みながら桑名から届いた日記の内容に聞き入っている。

　（2）　日記ヲ読から只今叔母さに御出被成と申上ル。人が参つておるで後
　　　ニゆかふとおしやる。夫から日記ヲ読む。大竹の娘申ニハ、よくハ〳〵
　　　その様ニ毎日のことをこまかに御書付被成事ト、誠ニかんしん致候。鐐

之助凧揚目ニ見ゆる様也。大ぶなトなまずのつれた時ハどんな悦びて有たろふトおきくもとも悦びいたし候。　　　　　『柏崎日記』上巻100頁
（3）　木村ニ桑名咄し色々承り、鐐児の咄も承り、夫より日記所々鐐児元気面白所読ム。皆々あきれ返り、誠ニ桑名ニ御出被成たも御同様、実ニ目ニ見ゆる様也と申。ケ様の日記ハ日本ニ稀成ル事也。四年来一日も欠けずとハ御気根の程、恐れ入りたる事也、と感心セぬものは無之。
　　　　　　　　　　　　　　　　　　　　　　　　同、上巻190頁
（4）　扨久々にての御状待くらし居り早速拝見仕候処、先以御機嫌克被為入おなか鐐之助も息才ニて大安堵仕候。夫より日記ヲ拝見仕候。おきく仕事ヲ持て側へより承り候。扨鐐之助の成行誠ニ御めいさいニ御しるし被下実ニ目の前ニ飛て来ルかとおもふ様ニ御座候。　　同、上巻51頁
（5）　夜ニ入日記漸読ニかかり候。聞手は叔母さと品川のかゝ衆大倉与十郎も来ル。与十郎と申候ハ、桑名ニ居り候てもケ様な委敷事はしれ不申、面白事と被悦候。甘酒わかし菜のひたしもの也。五ツ半頃迄ニ読仕廻ひ、四ツ頃ニ引ル。　　　　　　　　　　　　　　　　　同、中巻206頁

　これらの記事によれば、『桑名』は、柏崎の人々が「ケ様の日記ハ日本ニ稀成ル事也。四年来一日も欠けずとハ御気根の程、恐れ入りたる事也」「桑名ニ居り候てもケ様な委敷事はしれ不申、面白事」と感心するほど詳細に書かれている。また、鐐之助の様子が「実ニ目の前ニ飛て来ルかとおもふ様」であると評している。
　このように『桑名』が口語的であるのは、読み手のひとりである鐐之助の母、おきくに配慮してのことであったのではないかと思われる。次の（6）は、おきくが勝之助が留守にしているときに、向いに住む竹内運八郎に日記を読んでもらったことを記しているところである。それによれば「処々読めぬ処有之候よし」とあり、おきくは字が読めなかったことがわかる。おきくは周りの人々に読み聞かせてもらいながら、鐐之助の成長を確かめていた。『桑名』のなかでも勝之助にさえ伝えれば良いようなことは、（7）のように候文で記されている。

（6）　今晩漸先達而江戸立前ニ御遣し被下候日記拝見仕候。おきくハ先頃

留守ニ運公ニ読んで貰ひ候よし。処々読めぬ処有之候よし。又読て聞セ
　　候。扨鏐之助殺生好ニ者あきれ申候。只今からケ様ニてハ後ニハ如何様
　　ニ好に相成可申哉、囲ツたものニ御座候と相咄し申候。　同、中巻88頁
（7）四五日已前富永太兵衛隠居之願差出候処、上より隠居被仰付。家督
　　之義ハ追而可被及御沙汰旨のよし。　　　　　　　　　　　　1-136

　こうした事情から、『桑名』にはいきいきとした口語的な文体が広くみられ、そのなかには当時の口語を反映していると思われる待遇表現が多くみられるのである。諸星美智直（2004）が指摘しているように、武家によって書かれた文献資料のなかでも口語を反映しているとみられる文献資料は極めて少ない。また、『桑名』は書簡のように断片的なものではなく、およそ10年にわたってほぼ毎日書かれたものであるため、量的にも多くの用例を集めることができる。澤下氏の解題によれば、『桑名』の総数は630枚にもおよぶ。
　したがって、本書で扱おうとしている『桑名』は、近世武家社会における言語実態を知るうえで極めて貴重な文献資料であるということができる。
　さらに、待遇表現の運用実態を明らかにしようとするにあたって、桑名藩に多くの歴史史料が残されている点でも、『桑名』は貴重な資料といえる。桑名藩には次節で詳しく述べるように多くの歴史史料が残されていることから、それらの歴史史料を活用することで『桑名』に登場する人物の身分など、人間関係を把握する際に欠かせない属性を客観的に知ることができる。この点においても、『桑名』は優れた文献資料といえる。
　ここで、『桑名』の言語実態について明らかにしたものについてみておこう。『桑名』の言語実態についてはこれまでに、彦坂佳宣（1984）（2003）によってそのありようが明らかにされている。これらの研究は、国語調査委員会の『音韻調査報告書』（明治38年）、『口語法調査報告書』（明治39年）、および、これらに対する「約50年後の追跡的調査」である『三重県方言』第2号の武家ことばの特集によって、その概況が知られる「桑名家中言葉」について、『桑名』から具体的な言語実態を明らかにしようとしたものである。
　彦坂によれば、桑名に家中言葉がみられるのは、桑名藩主松平氏が江戸時代を通じて転封を繰り返したことと深く関わっているという。桑名藩主松平

氏の転封歴については彦坂（1984）（2003）、および久徳高文（1956）に詳しいが、ここであらためてまとめると次のようになる。

　　寛永12年（1635、初代定綱）〜宝永7年（1710）　　桑名（76年間）
　　宝永7年（1710、3代定重）〜寛保元年（1741）　　高田（31年間）
　　寛保元年（1741、7代定賢）〜文政6年（1823）　　白河（82年間）
　　文政6年（1823、10代定永）〜　　　　　　　　　　桑名

　『桑名』の筆者・渡部平太夫の経歴については第2章で詳しく述べるが、藩主の転封歴との関わりから述べておくと、平太夫は40歳のときに藩主の移封に伴って、白河から桑名の地に移住してきたものである。
　さて、彦坂（1984）では、こうした藩の事情をふまえて、『桑名』にみられる言語実態のなかでも、東西方言における対立的事象について明らかにしている。彦坂は桑名が西部方言地域にありながら、『桑名』では「かなりの事項にわたり東部事象が強い」としたうえで、『桑名』にみられる東西方言における対立的事項を転封先の方言と対照することにより、桑名家中言葉の成立経緯について考察している。それによれば、「基本的に西部方言を基調とするものであったと考えられる」初期の状態から、最初の転封先である高田において「徐々に土地の方言に干渉され」東部化し、ついで白河において東部化がさらに進んだという。ただし、東国に広くみられる推量、意志の「ベー」がみられないといったことから、「藩士達は移住先の方言に影響されながらも、一方では武士としての身分・教養にふさわしい事象を選択的に受容して、特有の家中弁が形成されていったものと思われる」と結論付けている。
　また、彦坂（2003）では、こうした桑名藩家中弁について、原因・理由表現の考察から、その成立経緯を探っている。それによれば、原因・理由表現についても、高田で取り入れたとみられる「サカイ」など、転封先の方言を取り込んだ多様な形式がみられるという。そして、「こうした形式類による体系、それを使った言語活動は、家中意識と連動して藩士らしさを示すものであったと考えられる」と指摘している。

このように、彦坂の『桑名』を対象とした研究により、それまで概況しか知られていなかった桑名藩家中弁の実態が実証的に明らかになっている。だが、待遇表現については、「ナサル敬語による藩士特有の命令形〜ナイ（見ない・呉れない・くんない）が広く現われる」（彦坂　1984：16)、「待遇表現にはゴザル・ラレル類を使用し、否定辞にヌ・ナンダ類を主とする点では武士言葉の面が強いように思う」（彦坂　2003：56）といった指摘がなされているにとどまっている。本書では、転封先の方言との関わりについては参考するにとどめるが、彦坂の指摘をふまえると、待遇表現にも多様な形式がみられることが予想される。なお、原口裕（1974）にオ〜ニナルの早い時期の使用が『桑名』にみられることが指摘されているが、これも部分的なものである。

　以上のように、『桑名』は生活のなかで用いられていたと考えられる口語が反映されている文献資料であり、かつ、人間関係を把握する際には欠かせない登場人物の属性を客観的に知りうる周辺の歴史史料が充実していることから、近世武家社会における待遇表現体系のありようを明らかにするには適した文献資料であるといえる。また、特有の家中弁が反映された多様な形式がみられると考えられることから、『桑名』を用いて待遇表現の運用実態を分析することにより、武家の生活実態や社会のありようを反映した待遇表現の使い分けの実態を精細に把握することができるのではないかと思われる。

3．桑名藩に残る歴史史料

　ここでは、桑名藩に残る歴史史料について整理する。すでに述べてきたように、本書では桑名藩に残る歴史史料を活用することにより、『桑名』にみられる登場人物の属性を把握し、そうした属性と関わらせながら待遇表現の運用実態を明らかにしていく。本書で扱う歴史史料は、以下のとおりである。

a.『嘉永元二月二十八日改御家中分限帳』
b.『嘉永四亥年舞臺格已下分限帳』

c.『萬延元庚申年分限帳』
d.『御家中町割軒列名前覚』
　　　　以上、桑名市教育委員会（1989）『桑名藩分限帳』所収の翻刻による。
e.『渡部平太夫親類書』
f.『渡部勝之助親類書』
g.『渡邉氏系圖』
　　　　以上、渡邉夸任子氏所蔵のコピーを複写したものによる。
h.『文政八年城下絵図』
　　　　以上、桑名市教育委員会（1990）『桑名藩資料集成Ⅱ』所収。
i.『桑名御城下之圖　折一枚』
　　　　以上、東北大学附属図書館狩野文庫蔵による。

これらの歴史史料について、以下、身分を知りうる史料、親戚関係を知りうる史料、近隣関係を知りうる史料に分けてみていく。

3.1　身分を知りうる史料

まず、身分を知りうる史料としては分限帳（上記a、b、c）がある。分限帳とは、藩士の役職や禄高を記したものである。桑名藩では、身分が上級の御書院格であるか、下級の舞台格あるいは無格であるかによって藩での扱いが異なっており、『桑名』にも次のような記述がみられる。（8）によれば「至誠院様」の死去にあたり髪を切ることを禁じられたことがわかるが、その期間が御書院格、舞台格、無格以下によって異なっている。また、（9）では舞台格の人が、おなじ「師範せ話役」のなかでも御書院格の人にだけ「御酒吸もの」が振る舞われたことを嘆いている。

（8）　夜前至誠院様去ル十七日御逝去被遊候付御書院格之面々三日之間、舞台格二日、無格已下ハ一日月代剃申間敷。　　　　　　　　　4-225
（9）　武芸師範せ話役学校句読師迄、都合九拾九人、御酒吸もの、此間被下候得共、舞台格師範せ話役へハ何之御沙汰なし。御書院格衆ハ主役方

御用引、舞台格ニテハ主役午勤せ話致候故、尚更被下そふなものなる
ニ、御書院格ニ斗被下候義ハ誠ニつまらぬ事。骨折ハ損しや抔と、せわ
役抔申ものあり。尤至極ニ被存候也。　　　　　　　　　　3-竹38

このように、桑名藩では身分が御書院格、舞台格、無格以下のいずれであるかによって藩での扱いが異なっており、待遇表現の使い分けにもこうした身分の違いが関わっていたのではないかと考えられる。

　そこで、本書では桑名藩に残る分限帳のなかでも、『桑名』が書かれた時期のものであるa.『嘉永元二月二十八日改御家中分限帳』、b.『嘉永四亥年舞臺格已下分限帳』、c.『萬延元庚申年分限帳』を、身分を把握する際に活用する。

3.2　親戚関係を知りうる史料

　親戚関係を知りうる史料としては、親類書（上記e、f）がある。親類書とは、それぞれの家の親戚関係を記したものである。本書では、渡部平太夫のご子孫であられる渡邉夸任子氏よりご恵送いただいたe.『渡部平太夫親類書』とf.『渡部勝之助親類書』を用いる。これらの親類書には、親戚関係が極めて詳細に書かれており、『桑名』に登場する平太夫の親戚の親戚関係を知ることができる。

　このうちe.『渡部平太夫親類書』の表紙には「親類書　扣」とあり、また末尾には「弘化四年未年十月」という日付がみえる。『桑名』をみると、(10)のように弘化4年（1847）2月13日の日記に親類書を10月までに出すよう、御触れがあったことが記されている。また、(11)のようにおなじ年の10月20日の日記には、同僚の分と合わせて御奉行衆に親類書を提出したことが記されている。したがって、e.『渡部平太夫親類書』は、この時に藩に提出したものの控えではないかと思われる。

(10)　十三日　小雨。川口の小使御触を持参順達。御触ハ兼而御定之通当
　　　年十年日ニ付親類書十月頃迄ニ二三通り、外ニ壱通都合四冊差出候様ニと
　　　の御触也。鐐之助ヲ為持大寺へ順達。　　　　　　　　　　4-157

(11)　親類書今日差出候積ニテ昨日御蔵へ持参致置。平野も今朝持参。渡
　　　宗（渡部宗右衛門）も役所ニテ認貰ひ被置。横野ハ宿ニ被置候付小使ニ

申付取寄、四人分不残序ニ御奉行衆へ差出ス。　　　　　　　　　　4-211

　そして、f.『渡部勝之助親類書』は天保8年（1837）3月に書かれたものであることが、その末尾の記述からわかる。(10)の「御定之通当年十年目ニ付」という記事とあわせ考えると、親類書は十年に一度、藩に提出する決まりになっていたものと考えらえる。

　本書ではさらに、g.『渡邉氏系圖』についても扱う。これも、親類書とおなじく渡邉夸任子氏所蔵のコピーを複写したもである。これは、明治32年6月に九代政敏、すなわち勝之助の次男・真吾によって記されたものであり、藩主の転封歴と渡部家の系図や渡部家の人々の略歴が記されている。このg.『渡邉氏系圖』からは、平太夫の家族について詳しく知ることができ、また親戚関係についても知ることができる。

3.3　近隣関係を知りうる史料

　近隣関係を知りうる史料としては、d.『御家中町割軒列名前覚』と地図がある。本書ではおもに、d.『御家中町割軒列名前覚』を用いて近隣関係を把握する。d.『御家中町割軒列名前覚』とは、藩士の住所録にあたるものである。天保から弘化にかけての藩士の居住域を示したものとみられ、『桑名』に登場する藩士の名前が多くみられる。これを用いることによって、親疎に関わると思われる近隣関係を把握することができる。

　また、h.『文政八年城下絵図』にも、矢田河原の西龍寺裏に渡部平太夫の名前がみられ、ここからも近隣関係を把握することが可能であるが、これは明治45年に書写されたものであり、『桑名』執筆開始時より13年前の桑名藩内を示した地図であるので、本書では補足として用いる。

　そして、i.『桑名御城下之圖』は、桑名藩内で居住域が身分によって異なっていたことを示すものである。近隣関係を知りうる史料ではないものの、身分によって居住域が定められていた桑名城下の様子を知ることができる地図であり、また、桑名城下の全体を知りうる地図であるので、本書では、この地図を口絵に示した。

4．まとめ

　本章では、『桑名日記』と桑名藩に残る歴史史料について、整理してきた。『桑名』には、口語的な文体が広くみられ、また、日記の内容や桑名藩に残る歴史史料から登場人物の属性や、具体的な生活の様子を知ることができる。したがって、『桑名』は人間関係や場面と照らし合わせながら待遇表現の運用実態を明らかにするには、極めて優れた文献資料であるといえる。また、下級武士とその家族の生活実態や社会構造とも関わらせながら待遇表現体系のありようを明らかにするうえでも優れた文献資料といえよう。

　本書では、こうした『桑名』や桑名藩に残る歴史史料の特性を生かし、待遇表現の使い分けの実態を分析していく。まずは、次の第2章において、『桑名』と桑名藩に残る歴史史料を用いて、『桑名』に登場する人物の属性を整理する。

第2章 『桑名日記』に登場する藩士とその家族の属性

1. 本章の目的

　『桑名日記』(以下、『桑名』とする)にみられるさまざまな待遇表現の運用実態を分析するにさきだち、本章では『桑名』に登場する藩士とその家族の属性を整理する。属性の整理にあたっては、『桑名』の日記の内容と第1章でみた桑名藩に残る歴史史料を用いる。具体的には、『嘉永元二月二十八日改御家中分限帳』『嘉永四亥年舞臺格已下分限帳』『萬延元庚申年分限帳』(以下、このみっつをまとめて「分限帳」とする)、『渡部平太夫親類書』『渡部勝之助親類書』(以下、このふたつをまとめて「親類書」とする)、『御家中町割軒列名前覚』、『渡邉氏系圖』を用いる。なお、『桑名』の登場人物については、澤下春男氏、澤下能親氏による『桑名日記柏崎日記解題』が詳しく参考になる。本章では、この澤下春男氏、澤下能親氏による調査をもとに、新たな調査を加えて登場人物の属性を整理する。
　本章では、まず、平太夫からみた親疎をもとに『桑名』に登場する藩士とその家族を整理する。次に、第2部以降の分析で用いる待遇表現の使い分けに関わる登場人物の属性を整理し、さいごに第2部以降の分析に関わる藩士とその家族のすべての人について、その属性を一覧にして示す。

2. 平太夫からみた『桑名日記』に登場する藩士とその家族

　ここでは、平太夫からみた親疎をもとに、『桑名』に登場する藩士とその家族の属性を整理する。『桑名』には、平太夫の家族や親戚、そして、多くの藩士とその家族が登場する。このうち家族とおもな親戚についてまとめる

28　第1部

と、**図1**のようになる。また、桑名藩の地図として、東北大学附属図書館狩野文庫蔵『桑名御城下之圖　折一枚』を本書の口絵に示した。

図1　『桑名日記』に登場する人物の親戚関係

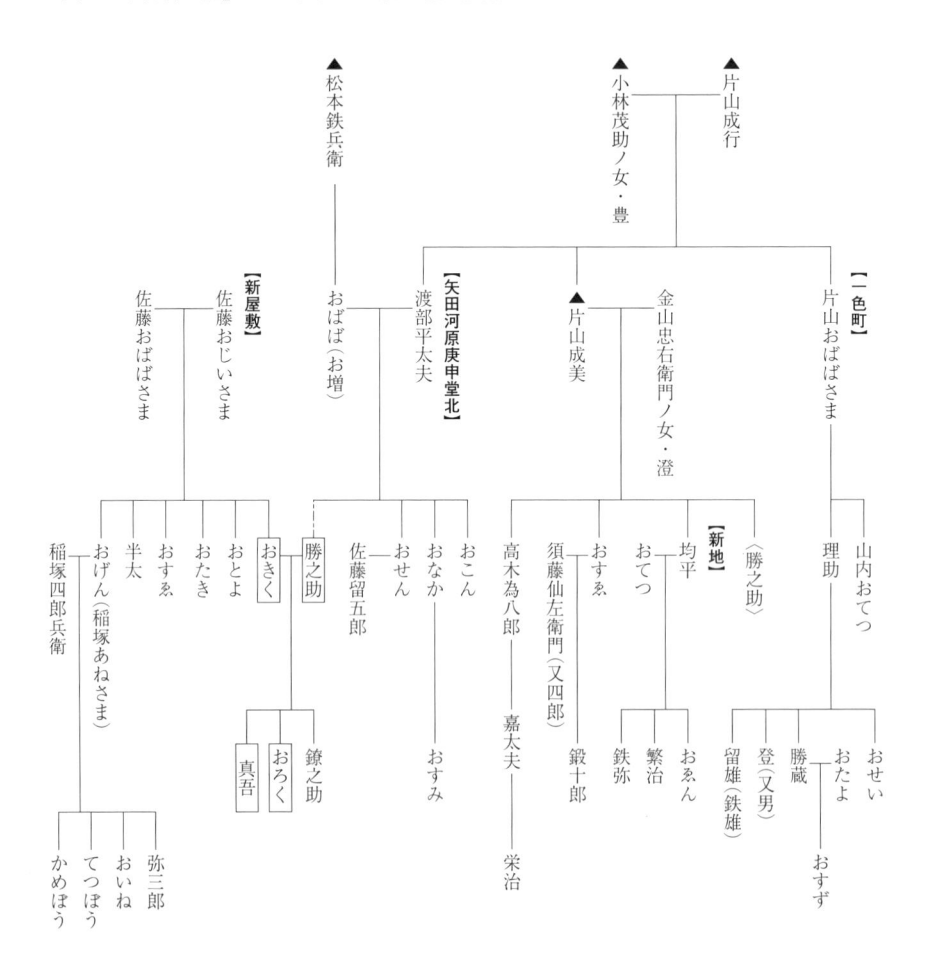

▲松本鉄兵衛
　└ おばば（お増）─ 渡部平太夫【矢田河原庚申堂北】

▲小林茂助ノ女・豊 ─┬─ ▲片山成行
　　　　　　　　　　│
　　　　　　　　　　├─ 金山忠右衛門ノ女・澄 ─ ▲片山成美
　　　　　　　　　　│
　　　　　　　　　　└─ 片山おばばさま【一色町】

【新屋敷】
佐藤おじいさま ─ 佐藤おばばさま

佐藤留五郎
おこん ─ おなか ─ おせん ─ おすみ
おとよ ─ おたき ─ おすゑ ─ 半太
おげん（稲塚あねさま） ─ 稲塚四郎兵衛
｜おきく｜─ 勝之助
｜真吾｜ ｜おろく｜ 鐐之助

高木為八郎 ─ 須藤仙左衛門（又四郎）─ 鍛十郎
嘉太夫 ─ 栄治

均平 ─ おてつ ─ おすゑ
鉄治 ─ 繁治 ─ おゑん
（勝之助）【新地】
留雄（鉄雄）─ 登（又男）─ 勝蔵 ─ 勝蔵

片山おばばさま【一色町】
理助 ─ 山内おてつ
おせい ─ おたよ ─ おすず

弥三郎 ─ おいね ─ てつぼう ─ かめぼう

〔凡例〕　▲は『桑名日記』の執筆が開始された天保10年時点で故人であることを示す。また、四角で囲った人物は、藩領の柏崎に住む人であることを、点線は養父と養子の関係であることを示す。

2.1 渡部平太夫とその家族

　はじめに、筆者である渡部平太夫についてみておこう。平太夫（七代政通）は天明4年（1784）11月5日奥州白河で片山成行の四男として生まれ、その後、親戚筋にあたる渡部平太夫（六代音右衛門）の養子となった人である[1]。文政6年（1823）、平太夫40才のとき、藩主・松平越中守家の移封に伴って、白河から家族とともに伊勢桑名に移り住んだ。平太夫は、松平越中守家が白河にあった文化14年（1817）から嘉永元年（1848）3月7日に65歳で亡くなるまでのおよそ30年にわたり藩の御蔵に勤め、米や大豆の管理を行っていた。『渡邉氏系圖』には「珠算ニ名アリ勘定所在勤中金穀配當ニ関スル算術ノ捷路ヲ發明セラル其術廃藩迄行ハレシト云フ」とあり、その有能さがうかがえる。桑名移封時には勘定人であったが、天保7年10月には蔵奉行を、弘化3年正月には破損奉行格を仰せ付けられている。身分は舞台格の下級武士であり、禄高は最終的には弘化3年正月に10石3人扶持となっている。なお、平太夫の墓は、現在も桑名市萱町の法盛寺に残されている。

　さて、平太夫は、天保10年（1839）2月に『桑名』を書き始めた時点で56歳であり、妻のおばば（お増）とふたりで、孫の鏻之助を育てていた。住まいは、下級武士が住む矢田河原庚申堂北にあった。ここで、矢田河原庚申堂北の渡部家に住む平太夫の家族をまとめると、次のようになる。

矢田河原庚申堂北の渡部家：平太夫、おばば、おこん（平太夫の娘）、おなか（平太夫の養女）、鏻之助（平太夫の孫）、おすみ（おなかの娘）

　このうち、おこんは天保10年2月におなじ桑名藩士の松本家に嫁するが同年10月には離縁し、渡部家に戻っている。また、浅野家からの養女であると思われるおなかは、弘化3年2月に松田家に嫁するがこれも同年8月には離縁し、身重のまま渡部家に戻っている。したがって、渡部家には、最大で6人が同居していたということになる。

2.2 親戚

次に、平太夫の親戚をみてみよう。『桑名』からは、親戚づきあいが盛んであった様子がうかがえる。冠婚葬祭はもちろんのこと、普段から多くの親戚が矢田河原庚申堂北の渡部家に出入りしている。また、平太夫もたびたび親戚の家を訪れている。

まず、親戚のなかでも交流が極めて盛んな家としては、平太夫と鐐之助の父・勝之助の実家である片山家、および、勝之助の妻・おきくの実家である佐藤家がある。

平太夫と勝之助の実家である片山家は、平太夫の甥である理助を惣領とする一色町の片山家と、おなじく平太夫の甥の均平を惣領とする新地（『御家中町割軒列名前覚』によれば新地北ノ丁より北町裏）の片山家がある。それぞれの家の人をまとめると、次のようになる。

一色町の片山家：理助（平太夫の甥）、おばばさま（理助の母）、勝蔵、又男、留雄、おせい（以上、理助の子）、おたよ（勝蔵の妻）、おすず、おかね（以上、勝蔵の子）

新地の片山家：均平（平太夫の甥）、おてつ（均平の妻）、繁治、鉄弥、おゑん（以上、均平の子）

理助と均平はいずれも平太夫の甥にあたるが、このうち一色町の片山理助は、藩校・立教館の教授であり、100石を賜る御書院格の上級武士であった[2]。理助の身分は平太夫より高く、墓も松平越中守家の二代目・定良の菩提寺である円妙寺にある。だが、平太夫にとってみれば理助は甥のひとりであることには変わりはなく、平太夫は理助のことを「理助」と呼び捨てにしている。渡部家との交流も盛んであり、たとえば理助の子・勝蔵は、内職を持って渡部家を頻繁に訪れている。一方、新地の片山均平は平太夫とおなじ舞台格の下級武士であった。均平も妻・おてつや子どもを連れて渡部家をたびたび訪れており、渡部家と家族ぐるみの付き合いをしていた。

そして、勝之助の妻・おきくの実家である佐藤家は、鐐之助の祖父母の家

であることもあり、これも渡部家との交流が極めて盛んであった。新屋敷（『御家中町割軒列名前覚』によれば新屋鋪手古長屋）に家があり、鐐之助は毎日のように、この新屋敷の佐藤家を訪れていた。

新屋敷の佐藤家：おじいさま（『渡邉氏系圖』によれば名は代右衛門、勝之助の妻・おきくの父）、おばばさま（名はおもと、おきくの母）、半太（鐐之助のおじ）、おすゑ、おたき、おとよ（以上、鐐之助のおば）、おてう（佐藤おじいさまの孫）

　新屋敷の佐藤家の半太は、天保8年に記された『渡部勝之助親類書』には「御徒士席当分寄合番」とあり、はじめ舞台格であったと思われる。だが、御書院格の人を記した『嘉永元二月二十八日改御家中分限帳』には14石3人の番外の欄に「佐藤半太」の名前がみえる。日記によれば、天保15年8月25日に佐藤おじいさまが亡くなると、同年10月17日は次のように跡目を相続しており、このとき御書院格の扱いになったものと思われる。

（1）　半太さ御忌明、跡目十四石三人無相違被下置候由御吹聴ニ御出被成候付起て御目ニ懸る。　　　　　　　　　　　　　　3-竹65

この跡目に関して、平太夫は次のように「舞台格とは違ひ」云々と述べており、ここからも佐藤家が14石3人と小禄ながら、御書院格の家であったことがうかがえる。なお、佐藤おじいさまの墓は、現在も桑名市江場の円通寺に残されている。

（2）　新屋敷ニ而明日ハ女客被成候由、何もかも沢山ニ御仕込被成、余程之御物入。夫ニ拾俵ハなく成御こまりなされたもの也。併<u>舞台格と違ひ、四拾年余御勤切ニ付、御跡目ハ相違なし</u>。是が何より結構。御長命之御徳、今四五年も達者だとよかつたとおばゝさまの御咄しなれど、いつ迄御達者゠御出なされた迚、是てよいと申事なく、七十近く迄御出なされ候得ハ、先御長命之部か。　　　　　　　　　　　3-竹50

また、矢田河原川端東の佐藤家との交流も盛んである。

矢田河原川端東の佐藤家：留五郎、おせん（留五郎の妻、平太夫の娘）

　この家の惣領である佐藤留五郎は、平太夫の娘・おせんの夫である。『嘉永四亥年舞臺格已下分限帳』によれば天保9年正月には10石2人扶持を賜っており、平太夫とおなじ舞台格の下級武士であったとみられる。留五郎は毎日のように渡部家を訪れ、内職をしたり、鑛之助の遊び相手になったりしている。なお、矢田河原川端東の佐藤家とさきにみた新屋敷の佐藤家との関係は不明であるが、『桑名』によれば佐藤留五郎の先祖は瀬木村の庄屋であるというから、御書院格の新屋敷の佐藤家とは血縁関係はないのではないかと思われる。

　さて、このほかに、ここまでみてきた片山家や佐藤家ほど交流はないものの、法事などの折には渡部家を訪れる親戚がいる。たとえば、渡部家の「先祖二代目百五十回忌、亡父五拾回」の法事の様子を記した天保15年10月14日の日記には、多くの親戚の名がみえる。（3）では、（　）内に名字を補った。

（3）　今日者法事ニ付些ト早く頼帰り度候処、…七ツ過ニ渡し相済頼候而帰る。坊さまも参居。未手当出来上らす。てん〳〵まいの処也。…客者（稲塚）四郎兵衛、（片山）均平、（谷崎）治右衛門、（須藤）仙左衛門、（佐藤）留五郎、（松本）鉄兵衛、（大池）嘉蔵、（浅野）忠太夫、理助不快ニ付（片山）勝蔵参る。夕方（片山）鉄弥も手伝ニくる。始ハ精進料理三種、焼婦の吸もの。夫より引替、魚類料理ニ而皆々上機嫌。不相替均平倒れ、四ツ過ぎて飯食て帰る。留五郎も倒れ暫過て起て帰る。嘉蔵も均平と一所ニ帰る。…惣仕舞九ツ過のよし。先へ寝て不知。　3-竹65

『渡部平太夫親類書』によれば、これらの人のうち浅野忠太夫、谷崎治右衛門、大池嘉蔵、須藤仙左衛門は平太夫の甥である。また、松本鉄兵衛はおばの実家、松本家の惣領と思われる人である。これらの家の人は、渡部家となんらかの血縁関係がある人である。なお、このほか血縁関係がある人としては、山崎欽吾（後に貢之助と改名）がいる。『渡部平太夫親類書』によれば、山崎欽吾は平太夫の「再甥」（甥の子）であるという。

　そして、直接的な血縁関係はないものの、遠縁の親戚にあたると思われる

家として、稲塚家、山内家、江川家がある。このうち稲塚家は、鐐之助の母・おきくの姉・おげんの嫁ぎ先と思われる。つまり、稲塚おげんは鐐之助の母と姉妹であり、鐐之助からみれば、おばということになる。平太夫は、この稲塚おげんを「稲塚あねさま」あるいは「新地あねさま」と呼び、折にふれて家に招いている。

（4） 明日者西龍寺の祭り、稲塚のあねさま今年まんだ一度も見へなされぬゆへ、明日御ざらしる様ニと、夕方おなかを使ニ遣ル。あねさまいわんすニハ、昼の内ハ暑くてならぬから、夜ニなりさんじましよふといわんす。　　　　　　　　　　　　　　　　　　　　　　　3-竹41

また、山内家と江川家は御書院格の家であるものの、次のように冠婚葬祭のたびにお互いの家を行き来していることから、なんらかの親戚関係にある家であると思われる。

（5） 江川よりおつねさま十七回忌ニ付、御志重之内被下。　　3-竹19
（6） おばゝ山内のおとしさ百ケ日ニ付呼れ、七ツ時分より出かけニ長寿院へ参詣いたし、片山へ寄、夫より山内へ行候よし。　　　　3-竹10

これらの家の人は、親類書には名前はみあたらないものの、上でみたような日記の内容や、次のような日記の内容から、親戚であると判断できる。次の（7）は、弘化3年8月14日に執り行われた「おはばの母さま信了院十三年」の法事の記事であるが、それによれば、おばばは渡部家で行われたこの法事に山内家、江川家、稲塚家の女性と子どもを招いている。

（7） 今日之法事明日墓参致候ヘハ二日之さわぎニなり候付、今日八ツ過ニ参詣之処、和尚ハ留守、役僧壱人ニて長々と経読おばゝ大気をもみ候よし。御客ハ山内よりおかねさんと孫女、江川より大人両人子ども両人、新屋敷（佐藤）よりおばゝさま斗、稲塚より姉さまと子ども両人也。
　　　　　　　　　　　　　　　　　　　　　　　　　　　　　4-119

親類書によれば、このほか杉立、加治、牛木といった家も遠縁にあたると思われるが、日記によればほとんど交流がないことから、これらの家については次項でみる藩士仲間として扱うことにする。以上から平太夫の親戚をまとめると、次のようになる。

> 【親戚】一色町の片山家、新地の片山家、新屋敷の佐藤家、矢田河原川端東の佐藤家、浅野家、谷崎家、大池家、須藤家、松本家、稲塚家、山内家、江川家、山崎家

2.3 家族・親戚以外の桑名藩士

　ここまで平太夫の家族と親戚をみてきたが、次にそれ以外の藩士仲間についてみてみよう。まず、藩士仲間としては、矢田河原庚申堂北の渡部家の隣家に住む人が多く登場する。彼らは渡部家と共同で網すき（漁に使う網を編むこと）や糸ひきといった内職をし、家族ぐるみの付き合いをしている藩士とその家族である。

（8）　わかい手やいまづ早川のてつ、春の三、横村の五蔵となりの鋳八、金山の兼、留五郎二階であみすく。鋳八ハ宗門帳を書く。したでハ糸ひき。おぎんおこうおこんおりいおひさおなかおばゝなり。　　　　1-148

（9）　加藤九兵衛太閤記を持てくる。横村のかみさん苧を以て夜なべニ御ざる。娘共ハ茶の間ニて糸引。おかみさんハ部屋にて本聞ながら苧うみ。
　　　　　　　　　　　　　　　　　　　　　　　　　　　4-55

　一方、近隣の人ではない藩士とその家族も登場する。たとえば（10）にみえる「白川民蔵」と「長谷の御じゐさ」は、ここでは鐐之助の疱瘡見舞いのために訪れているが、普段は渡部家を訪れることがほとんどない人である。また、（11）にみえる「藤崎」、「横野」、「平の」は平太夫の勤め先である御蔵の同僚である。

（10）　白川民蔵疱瘡見廻ニ見へる。長谷の御じゐさ大白せんべい壱袋持て見舞ニ御出被下。菓子ヲ少し上候得ハあやかりものと歓て御帰り被成。
　　　　　　　　　　　　　　　　　　　　　　　　　　　2-100

（11）　勘定日ニ付出役。昼過迄ニ勘定相済。清帳出来之処御詰ニての算用未不出来。見ニ行候処藤崎横野些不呑込ニて算用仕組違ヒ有之故算用不合。横の餘りしやべり立、此方の申事も不聞入、却而算用も仕悪く、平のと申合、帳面御扶持江持て来て段々仕組直し、漸本算用ニ相成候付

附紙致認直し候様横のを呼て渡ス。　　　　　　　　　　　　4-122

　このように、『桑名』には、親疎がさまざまな藩士とその家族が登場する。そこで藩士仲間については、近隣に住む藩士が共同で内職を行っていることに注目し、『御家中町割軒列名前覚』から矢田河原庚申堂北に住んでいることがわかる藩士とその家族、および前掲（8）（9）のような記述から渡部家の「あみすきくわい」や「糸ひき寄合」といった内職寄合に参加していることがわかる藩士とその家族を藩士仲間Ⅰとし、それ以外の藩士とその家族を藩士仲間Ⅱとした。内職寄合の成員はほぼ固定していたとみられ、渡部家の寄合に来る人が他家の寄合に行くことはなかったものと思われる。たとえば、（12）のように片山家の内職寄合に参加している「杉立のよめ」や「高木のむすめ」が渡部家の内職寄合に参加することはない。

　（12）　片山ヘハ杉立のよめ高木のむすめ糸ひきニきてゐる。　1-164

　ここで、本書の分析に関わる藩士仲間Ⅰの藩士をあげると、次のようになる。なお、ここではそれぞれの家のおもな人物1名を示し、他の人については本章のさいごに示す。

【藩士仲間Ⅰ】岩田伴太夫、大嶋常次郎、大寺八三郎、佐藤栄助、御代田平之丞、横村春作、渡部此右ヱ門、（以上、『名前覚』から矢田河原庚申堂北に住んでいることがわかる人）、磯野幸助、稲倉鋳八郎、今村重三郎、春日三蔵、加藤官蔵（後に九兵衛と改名）、金山金司、川嶋文三郎（後に鉄右衛門と改名）、菊地武八、郡儀左衛門、中田啓司、西塚平治、八田紋兵衛、明王院、山岡仙之助、野本おみつ、早川栄太夫、服部おひさ（以上、『名前覚』に名前がないものの、『桑名』から渡部家の内職に参加していることがわかる人）

　これらの藩士とその家族は、渡部家と親しい間柄の人である。矢田河原庚申堂北の渡部家には、毎日のように親しい藩士とその家族が集い、日々の暮らしを営んでいた。

2.4 その他

以上みてきた、家族、親戚、藩士仲間Ⅰ、藩士仲間Ⅱのほか、『桑名』にはわずかながら「殿様」や「少将様」のような人が話題のなかで登場することがある。

(13) 日記を読仕舞ふ迄おきて居候処、眠気が来て寝たへと言故抱て寝ると神文之所を聞狭ミおじゐさしよんもんてやなんの事だへと言故、神文と言、今度殿様御代替で御家中不残御奉公大切ニ勤ますと言神文さ。ゆびから血を出して書判ニ其血を付るを血判と言じやと言て聞せたれバ、ちと我点が行。　　　　　　　　　　　　　　　　　　　　2-25

(14) 昨日出水盛ニ、少将様両度鍛冶蔵御門より御出御覧被遊、路次御門より御帰あそばされたげな。　　　　　　　　　　　　　　　1-163

下級武士である平太夫が、こういった人に会うことはほとんどないが、本書では「殿様」や「少将様」のような人をひとまず公人として、まとめて扱うこととする。また、「御横目」や「御飛脚」のように藩の役職名で記されている場合も、公人として扱うこととする。

さらに、『桑名』には、次のような「たばこやのかみさま」や「縮や」といった武家階級以外の人も多く登場する。

(15) くれあいにおばゝとせんとふいつたれバたばこやのかみさまがいふおぼうさんさつきハゑらい口をきゝなされたなどいふたげな。　1-67

(16) 縮やが来る。八ツ茶がはいつた所でへき餅ヲやゐて出す。鐐ヲ見せて是が勝之助嫡子で御ざると言たれバあきれた様な顔ヲして、左様て御ざりますか、是ハよい御坊様て御ざり升、これハ〳〵よい御坊さま、あちらの御女さまより御きりやうか宜御ざり升御女さまの様で御ざりますが御ぼうさまで御ざり升かと言。　　　　　　　　　　　　2-68

平太夫ら下級武士が、こういった武家階級以外の人と接する機会は、少なからずある。そこで、武家階級以外の人についても分析のなかで必要に応じて言及していくこととする。

3. 待遇表現の使い分けに関わる登場人物の属性

ここまで『桑名』に登場する藩士とその家族について、平太夫からみた親疎に基づき整理した。さて、待遇表現の使い分けに関わる登場人物の属性としては、親疎の他に身分、世代がある。ここでは、身分と世代について、詳しく述べる。

3.1 身分

身分はある程度の人について、分限帳の記述や日記の内容から上級の御書院格か下級の舞台格以下かを判断することができる。分限帳のうち御書院格の人について記した『嘉永元二月二十八日改御家中分限帳』にみられる人とその家族を御書院格、『嘉永四亥年舞臺格已下分限帳舞臺格已下分限帳』にみられる人とその家族を舞台格以下とした[3]。『萬延元庚申年分限帳』については、御書院格と舞台格の違いがはっきりとは記されていないので、補足として用いた。

また、次のような『桑名』に記された「御役替」の記録から身分を判断した人もいる。「御役替」とは人事異動のことで、桑名藩では正月にまとまった異動があるほか、必要に応じて異動が行われていたようである。

たとえば、(17)は弘化2年正月の御役替の記事であるが、ここから「平野善右衛門」と「横の留右衛門」が御蔵奉行に任命され、平太夫の同僚となったことがわかる。

(17) 御役替左之通…壱石御足御蔵奉行ニ平の善右衛門…壱石御加増御蔵奉行ニ横の留右衛門…　　　　　　　　　　　　　　3-竹87

3.2 世代

登場人物の年齢は、次のような日記の内容から把握できることがある。

(18) おばゝ片山へおばゝさまの八十の御いわひニ呼れて行、五ツ半頃帰る。　　　　　　　　　　　　　　　　　　　　　　　3-58

(19) 御蔵より帰り少し休、須藤へ鐐をつれて呼れて行。代助均平代助の孫鐐之助外ニなし。酒の肴も相応ニ有、蕎麦切の馳走なり。六ツ過ニ帰る。跡ニて聞ハ、おすゑ三十三の年重ねの真似かたのよし也。　2-129

(20) 帰りニ新屋敷へ御見舞ニ廻ル。御祖母さま御癪格別重くハなけれども、初御療にて、御年も五十九ニ御成なさる。大分せつなそふニ小うなりして寝て御出なされ、御膳もあじなく、とろゝをかけて斗上るげな。

3-竹25

また、『渡邉氏系図』から平太夫が天明4年の生まれであること、おばばが文久2年2月26日に73歳で亡くなったこと、鐐之助が天保7年12月8日生まれであることがわかる。さらに、円妙寺にある片山理助の墓碑から、理助が嘉永2年5月30日に58才で亡くなったことがわかる[4]。

このようにして、年齢がわかる人をまとめると**表1**のようになる[5]。表1

表1　日記の内容から年齢がわかる人の年齢

		天保10 1839	天保11 1840	天保12 1841	天保13 1842	天保14 1843	弘化1 (天保15) 1844	弘化2 1845	弘化3 1846	弘化4 1847	嘉永1 1848
片山おばばさま	高年層	76	77	78	79	80	81	82	83	84	85
佐藤おじいさま	高年層	65	66	67	68	69	70				
平太夫	高年層	56	57	58	59	60	61	62	63	64	65
佐藤おばさま	高年層	54	55	56	57	58	59	60	61	62	63
渡部おばば	高年層	50	51	52	53	54	55	56	57	58	59
片山理助	高年層	48	49	50	51	52	53	54	55	56	57
須藤仙左衛門	中年層	35	36	37	38	39	40	41	42	43	44
郡のおくさん	中年層	32	33	34	35	36	37	38	39	40	41
須藤おすゑ	中年層	29	30	31	32	33	34	35	36	37	38
今村重三郎	中・若年層	21	22	23	24	25	26	27	28	29	30
加藤官蔵の妻	中・若年層	20	21	22	23	24	25	26	27	28	29
今村重三郎の妻	中・若年層	15	16	17	18	19	20	21	22	23	24
加藤官蔵	中・若年層	15	16	17	18	19	20	21	22	23	24
明王院おりい	若年層	11	12	13	14	15	16	17	18	19	20
渡部おなか	若年層	11	12	13	14	15	16	17	18	19	20
横村勝助	子ども	8	9	10	11	12	13	14	15	16	17
稲倉熊市	子ども	8	9	10	11	12	13	14	15	16	17
明王院右近	子ども	6	7	8	9	10	11	12	13	14	15
御代田銀太	子ども	5	6	7	8	9	10	11	12	13	14
渡部鐐之助	子ども	4	5	6	7	8	9	10	11	12	13

では天保10年（1839）から嘉永元年（1848）までの、それぞれの年の年齢がわかるように示した。

　だが、表1にまとめた人のように日記の内容や『渡邉氏系圖』などの歴史史料から年齢を把握できる人は、ごくかぎられている。そこで、本書では、「おじいさま」「おじさ」といった特定の呼称がある人は呼称から、特定の呼称がない人は日記の内容から年齢を判断した。具体的には、次のように判断した。

　はじめに、「おじいさま」「おばばさま」などと呼ばれる平太夫世代の人を高年層とした。年齢がわかる人をまとめた表1によれば、天保10年時点で「おじいさ」と呼ばれる平太夫は56才、平太夫の妻・おばばは50才であるから、おおむね50才以上の人が高年層といえる。また、日記の内容から50歳以上であることがわかる飯村英助、飯村伴七、千代さ（おばばの友人）、中井庄右衛門母についても高年層とした。さらに、片山理助についても、天保10年時点では48歳であるものの、おなじく天保10年時点で50才であるおばばと2歳しか違わず、また、平太夫とおなじく孫がいる人であるので高年層とした。以上から世代を高年層とした人をまとめると、次のようになる。

【高年層】渡部平太夫、渡部おばば、浅野おじいさま、伊藤おじゐさ、稲倉おばばさ、岩田おばばさ、片山おばばさま、佐藤おじいさま、佐藤おばばさま、高木のじさま、滝沢のばあさん、竹内斉蔵ふうふのおじいさ、竹内のおばあさん、長谷おじいさま、八田のばあさん、松本のおじいさ、水谷のばあさん、山内おばばさま、横村ばあさん（以上、呼称から判断した人）、飯村英助、飯村伴七、大塚萬右衛門、千代さ、中井庄右衛門、藤崎惣太夫、中井庄右衛門母、片山理助、（以上、日記の内容から判断した人）

　次に、(21)のように「～坊（ぼう）」あるいは「坊主」「小坊主」と呼ばれる鐐之助世代の人を子どもとした。女子については「～坊」と呼ばれるこ

とはないので、日記の内容から判断した。この世代は、おおむね10歳前後より下の世代であるといえる。たとえば (21) で「勝ぼう」と呼ばれる「横村勝助（幼名は勝之しやう）」と「くまぼう」と呼ばれる「稲倉熊市」は、天保10年時点で8歳であることが (22) からわかる。

(21) 鐐こめをさます…じきニおきるおはぎをやいておいたのを三ツたべるとさあたこあげよふといふからおまゝをたべてからあげまへかといふてもなか〳〵がてんせず。しかたなしニうらへ出あげてやるけふも北風そよ〳〵ふくゆへ入口へもつてきてあづける。そのうちニ<u>勝ぼふ</u>ニ<u>くまぼふ</u>がくる。 1-52

(22) <u>となりくまいち八才</u>、<u>よこむらの勝之しやう八才</u>、御代田のきんだ七才、明王院のうこん八才、鐐之助がいちばんとししたなれども右近ハ大ふとりにて鐐よりくびだけたかし。あと四人ハミなおなじくらひのせいなり。 1-146

以上から、世代を子どもとしたのは、次にあげる人々である。

【子ども】渡部鐐之助、稲倉（となりの）熊市、稲塚おいね、稲塚かめぼう、稲塚てつぼう、大寺鍵治、片山おすず、佐藤おてう、須藤鍛十郎、明王院右近、御代田銀太、横村勝之しやう（勝助）、横村おきやう、渡部おすみ

そして、問題となるのが、高年層と子どものあいだの世代である。この世代は、15才前後から40代後半までの幅広い年代を含んでおり、既婚者もいれば未婚者もいる。また、仕事をしている人もいれば、仕事をしていない人もいる。そこで、ひとまず、「おばさ」「おくさん」「おかみさん」「およめさん」「おかか」「かか衆」[6]「かかさま」と呼ばれる既婚女性とその夫を中年層とした。また、(23) の須藤仙左衛門・おすゑ夫妻のように、さきにみた鐐之助世代の子どもがいる人についても中年層とした。

(23) <u>仙左衛門</u>六ツ過（二男の）鍛十郎を召連見へ、明日朝赤飯焼候付髪

置の眞似かたニ下モノ子ども両人卜鐐を呼から朝早く来る様ニと言。鐐
大歓なり。(長男の)兄坊兎角夜分ニなると母と寝たがるニハおすゑこ
まるけな。　　　　　　　　　　　　　　　　　　　　　　　　4-50

　既婚者で鐐之助世代の子どもがいる人のうち、日記の内容から年齢がわか
る人をみてみると、天保10年時点で郡のおくさんは32才、須藤仙左衛門は35
才、その妻・須藤おすゑは29才である。したがって、この世代は、20代後半
から高年層とした50代より前の世代であるといえる。以上から世代を中年層
としたのは、次にあげる人々である[7]。

> 【中年層】飯村おばさま、飯村かか衆、伊藤のよめさま、稲倉おか
> みさん、稲塚あねさま、稲塚四郎兵衛、大寺おばさ、大寺おみき、
> 大寺のおかみさん、大寺よめさん、奥田のかみさん、菊地おかみさ
> ん、栗本かみさん、郡おかか(郡かか衆)、郡おばさ、近藤かかさま、
> 佐藤左治兵衛おかみさん、清水源太夫おかみさん、杉立おばさま、
> 滝沢おばさ、中田のおかみさん、中山おぢさ、長谷おばさま、保坂
> のおかみさん、明王院かみさん、山内のおばさ、山岡おばさ、横村
> おかみさん、横村おばさ、渡部おかみさん(以上、呼称から判断し
> た人)、片山勝蔵、片山おたよ、片山均平、片山おてつ、須藤おすゑ、
> 須藤仙左衛門、渡部勝之助、渡部おきく(以上、日記の内容から判
> 断した人)

　一方、高年層と子どものあいだの世代のなかでも、(24)(25)のように渡
部家に網すきに来る「わかい手やい」などと呼ばれる人とその妻を若年層と
した。

(24)　わかい手やいまづ早川のてつ、春の三、横村の五蔵となりの鋳八、
　　　金山の兼、留五郎二階であみすく。鋳八ハ宗門帳を書く。　　1-146
(25)　夕方若イ手やいが明王院で一盃呑て居て、渡部へいつてしろさけを
　　　のんで来まへかといふてどや〳〵くる。鼻棒留五郎三蔵仙之助鋳八郎明

王院なり。   1-144

　さらに、「わかい手やい」とおなじく渡部家の内職の重要な担い手である平太夫の娘・おなかと明王院のおりいについても、若年層とした。この2人は天保14年10月時点で15才か16才であったことが、次にあげる日記の内容から判明している。

（26）　明王院のかゝ衆先達より里へ行不帰。いつれ今度ハ離縁らしく候。
　　　…娘の着もの洗たくの手伝ニ御代田の娘とおなか昼前より行。おばゝ言ニハ、<u>十五両人十六一人</u>三人よせて壱人前の仕事も出来まいと笑ふ。
                                                3-51

以上から若年層と判断した人は、次にあげる人々である。

【若年層】磯野幸助、稲倉（となりの）鋳八郎、春日三蔵、金山かね五郎、金山金司、川嶋文三郎（後に鉄右衛門と改名）、菊地武八、佐藤栄助、佐藤留五郎、佐藤おせん、中田啓治、西塚平治、西塚平治妻、西塚祖作、八田きん助、きん助の妻、早川栄太夫、御代田平之丞、御代田の娘、山岡仙之助、横村（中村）五蔵、渡部おなか、明王院おりい

3.3　まとめ

　以上から、『桑名』に登場する藩士とその家族の属性をまとめると、次のようになる。

　　①親疎：家族、親戚、藩士仲間Ⅰ、藩士仲間Ⅱ、公人、武家階級以外
　　②身分：御書院格（上級武士）、舞台格以下（下級武士）
　　③世代：高年層、中年層、若年層、子ども

　ここで、この①親疎、②身分、③世代という属性をふまえて、待遇表現の使い分けに関わる要因について整理しておこう。待遇表現の使い分けを考え

る際に重要となる要因のうち**親疎関係**については、①親疎をもとに判断する。①親疎のうち、家族、親戚、藩士仲間Ⅰは親しい間柄の人である。一方、藩士仲間Ⅱ、公人、武家階級以外の人はそれほど親しくない間柄の人である。

そして、**上下関係**については、②身分と③世代をもとに判断する。なお、②身分と③世代では、基本的には②身分を優先して上下を判断する。ただし、平太夫と理助、理助の子ども、理助の孫との上下に関しては、親族関係から上下を判断する。具体的には、片山理助、勝蔵、又男、留雄、おせい、おたよから平太夫に対する例を上位の者に対する例とし、その逆を下位の者に対する例とする。さきにも述べたように、一色町の片山家は御書院格の家であり身分は渡部家より高い家ではあるものの、平太夫は片山理助のことを「理助」と呼び捨てにしている。したがって、このように上下を捉えるのが妥当であるといえる。また、夫婦間での例がみられるが、これらについては妻から夫に対する例を上位の者に対する例、夫から妻に対する例を下位の者に対する例とする。

4．本書での分析に登場する藩士とその家族の属性

本章では、『桑名』の日記の内容と桑名藩に残る歴史史料を用いて、『桑名』に登場する藩士とその家族の属性を明らかにした。以降、本書では、この属性と照らし合わせながら待遇表現の使い分けの実態を分析する。

ここで、第2部と第3部での分析に登場する、すべての藩士とその家族の属性についてまとめると、本章のさいごに示す**表2**のようになる[8]。

表2では、第2部と第3部での分析に登場する、すべての藩士とその家族について、名字の五十音順に並べて示した。氏名の横には、親疎、身分、世代を示し、分限帳や日記の内容から禄高と役名がわかる人については禄高と役名についても記した。

注
1）以下、本書で平太夫というときは、七代政通平太夫のことを指す。

2）桑名市教育委員会（1959）『桑名市史 本編』によれば、片山理助は松平定信の治世にあった文政9年から嘉永2年まで藩校・立教館の教授を務めた片山恒斎のことである。『桑名志料二十八巻』を記した人で、『桑名』の天保14年9月27日の日記には「先年保国院様より理助へ被仰付置候桑名風土記トか漸出来先日差出候処、御召卸御下金五百疋被下置候由（3-41）」との記述がみえる。

3）『嘉永元二月二十八日改御家中分限帳』は最末尾に「右御書院格分限帳」と記されていることから、御書院格の人を記した分限帳であることがわかる。また、『嘉永四亥年舞臺格已下分限帳』は舞台格と舞台格より身分が低い無格の人を記した分限帳である。だが、この分限帳から舞台格と無格を区別することは難しいので、本書では「舞台格以下」としてまとめて分析する。

4）片山理助の墓碑については、桑名市教育委員会（1960）『桑名市史補編』に翻刻されている。

5）年齢を判断した日記の内容は、次のとおりである。なお、氏名の後の（　）内にその記事が書かれた年を示す。

- 佐藤おじいさま（天保15年）／私御存之通、七十才ニ相成筆取も気六ツケ敷、御扶持与形迄も併ニ為認候位ニ而、書状抔ハ別而之事、併ニ為認、勿論文言用向等ハ差図致し候斗ニて、併よりとおし候とも、同様の心得ニ候。　　　　　　　　　　　　　　　　　　　　　　　　　3-竹26

- 須藤仙左衛門（弘化3年）／今夜仙左衛門見ヘ、御役所帰ニ御寄被下、鐐之助ハ七ツ過より参候様申候…どう言適じやと思へハ、年重ねの真似かたか神棚ニ餅も備へてある。四十二ノ二ツ子じやけな。　　　　　　4-129
（ここでいう「四十二ノ二ツ子」とは42歳のこと。堀田吉雄による『桑名日記・柏崎日記（抄）』の解題によれば、「『綜合民族語彙』によると、東北地方では男四十二歳女三十三歳は、やく年なので、二月朔日に小豆団子をつくったり餅をついて食べ、トシガサネイワイをしてやく年を過去のものとするのが慣わしである」という。『桑名』にみえる「年重ね」は、白河での風習を受け継いだものと思われる。）

- 郡のおくさん（天保11年）／郡のおくさん三十三のとしかさねじやとておなかよばれてゆく。　　　　　　　　　　　　　　　　　　　　1-47

- 今村重三郎とその妻（天保14年）／今村今朝見ヘ夜食給ニ参り候様由候処、呼使参り候故月代剃仕舞直ニ行、重三郎廿五妻十九之年重之祝ひ之よし。
　　　　　　　　　　　　　　　　　　　　　　　　　　　　　　2-127

- 加藤官蔵とその妻（天保15年）／加藤官蔵浅川桶屋の娘わさ、官蔵より年五ツ増、当辰廿五才、其女ト馴染、今夜祝盃。　　　　　　　　　　3-竹24

次にあげる人については、年齢を判断する際に根拠とした日記の内容を本文

中に示した。（　）内に本章の用例番号を示す。片山おばばさま（18）、佐藤おばばさま（20）、須藤おすゑ（19）、明王院おりい・渡部おなか（26）、横村勝助・稲倉熊市・明王院右近・御代田銀太（22）。また、大塚萬右衛門、藤崎惣太夫、中井庄右衛門は、次の記事から60歳以上であることがわかるので、高年層とした。

- 御町奉行支配ハ大塚萬右衛門。…御郡代支配ハ渡部平太夫。<u>藤崎惣太夫</u>。<u>中井庄右衛門</u>。…何れも六十已上の老人、此後の御乗出しまてハ程遠き事ニて、御乗出し之御酒吸もの頂戴ハ此度限りならんと難有迎皆々数盃頂戴。
4-170

6）「かか衆」とは、複数の人物を指すものではない。『桑名』ではひとりの人を指すときに「衆」が用いられる。
7）年齢がわかる人のうち、今村重三郎夫妻と加藤官蔵夫妻は、中年層とも若年層とも捉えられるので、表1では「中／若年層」と示した。なお、これらの人については、第2部と第3部の分析のなかでは中年層、若年層のいずれにも分類せずに分析した。
8）何らかの事情によって改名する藩士がいるが、その場合は改名後の名前を（　）内に記した。また、親疎の「藩士Ⅰ」と「藩士Ⅱ」は、それぞれ藩士仲間Ⅰと藩士仲間Ⅱであることを示している。そして、身分の「舞／無」は舞台格以下であることを示している。

表2　『桑名日記』に登場する藩士とその家族の属性

氏　名	親疎	身分	禄高/役名	世代	備　考
相沢朝之助	藩士Ⅱ	舞/無	8石2人/大筒役		
浅野おじいさま	親戚			高年層	平太夫の姉妹の夫、頻繁に渡部家を訪れる
浅野忠太夫	親戚	舞/無	8石2人/御椀奉行席		平太夫の甥、浅野おじいさの子
浅野宗五郎	親戚	舞/無			浅野忠太夫の養子、弘化2年2月養子離縁になる（3-竹92）
浅野おかね	親戚	舞/無			浅野忠太夫の子
浅見柳右衛門	藩士Ⅱ	舞/無	7石2人/大筒役		
飯村英助	藩士Ⅱ	舞/無	9石3人/御宮番席	高年層	遠縁の親戚と思われる、弘化4年4月時点で60歳以上（4-170）
飯村英蔵	藩士Ⅱ	舞/無	8石2人/大筒役		飯村英助の子
飯村おばさま	藩士Ⅱ	舞/無		中年層	飯村英助の家族
飯村かか衆	藩士Ⅱ	舞/無		中年層	飯村英助の家族
飯村のよめさん	藩士Ⅱ	舞/無		中年層	飯村英助の家族
飯村伴七	藩士Ⅱ			高年層	飯村作左衛門の養父、弘化3年3月時点で83歳（4-78）
石黒太助二男	藩士Ⅱ				父の石黒太助は舞台格

石塚惣兵ヱ	藩士Ⅱ	舞/無	大筒役		
石塚惣兵ヱ母	藩士Ⅱ	舞/無			
磯野幸助	藩士Ⅰ			若年層	
市川文助	藩士Ⅱ	舞/無	大筒役		
伊藤のおじゐさ	藩士Ⅱ			高年層	
伊藤のよめさま	藩士Ⅱ			中年層	
稲倉(となりの)鋳八郎	藩士Ⅰ	舞/無	2人/番組	若年層	渡部家の隣家に住む人、弘化3年2月結城の娘を嫁にもらう(4-73)
稲倉(となりの)おばばさ	藩士Ⅰ	舞/無		高年層	稲倉鋳八郎の家族
稲倉(となりの)おふくろ	藩士Ⅰ	舞/無			稲倉鋳八郎の家族、稲倉おばばさのことか
稲倉(となりの)おかみさん	藩士Ⅰ	舞/無		中年層	稲倉鋳八郎の家族
稲倉(となりの)おこふ(おこう)	藩士Ⅰ	舞/無			稲倉鋳八郎の家族
稲倉(となりの)熊市	藩士Ⅰ	舞/無		子ども	稲倉鋳八郎の家族、天保12年3月8歳、鐐之助の遊び仲間
稲塚四郎兵衛	親戚			中年層	新地に住む
稲塚あねさま(おげん)	親戚			中年層	稲塚四郎兵衛の妻、おきくの姉妹、鐐之助のおば
稲塚弥三郎	親戚				稲塚四郎兵衛の子、弘化4年御旗小頭水谷梅左衛門方へ婿養子となる(4-159)
稲塚おいね	親戚			子ども	稲塚四郎兵衛の子
稲塚てつぼう	親戚			子ども	稲塚四郎兵衛の子
稲塚かめぼう	親戚			子ども	稲塚四郎兵衛の子
井上仙之丞どの御じんぞ	藩士Ⅱ	書院			夫の井上仙之丞は400石/御郡代
今村重三郎	藩士Ⅰ	舞/無	11石2人/御徒士		天保14年正月時点で25歳、妻は19歳(2-127)、弘化4年11月江戸勤番となる(4-223)
今村安右衛門	藩士Ⅱ		御蔵奉行		平太夫の同僚、天保13年6月御蔵奉行になる
岩尾忠治祖母	藩士Ⅱ	書院			岩尾忠治は御書院格
岩崎殿	藩士Ⅱ				
岩田伴太夫	藩士Ⅱ	舞/無	4石2人/番組		矢田河原庚申堂北に住む、畑を挟んで隣の家
岩田おばばさ	藩士Ⅱ	舞/無		高年層	岩田伴太夫の家族
岩田のお袋	藩士Ⅱ	舞/無			岩田伴太夫の家族
岩村	藩士Ⅱ				鐐之助の本読みの先生
上田録蔵	藩士Ⅱ	舞/無	御同心		
牛木官太	藩士Ⅱ	舞/無	9石3人/警固屋番		親類書によれば平太夫の従弟だが、交流はほとんどない
牛木染右衛門	藩士Ⅱ	舞/無	6石2人/番組		
江川良補	親戚	書院	40俵4人/御側医師		天保11年8月御側医師見習いになる(1-91)、弘化4年9月太守様の容体伺いのため江戸勤番となる(4-205)
江川おいわ	親戚	書院			江川良補の家族

第 2 章 『桑名日記』に登場する藩士とその家族の属性　47

江川(加藤)おうた	親戚	書院			江川良補の家族、天保13年加藤家を離縁となり江川家に戻る(2-66)
大池嘉蔵	親戚				平太夫の甥
大池準助	親戚				大池嘉蔵の子
大倉彦坊	藩士Ⅱ				
大倉彦坊の叔父	藩士Ⅱ				
大嶋常次郎	藩士Ⅰ				矢田河原庚申堂北に住む
大塚萬右ヱ門	藩士Ⅱ	舞/無	6石2人/御用所次右筆見習	高年層	
大寺おばさ	藩士Ⅰ	舞/無		中年層	
大寺八三郎(又三郎)	藩士Ⅰ	舞/無	6石2人/御柄具師		矢田河原庚申堂北に住む
大寺八三郎兄	藩士Ⅰ	舞/無			
大寺春橘	藩士Ⅰ	舞/無	2人扶持/新郷柄具師		大寺八三郎の養子
大寺のおかみさん	藩士Ⅰ	舞/無		中年層	大寺八三郎の家族
大寺よめさん	藩士Ⅰ	舞/無		中年層	大寺八三郎の家族
大寺おみち	藩士Ⅰ	舞/無			大寺八三郎の家族、平太夫が「みつちゃ」と呼ぶ人、天保12年7月松田半七に嫁す(1-176)
大寺(根津)おみき	藩士Ⅰ	舞/無		中年層	弘化3年根津家を離縁となり大寺家に戻る(4-69)
大寺(根津)鍵治	藩士Ⅰ	舞/無		子ども	大寺おみきの子
大橋のごけさま	藩士Ⅱ				
小川玄流	その他				町医者か
奥田のかみさん	藩士Ⅱ			中年層	
御げんさ	その他				
おとの様	その他				
おとめ	その他				
小野軍九郎	藩士Ⅱ	書院	18石3人/御書院番学頭		藩校の師範
加治啓次郎	藩士Ⅱ	書院	100石/御勘定頭		親類書によれば平太夫の従弟だが、交流はほとんどない
柏木八兵衛	藩士Ⅱ	舞/無	5石2人/番組		
春日三蔵	藩士Ⅰ			若年層	
(一色町)片山おばばさま	親戚	書院		高年層	理助の母、天保14年12月80才(3-58)、弘化2年2月25日死去、円妙寺の長男・裕の墓の脇へ埋葬(3-竹97)
(一色町)片山理助	親戚	書院	100石/御側役格教授	高年層	平太夫の甥、藩校の師範、円妙寺の墓碑によれば嘉永2年に58歳で死去
(一色町)片山勝蔵	親戚	書院	100石/御馬廻	中年層	理助の二男、天保11年7月はじめて御目見えが済む(1-85)
(一色町)片山又男(登)	親戚	書院			理助の三男、嘉永元年2月法盛寺厄介に差出す(4-232)
(一色町)片山留男(鉄雄)	親戚	書院			理助の四男、嘉永元年2月理助とともに江戸へ行く(4-233)
(一色町)片山おせい	親戚	書院			理助の娘、天保15年11月清水新六に嫁す(3-竹71)
(一色町)片山おたよ	親戚	書院		中年層	勝蔵の妻
(一色町)片山おすず	親戚	書院		子ども	勝蔵の子、天保10年11月20日生まれ(1-38)
(一色町)片山おかね	親戚	書院		子ども	勝蔵の子

(新地)片山均平	親戚	舞/無	7石2人/大筒役	中年層	平太夫の甥、二人の子供が15歳(1-34)
(新地)片山おてつ	親戚	舞/無		中年層	均平の妻、後妻とみられる。「夫への使方宜敷家事取始末も行届被御賞美、米三俵被下置」(2-118)
(新地)片山繁治	親戚	舞/無			均平の子
(新地)片山鉄弥	親戚	舞/無	3石/御下横目		均平の子
(新地)片山おゑん	親戚	舞/無			均平の子
加藤官蔵(九兵衛)	藩士Ⅰ				弘化元年20歳で浅川桶屋の娘わさ25歳を嫁に取る(3-竹24)
加藤官蔵母	藩士Ⅰ				
金山かね五郎	藩士Ⅰ			若年層	
金山金司(兼司)	藩士Ⅰ			若年層	金山かね五郎と同一人物か
加納ごけさま	藩士Ⅱ				
川崎細次郎殿隠居	藩士Ⅱ				
川嶋文三郎(鉄右衛門)	藩士Ⅰ	舞/無	8石3人/大筒役	若年層	
紀木久右衛門	藩士Ⅱ				
菊地文蔵	藩士Ⅰ	舞/無	7石2人/番組		
菊地文蔵妻	藩士Ⅰ	舞/無			
菊地武八	藩士Ⅰ	舞/無	5石2斗2人/番組	若年層	菊地文蔵の家族
菊地おかみさん	藩士Ⅰ	舞/無		中年層	菊地文蔵の家族
菊地おちよ	藩士Ⅰ	舞/無			菊地文蔵の家族、おなかの友人
木戸勝次郎	藩士Ⅱ	舞/無	7石2人/寄合番		
栗本かみさん	藩士Ⅱ			中年層	
桑部の掃除	藩士Ⅱ				
郡儀左衛門	藩士Ⅰ				
郡おばさ	藩士Ⅰ			中年層	郡儀左衛門の家族
郡おきん(おかか、かか衆)	藩士Ⅰ			中年層	郡儀左衛門の妻
郡おくさん	藩士Ⅰ				
郡の後家	藩士Ⅰ				
小林三郎兵衛	藩士Ⅱ				
小森甚五兵衛	藩士Ⅱ	書院	100石/御徒頭		
近藤かかさま	藩士Ⅱ			中年層	
近藤鉄蔵	藩士Ⅱ	舞/無	4石2人/番組		
佐川寿一郎	藩士Ⅱ	舞/無	6石9斗2人/寄合番		親類書によれば平太夫の従弟だが、交流はほとんどない
佐川そを助	藩士Ⅱ				
佐々木喜之右衛門	藩士Ⅱ	舞/無	5石2人/番組		
佐々木喜之右衛門妻	藩士Ⅱ	舞/無			
(新屋敷)佐藤おじいさま	親戚	書院		高年層	おきくの父、天保15年4月時点で70才(3-竹25)、名は代右衛門
(新屋敷)佐藤おばばさま	親戚	書院		高年層	おきくの母、天保15年4月時点で59才(3-竹25)、名はおもと
(新屋敷)佐藤半太	親戚	書院	14石3人		佐藤おじいさまの子

第2章 『桑名日記』に登場する藩士とその家族の属性　49

(新屋敷)佐藤おすゑ	親戚	書院			佐藤おじいさまの子、鎌之助のおば
(新屋敷)佐藤おたき	親戚	書院			佐藤おじいさまの子、鎌之助のおば
(新屋敷)佐藤おとよ	親戚	書院			佐藤おじいさまの子、鎌之助のおば
(新屋敷)佐藤おてう	親戚	書院		子ども	佐藤おじいさまの孫
(矢田河原川端東)佐藤留五郎	親戚	舞/無	10石2人/御徒士	若年層	矢田河原川端東に住む、平太夫の娘おせんの夫、鎌之助のおじ、弘化4年11月江戸勤番となる(4-223)
(矢田河原川端東)佐藤おせん	親戚	舞/無		若年層	平太夫の娘、佐藤留五郎の妻、鎌之助のおば
佐藤栄助	藩士Ⅰ	舞/無	5石2人/大筒役	若年層	矢田河原庚堂北に住む
佐藤左治兵衛の家の者	藩士Ⅱ	舞/無	10石3人/御勘定人		
佐藤左治兵衛おかみさん	藩士Ⅱ	舞/無		中年層	
佐藤民右衛門	藩士Ⅱ	舞/無	御下横目		
篠田半太夫	藩士Ⅱ				
柴田十右衛門	藩士Ⅱ	書院	180石/御郡代		
清水源太夫	藩士Ⅱ				
清水源太夫おかみさん	藩士Ⅱ			中年層	
少将様	その他				
じんざ	その他				
杉立親平	藩士Ⅱ	舞/無	8石2人/小買物使		
杉立おばさま	藩士Ⅱ	舞/無		中年層	遠縁の親戚と思われる、孫がいる
鈴木おひで	藩士Ⅱ				
鈴木秀弥	藩士Ⅱ				
鈴木紋八	藩士Ⅱ	書院	18石4人/御勘定奉行		
須藤仙左衛門(又四郎)	親戚	舞/無	8石2人/大筒役	中年層	平太夫の甥
須藤おすゑ	親戚	舞/無		中年層	須藤仙左衛門の妻、天保14年2月3日33才
須藤鍛十郎	親戚	舞/無		子ども	須藤仙左衛門の子
関川和尚	藩士Ⅱ				遠縁の親戚と思われる
高木嘉太夫	藩士Ⅱ				遠縁の親戚と思われる、同居している高木為八郎は勝之助の弟、子の栄治は舞台格
高木のじさま	藩士Ⅱ			高年層	遠縁の親戚と思われる
高崎平兵衛殿娘婿	藩士Ⅱ				高崎平兵衛は40俵4人/御流儀火術世話役の御書院格
滝沢のばあさん	藩士Ⅱ			高年層	遠縁の親戚と思われる
滝沢のおばさ	藩士Ⅱ			中年層	遠縁の親戚と思われる、新屋敷佐藤家の出身か
竹内	藩士Ⅱ				
竹内斉蔵ふうふのおじいさ	藩士Ⅱ			高年層	
竹内のおばあさん	藩士Ⅱ			高年層	
竹田惣右衛門	藩士Ⅱ	舞/無	6石2人/番組		
谷崎治右衛門	親戚	舞/無	8石3人/寄合番		平太夫の甥

谷崎斧右エ門	親戚	舞/無			谷崎治右衛門の子
千代さ(おばばの友人)	藩士Ⅱ			高年層	
東間利平	藩士Ⅱ	舞/無	大筒役		何らかの親戚関係にあると思われる。片山家と親しい
東間おしゅん	藩士Ⅱ				
冨岡	藩士Ⅱ				
中井庄右衛門	藩士Ⅱ			高年層	弘化4年4月時点で60歳以上(4-170)
中井庄右衛門母	藩士Ⅱ			高年層	弘化3年12月77歳(4-144)
中嶋健助母	藩士Ⅱ				中嶋健助は8石2人/御城内番組の舞台格
中田啓治(啓司、桂治)	藩士Ⅰ			若年層	中田鉄三郎の子
中田徳治	藩士Ⅰ				中田啓治の家族
中田のおかみさん	藩士Ⅰ			中年層	中田啓治の家族
中田おたか	藩士Ⅰ				中田啓治の家族
中田の娘	藩士Ⅰ				中田啓治の家族、中田おたかと同一人物かは不明
中村たいじゅん	藩士Ⅱ				
中山のおじさ	藩士Ⅱ			中年層	舞台格の中山丈之右衛門のことだと思われる
西塚平治	藩士Ⅰ			若年層	
西塚平治妻	藩士Ⅰ			若年層	
西塚祖作	藩士Ⅰ			若年層	西塚平治の弟
野沢茂七	藩士Ⅱ	舞/無	6石2人/御月番小使		
野本おみつ	藩士Ⅰ				
長谷梅三郎	藩士Ⅱ	舞/無	2人/寄合番		
長谷おじいさま	藩士Ⅱ			高年層	
長谷おばさま	藩士Ⅱ			中年層	
長谷のおしみさん	藩士Ⅱ				
長谷川おはつ	藩士Ⅱ				
八田紋兵衛	藩士Ⅰ	舞/無	6石9斗2人/御同心		もと矢田河原庚申堂北に住んでいたが、のちに長屋に転居する
八田紋兵衛の家の人	藩士Ⅰ	舞/無			
八田紋兵衛母	藩士Ⅰ	舞/無			
八田のばあさん	藩士Ⅰ	舞/無		高年層	
八田きん助	藩士Ⅰ			若年層	
八田きん助の妻	藩士Ⅰ			若年層	
服部おひさ	藩士Ⅰ				糸ひき
浜田	藩士Ⅱ				
早川栄太夫	藩士Ⅱ			若年層	
林玄仙(医者)	藩士Ⅱ	書院	15石3人/御側医師		
平野善右衛門	藩士Ⅱ	舞/無	御蔵奉行		平太夫の同僚、壱石御足御蔵奉行ニ平の善右衛門(3-竹87)
広田領八	藩士Ⅱ				柏崎勤務の藩士、天保14年4月〜5月に桑名に滞在し渡部家を頻繁に訪れる
深谷滝右衛門	藩士Ⅱ	舞/無	8石2人/御城内番組		

第 2 章 『桑名日記』に登場する藩士とその家族の属性　51

藤崎惣太夫	藩士Ⅱ	舞/無	10石3人/御蔵奉行	高年層	平太夫の同僚、弘化4年4月時点で60歳以上 (4-170)
藤巻準助	藩士Ⅱ	舞/無	5石2人/大筒役		
ほうじゃふようしゅん	藩士Ⅱ				
保坂のおかみさん	藩士Ⅱ			中年層	
保坂又八伜吾右衛門	藩士Ⅱ	舞/無			保坂又八は8石2人/寄合番の舞台格
星寿三	藩士Ⅱ	書院			佐藤おすゑの夫
まつをかだん八	藩士Ⅱ				
松平左じろうどの	藩士Ⅱ	書院	290石/御使番		
松田半八	藩士Ⅱ	舞/無	8石3人/月番方次右筆		
松本誠助	親戚				勝之助の従弟
松本のおじゐさ	親戚			高年層	松本鉄兵衛か
丸山庄左衛門	藩士Ⅱ	舞/無	7石2人/大筒役		
三浦の兄(兄貴様)	藩士Ⅱ				
水谷のばあさん	藩士Ⅱ			高年層	
村田卜庸	その他				町医者か
明王院かみさん	藩士Ⅰ			中年層	
明王院おりい	藩士Ⅰ			若年層	おなかの友人、天保14年10月15歳か16歳、明王院のむすめと呼ばれる人
明王院右近	藩士Ⅰ			子ども	天保12年3月8歳
御代田平之丞	藩士Ⅰ			若年層	
御代田銀太	藩士Ⅰ			子ども	矢田河原庚申堂北に住む、天保12年3月7歳
御代田の娘	藩士Ⅰ			若年層	おなかの友人、天保14年10月15歳か16歳
村上	藩士Ⅱ				
森彦蔵	藩士Ⅱ	舞/無	5石2人/番組		
矢場の(虫)大竹	その他				
山内又十郎	親戚	書院	28石4人/御勘定頭		
山内庸助(庸介)	親戚	書院	句読師		山内又十郎の子、平太夫のことを「おぢさ」と呼ぶ
山内おばばさま	親戚	書院		高年層	山内又十郎の家族
山内のおとしさま	親戚	書院			山内又十郎の家族
山内のおばさ	親戚	書院		中年層	山内又十郎の家族、天保14年10月死去(3-51)
山内のおかね	親戚	書院			山内又十郎の家族
山岡仙之助	藩士Ⅰ	舞/無	7石2人/御城内番組	若年層	
山岡のおばさ	藩士Ⅰ	舞/無		中年層	山岡仙之助の家族、孫がいる
山崎善作	親戚	舞/無	7石2人/大筒役		
山崎欽吾(貢之助)	親戚	舞/無			山崎善作の子、元服(1-117)
山崎ごけさま	親戚	舞/無			山崎善作の家族
山崎善作方のお袋	親戚	舞/無			
山田のでん八郎さ	藩士Ⅱ				
山脇新六郎	藩士Ⅱ	書院	30俵3人/奥御賄		
竹内悠之助	藩士Ⅱ				柏崎の渡部家の向いの家に住む人、勝之助夫妻と家族ぐるみの付き合いをしている

横野留右衛門	藩士Ⅱ	舞/無	御蔵奉行(3-竹87)		壱石御加増御蔵奉行ニ横の留右衛門(3-竹87)
横ののおと	藩士Ⅱ				
横村春作	藩士Ⅰ	舞/無	5石2人/御細工人		矢田河原庚申堂北に住む、御繪師勤
横村春蔵	藩士Ⅰ	舞/無	6石2人/御城内番組		御繪師勤、横村春作の子
横村春蔵妻	藩士Ⅰ	舞/無			
横村(中村)五蔵	藩士Ⅰ	舞/無		若年層	中村五蔵が本名、何等かの事情で隠居となり横村家の養子となる
横村勝之しゃう(勝助)	藩士Ⅰ	舞/無		子ども	天保12年3月8歳、横村春蔵の子
横村ばあさん	藩士Ⅰ	舞/無		高年層	横村春作の家族
横村おばさ	藩士Ⅰ	舞/無		中年層	横村春作の家族
横村おぎん	藩士Ⅰ	舞/無			横村春作の家族
横村おかみさん	藩士Ⅰ	舞/無		中年層	横村春作の家族
横村おきやう	藩士Ⅰ	舞/無		子ども	横村春作の家族
米富啓右衛門伜	藩士Ⅱ				
(矢田河原庚申堂北)渡部平太夫	家族	舞/無		高年層	『桑名日記』の筆者
(矢田河原庚申堂北)渡部おばば	家族	舞/無		高年層	天保14年4月時点で54才(3-7)、名はお増
(矢田河原庚申堂北)渡部おこん	家族	舞/無			平太夫の子、松本誠助が夫か
(矢田河原庚申堂北)渡部おなか	家族	舞/無		若年層	平太夫の子、天保14年10月15歳か16歳
(矢田河原庚申堂北)渡部鐐之助	家族	舞/無		子ども	平太夫の孫、勝之助の子、天保15年正月9歳
(矢田河原庚申堂北)渡部おすみ	家族	舞/無		子ども	おなかの子、父は佐藤留五郎か
(柏崎)渡部勝之助	家族	舞/無		中年層	平太夫の養子、片山均平の弟、『柏崎日記』の筆者
(柏崎)渡部おきく	家族	舞/無		中年層	勝之助の妻、佐藤おじいさの娘
(向い)渡部此右エ門	藩士Ⅰ	舞/無	7石2人/寄合番		矢田河原庚申堂北に住む向いの渡部家の人、渡部姓だが平太夫の親戚ではない
(向い)渡部おかみさん	藩士Ⅰ	舞/無		中年層	
(向い)渡部おみよ	藩士Ⅰ	舞/無			渡部此右衛門の家族
渡部宗右衛門	藩士Ⅱ	舞/無	御蔵奉行(4-175)		矢田河原寺ノ丁北側西に住む、平太夫の同僚、渡部姓だが平太夫の親戚ではない
和田平蔵	藩士Ⅱ	舞/無	7石2人/郷才小頭		

第3章　近世末期桑名藩の下級武士とその家族の生活

1．本章の目的

　本章の目的は、近世末期桑名藩の下級武士とその家族の生活について、『桑名日記』の日記の内容をもとに明らかにすることである。待遇表現は、日々の生活において、さまざまな人と出会うなかで使われるものである。辻村敏樹（1971：7）の「敬語史は純然たる言語形態史としての面を持つだけでなく、同時に言語生活史とも言うべき面をも持っており、それら両面にわたっての叙述がなければ、敬語史としての叙述は十分なものとなり得ない」という指摘からもわかるように、これからみていこうとする待遇表現体系がどのような生活のなかで用いられていたものであるのかを知ることは、重要なことであると思われる。

　さて、本書で扱う『桑名日記』（以下、『桑名』とする）は、おもに筆者である平太夫の身の回りの出来事を書き留めたものであるため、平太夫ら下級武士とその家族の生活の様子をうかがいしることができる。

　たとえば、（1）の天保11年11月27日の日記からは、平太夫が六ツ過（午前6時）に御蔵に出勤し、米などを運搬する仲仕とともに仕事をし、昼には帰宅したことがわかる。そして帰宅後は、一昨日の晩に漬けたひらめの味噌漬けを振る舞うために、親戚の片山おばばさまと理助を招いている。七ツ（午後4時）に片山おばばさまが、七ツ半過（午後5時）に理助が渡部家を訪れている。また、七ツ過にはおなじく親戚の山内又十郎も渡部家を訪れている。この日の日記からは、出勤時間と退勤時間、そして、その日に出会った人の一部がわかる。

　（1）廿七日　天気西風つよくはなはだ寒し。御払米はやく出して休みた

ふ御ざりますから、成丈早く御出勤下さりましと仲仕が頼故、六ツ過ニ御蔵へ出昼帰る。けふあすハ在中惣やすみ。寺参り故、例年之通、米壱俵も納らず。夫故御収納方引る。おととひのばんひらめを貰ふたのをみそづけニいたし、けふかた山のおばゝさと理助をよぶ。おばゝさ七ツ時分御出なさる。理助ハ七ツ半過ニ見へる。又十郎さ此間出勤、七ツ過ニ見舞の返礼ニ繁さをつれて御ざらしる。おばゝさ四ツ時分御帰りなさる。

1-113

また、(2) の天保12年9月3日の日記からは、平太夫と鐐之助の朝の日課がわかるほか、七ツ前（午後4時前）に仕事が終わったこと、御蔵からの帰路、親戚の浅野家を訪れたことなどがわかる。

(2) 三日　天気。鐐こけさハめざましのくりあり。きげんよくはやくおき、おれもおじゐさのよふニしほではをみがかふといふへ、手のひらニやる。井戸ばたへゆき、いつしよニみがき、両手を出してつるべから水をうけ、うがひして、それからそでをもつてくんなへといふからもつてやると、ぶる〴〵とかほをあらひ、はなをかみ、よく手をあろふて、かほも手もふき、まゝゝきみだといふ。けふハ米の渡り四十俵程ニて、七ツ前ニ引る。帰りニ浅のへ寄る。…日記を書側ニ栗をたべていたが、皆洗湯へ行、たつたふたり故、おじゐさもふ寝なんかといふへだいてねる。

1-193

さらに、(3) の天保10年11月8日の日記からは、「なとり（菜取）」をしたこと、その手伝いに平太夫の娘のおこんと、隣に住む稲倉おこふが来たことがわかる。また、おこんとおこふが九ツ過（午前0時）まで糸ひきの内職をしていたことなどがわかる。

(3) 八日　天気　けさハふゆニなつてのさむさニて菜の葉が氷たやふニなる。それでけふハなとりする。おこんと御となりのおこふさ手つだひなり。鐐こ、あさ御ぜんをたべると佐藤へゆき候よし。御くらよりくれあいニかへつたが、いまニかへらず六ツじぶんニおばゝが（虫）ゆへいつたれバ、留五郎とはいつていたげな。みんながゆへはいつて、おこんもおこふさもいとひきニきて九ッすぎまでひく。

1-34

以上のように、日記の内容からは、下級武士とその家族の具体的な生活ぶりがわかる。

そこで、本章では、はじめに、『桑名』に登場する多くの人のなかでも『桑名』の筆者である渡部平太夫に着目して、下級武士の一日の生活を明らかにする。『桑名』は、平太夫によって書かれた日記であるため、当然のことながら、平太夫の一日の生活の様子がもっともよくわかる。次に、平太夫にかぎらず桑名藩の下級武士とその家族の生活がどのようなものであったのかを日記の内容を示しながら明らかにする。『桑名』には、下級武士とその家族の生活を知りうる記述が多くちりばめられているので、そうした記述を集めて彼らの生活に迫ってみたい。それにより、第2部でみていく待遇表現がどのような社会の、どのような生活のなかで用いられていたものであるのかを明らかにする。また、ここで明らかにした生活実態と関わらせながら、第3部において、近世末期桑名藩の下級武士とその家族の待遇表現体系の性格を考えたい。

2．渡部平太夫の一日

『桑名』の筆者である渡部平太夫は、第2章でも述べたように、桑名藩の御蔵で給与となる米や大豆の受け渡しを仕事としていた。『渡邉氏系図』には「珠算ニ名アリ勘定所在勤中金穀配當ニ関スル算術ノ捷路ヲ發明セラル其術廃藩迄行ハレシト云フ」とあり、その有能さがうかがえる。

では、平太夫はどのような毎日を過ごしていたのであろうか。こころみに、10年分の日記のなかでも、執筆開始から5年目にあたる天保14年の生活の様子を日記の内容をもとにまとめてみよう。まず、ほぼ毎日記される御蔵からの引取の時間、すなわち退勤時間をまとめると**表1**のようになる。表1からわかるように、残米改めの日（1日）、米渡しの日（4日、9日、14日、19日、24日）、勘定所算用方への算用帳差出の日（20日）、残米勘定の日（28日）が基本的な出勤日であった。

表1　渡部平太夫の天保14年の退勤時間

		1月	2月	3月	4月	5月	6月	7月	8月	9月	壬9月	10月	11月	12月
1日	残米改め	【年礼】	9半	8半	8半	4	8半	7半	4半【八朔】	8	(出役)	4	7半	【風邪で休み】
2日			9半	7	8半	7半	7	(雨天)	4半	7	7半		9	【風邪で休み】
3日			7	【節句】	8	7半	8半	7半	7半	(出役)	7半		9	【風邪で休み】
4日	米渡し		7半	7	7半	7	7半	(出役)	7半	7半	7半	7半	7	6
5日			8	8半	8	【節句】	8半	7半	遅く	7半	8	(出役)		7
6日			8半	7	9半	8	8半	7半	7	8半	7半	7半	7半	4半
7日			8	9半			4半	【節句】	9	7半		9半	7半	
8日				【初午】								9半	7半	
9日	米渡し	8(御蔵開き)	7	7半	7	7半	7半	7半	7半	【節句】	7半	7半	7半	6
10日			8	7	8	(弁当なし)	8	8	7半	7半	7半	遅く	7半	7半
11日									7		7		7半	4半
12日			9半	9半							昼過ぎ	7		
13日							8						6	
14日	米渡し	7半	7	7半	7半	8半	7		7半	7半	日の入	7半	7	6
15日		8半	8半	9半	9半	8半	8	【盆礼】	7	7半	7半	7半	7	7半
16日					7半		【盆礼】		(出役)	7半	7半		8	7半
17日			8	9半		(弁当なし)			(出役)	(出役)			8	5半
18日			7					【春日祭り】		7半	5半		8	4半
19日	米渡し		7半	7半	7半	7半	7	7半	7半	7半	6前	7半	7	7半
20日	算用帳差出	7半	8	8	8	8	7半	8	7	7半	7半	7半	7半	7
21日			8半				4(弁当なし)			9	7半			7
22日			8	9半	9						7半			7半
23日											6前			7半
24日	米渡し	7	7	7半	7半	7	4半	(暑気あたり)	7	夕方	6前	7半	7半	7半
25日			9半	7	7	8	8		7半	7半	7半	9半	昼過ぎ	5半
26日				8半	【多度参り】				7半	9				7半
27日			8	9半										
28日	残米勘定	7	7	遅く	8	7半	8半	7半	7半	日の入過ぎ		8	【寒気見舞い】	
29日		7半	7半	7半	8半	7半	(弁当なし)	(弁当なし)	8半	7半		8	7半	(出役)
30日			9	8	4(弁当なし)									14〜25清勘定

[凡例]	表記	4	4半	9	9半	8	8半	7	7半	6	6半	5	5半	(出役)
	時間	10:00	11:00	12:00	13:00	14:00	15:00	16:00	17:00	18:00	19:00	20:00	21:00	引取時間不明

　ここで、御蔵のある日と御蔵のない日ごとに平太夫の一日をまとめると、おおむね次のようになる。

《御蔵のある日》
　6：00～7：00　起床
　　塩で歯磨き、うがい、表の掃除、朝飯、留五郎か五蔵に髪月代を剃ってもらう
　例刻（8：00か9：00）　御蔵に出役
　　日によっては勘定所へ帳面を差出に行く、弁当
　14：00～17：00　引取（※弁当なしの日は12：00～13：00に引取）
　　御蔵からの帰路に親戚や藩士仲間の家を廻る（歓び、悔やみ、見舞い）
　帰宅
　　夜なべ（網すき、おばばの手伝い）
　　鎔之助の相手、洗湯（銭湯のこと、『桑名』の表記による）、夕飯、
　　日記を書く
　就寝
《御蔵のない日》
　　畑仕事、家の修繕、内職、おばばの手伝い、孫の世話、挨拶廻りなど

　このように、平太夫の生活は矢田河原庚申堂北の渡部家と職場である御蔵を中心として営まれる。『桑名』をみるかぎり、こうした生活スタイルは毎年ほとんど変らない。もっとも、日々の生活の合間には、藩の行事や冠婚葬祭、あるいは季節ごとの行事（年礼、盆礼、節句、石取祭り、多度参り、春日祭りなど）が頻繁にあって、『桑名』からうかがえる平太夫の一日は、極めて多忙である。
　そして、平太夫は、日々、多くの人と出会っている。つぎに、おなじく天保14年の日記を対象として、平太夫が御蔵と矢田河原庚申堂北の渡部家で出会った人を『桑名』の日記の内容からわかる範囲でまとめてみよう。
　まず、御蔵で出会った人としては、以下に示す《同僚の御蔵奉行》、《残米改めの人》、《立会郷使》、《町のもの》がいる。平太夫は、これらの人のなかでも同僚の御蔵奉行とともに毎日の仕事を行っている。御蔵には、仲仕と呼ばれる米などを運搬する人や取引先の庄屋が出入りしている。『桑名』によ

れば仲仕は在郷の者であったらしく、田植えや在郷の祭りのたびに休みを要求している。そして、残米改めの人と立会郷使は、毎月一日の残米改めの日に三人一組で御蔵を訪れる藩士である。なお、同僚の御蔵奉行、残米改めの人、立会郷使は、いずれも平太夫とおなじ下級武士とみられる。

《同僚の御蔵奉行》
　　今村安右衛門、藤崎惣右衛門（御蔵奉行、10石3人）、清水（茂兵衛か）
《残米改めの人》
　　御下横目青田恭助（1月のみ）、森伴太夫、平野善右衛門（御蔵奉行、10石3人）、吉成鋼太夫（大筒役頭取、御勘定人席、9石3人）、梅沢宗六（御代官、12石3人）、大野龍平（御蔵奉行、10石3人）、阿部与惣兵衛（大筒役頭取、御宮番席6石2人）、細谷又太夫（寄合番、御勘定人、9石3人）、小菅勘兵エ（御勘定人、9石3人）、米富蔵八、樋口十治右衛門、小林円助（御勘定人、9石3人）、玉置金六（御勘定人、9石3人）
《立会郷使》
　　堀江繁弥（大筒役、7石2人）、和田平蔵（郷才小頭、7石2人）、東間良平、篠田耕太夫（大筒役、8石2人）、遠山龍蔵（御用所次右筆、舞台格にて加勢、8石2人）、菊地文蔵（郷才小頭、7石2人）、今井条右衛門（郷使）
《町のもの》
　　庄屋（木や長七など）、仲仕、平太夫の使用人（善蔵、佐兵衛）

そして、矢田河原庚申堂北で出会う人としては、次のような人がいる。ここでは、第2章でみた親疎ごとにみてみよう。ここからわかるように、矢田河原庚申堂北の渡部家には親疎さまざまな人が訪れる。

《家族》
　　平太夫、おばば、おなか、鑅之助
《親戚》

理助、勝蔵、おばばさま、留雄、繁、登、おたよ、おせい、おとめ、おすず、均平、おてつ（以上、片山家）、おばばさま、おじいさま、半太、おすゑ、留五郎、おせん（以上、佐藤家）、おじいさ、忠太夫、おかね（以上、浅野家）、四郎兵衛、弥三郎、おひで（以上、稲塚家）、山内又十郎、江川良補、松本のおじいさ、須藤又四郎、須藤おすゑ

《藩士仲間Ⅰ》

八田紋兵衛、菊地武八、西塚平治、祖作、御代田のお袋、おひさ、横村五蔵、春蔵、加藤官蔵、稲倉おかみさん、鋳八郎、佐藤丈助、大寺八三郎、おみき、健治、磯野幸助、野本の娘、早川、明王院おりい、山岡仙之助、栄助、各家の子ども

《藩士仲間Ⅱ》

金山忠右衛門、稲垣鉄兵衛、服部又兵衛、松田竹蔵、河合一平、萱町のおえつ、奥田かみさん、岩田おばばさ、青田重兵衛、長谷川徳治、手塚おみち、広田領八、森彦蔵、竹内弁蔵、横山おふく、権九郎、長谷おばさ、山崎前作、中野金次郎、山田おかね、今村、藤崎、相沢幸蔵、木村忠次郎

《その他》

富山の薬売り、肴売り七右衛門、ねぎ苗売り、暦売り、畳屋長三郎、善蔵、佐兵衛、小使、赤須賀の医師、仲仕七蔵の親父、あんま、木や長七

以上のように、平太夫は矢田河原庚申堂北の自宅と職場である御蔵を行き来する毎日の生活のなかで、多くの人と出会っている。第2部以降で分析の対象とする待遇表現の多くは、平太夫とこのような人とのあいだで用いられたものである。

3. 下級武士とその家族の生活

前節では『桑名』に登場する人物のなかでも渡部平太夫の一日に着目して下級武士の生活をみたが、ここでは平太夫だけでなく下級武士とその家族が

どのような生活を営んでいたのか、いくつかの点に着目してみてみたい。

3.1 家族や近隣の人々との日常生活

　矢田河原庚申堂北の渡部家の人々は、西龍寺の東隣りにある二階建ての家に住んでいた。裏の墓には狐が頻繁に現れる。田んぼを望む二階では、おばばやおなか、そして近所の娘たちが集まって、日々、機織りや糸ひきに勤しんでいた。

（4）　おばゝ田植ヲながめて二階で糸ひき。　　　　　　　　　　2-63
（5）　おなかおこうおこんおばゝ明王院のむすめきつねを見ながら、にかひで糸ひき也。したでハ鐐之助くまいち右近三人して大さわぎなり。あめふりにておもてハ出られぬゆへ、やかましけれどかまわずさわがしておく。　　　　　　　　　　　　　　　　　　　　　　　　　　　　1-145

　下級武士とその家族は、第2章でも述べたように、近隣に住む藩士仲間と協力しあって内職を行っている。彼らは内職をするために、お互いの家を行き来している。次の（6）からは、明王院の娘と御代田の娘と平太夫の娘（養女）であるおなかが、糸ひきのためにお互いの家を行き来していることがわかる。なお、第2章では、こうした藩士仲間の親疎を「藩士仲間Ⅰ」として分類した。

（6）　きのふハ明王院の所の娘と御代田の娘が糸ひきニくる。けふハ御代田へおなか糸ひきニゆく。あすハ明王院のとこじやげな。　　　1-132

　渡部家は矢田河原庚申堂北のなかでも風通しが良かったらしく、近隣に住む若者たちが内職を持って毎日のように訪れている。内職の種類はさまざまあるが、男性はおもに網すきを、女性はおもに糸ひきを仕事としていた。網すきとは、漁に使う網を編む仕事である。

（7）　内ハ矢田河原中ニこんなすゞしいところハあるまへと、わかいてやいがあみすきニくる。こんやもきてゐる。　　　　　　　　　　1-168
（8）　けふ網すき大勢。早川佐々木八田武八鋳八留五郎来てゐる。平治もゐる。二階ニハおこふおなか御代田のおひさ糸引なり。　　　　3-20

このように、平太夫ら下級武士は、武士とはいっても内職をしなければ生活

は成り立たなかった。内職のほかにも薪割りをしたり、畑を耕したりと彼らの生活は多忙である。

　たとえば、次の（9）は、ひな祭りを前にした暖かなある日の日記であるが、おなかと鐐之助は草摘みに行き、仕事から帰った平太夫は小使に頼んで夏大根と鶯菜の種をまいてもらっている。また、近所に住む菊地武八と加藤官蔵に頼んで、割っておいた薪を束ねて二階に上げてもらっている。さらに、ねぎ苗売から苗を買い、五畝に苗を植えている。

（9）　廿七日　上天気暖。大豆渡り漸廿四五俵相渡し、九ツ半頃引取。帰りニ片山へ寄。…おなか鐐之助草摘ニさそわれて行候とて留守也。小使ニ夏大根卜些おそけれど鶯菜ヲ蒔て貰ふ。かぼちやも蒔てもろう。おばゝ中床の上へ雛を飾、壁ニ絵紙を張付ル。浮世絵役者絵抔ハ江戸表御停止ニ相成由ニ付、大事ニして置ねハならんとおばゝ言。…此間より割候真木把ねて二階へ武八官蔵頼虎の子送りニ上て積。ねぎ苗売ニ見へ候付、廿四文分調、先達均平方より貰ひ置候分、内の畑ニ残り候分とも五うねふせる。　　　　　　　　　　　　　　　　　　　　　　　2-134

　もちろん、平太夫のように勤めに出ている藩士は御城での仕事もある。（10）では、平太夫の仕事が忙しく家の仕事まで手が回らないために、おばばの内職がはかどらないことを嘆いている。

（10）　御蔵ハせわしく、それゆへおばゝハ内のしごとばかりニかゝりきり、ちん糸ハちつともひかず、小づかひニこまるなり。　　　　　1-151

　また、彼らは季節ごとに味噌や漬物をまとめて仕込む。こうした人手が必要な作業においても、近隣の人が手伝いに訪れる。（11）では渡部家の「みそしこみ」に、また、（12）では渡部家の漬物にするための「菜取」に、近所の女性や若者が手伝いに来ている。さらに、（13）では渡部家のおなかが、御代田家の菜取の手伝いに行っている。

（11）　天き西風つよしけふハみそしこみ。手つだひハおこんおせんおきん。けさしほを善蔵が今一しきから二ひやうかふてくる。…いつものとふりあめを入てつきこむ。つきてハ留五郎武八三こちんちが手つどふてくれたで御みきを出してやしよくハむぎめしなり。どんと入だろふとおもひ

むぎ一升にたところが思ひのほかいらず大そふあまる。　　　　1-54
(12) 天気。西風ニて些寒し。おばゝ此間より菜取致さねハ枯葉か出来ルから寒くても取り仕舞ふと佐兵衛ニ矢田町より塩買て貰ひ取ニ懸ル。佐兵衛も菜を運ふ。鉄右衛門も手伝て運ふ。我等も運ふ。横村のおぎん中田のおたかおこん手伝。隣のお袋も些拵ふて下さる。…菜洗ひ八ツ過迄不残洗ひ仕廻ふておばゝ夫より漬ル。　　　　4-209
(13) おなか御代田へ菜取の手伝ニ行。横村へも菜を持て来たさかへ手伝ふて貰ひたしと言て参りおばゝ少し手伝ふ。　　　　3-竹70

このように、平太夫ら下級武士の日々の生活は、家族と近隣に住む親しい藩士仲間とのあいだで営まれるが、彼らは、内職や菜取などの作業だけでなく、余暇においても行動を共にする。

たとえば、正月には、(14)のように福引や百人一首、おりはふり（双六）を楽しみ、春になれば(15)のように子どもを連れて走井山観音へ観梅をかねて参詣に行く。また、内職の合間には(16)のように将棋を指し、(17)や(18)のように奇祭として知られる桑名の石取祭りや浄瑠璃の興行などにも、誘い合っては出かけていたようである。

(14) 先日より毎晩三四人ツゝ見ヘ、今夜ハ拾人程見ヘ福引が始る。うたかるたおりはニて賑やかなり。鎌之助最早歯が抜替り、下ノ前歯此間壱枚きのふ壱枚皆大寺へ行八三郎ニぬいて貰ふたげな。　　　　2-121
(15) おなか鎌ヲつれおこんおりい其外大勢ニて梅林愛宕観音へ参詣ニいつてくる。梅林ハ大造の人ニて愛宕借座敷上下とも賑やかであつたげな。
　　　　3-124
(16) 網すきハ均平五蔵留五郎新八郎也。広田も見ヘ枕して咄してゐる。五蔵と平治将碁始メ、二番差ス。広田きのふハ二番さすハけふハさゝず見てゐる。　　　　3-9
(17) 今夜より石取、気違祭り。鎌之助大たのしミ也。当年甚厳敷彫物有之車ハ決而不相成、かねも八寸限り。其余ハ不相成候由。四ツ半過頃よりたゝき始る。鎌目ヲ覚し、おなかも目覚、おばゝハ未夕起てゐる内也。おばゝと三人が見ニ行。　　　　3-26

(18) おなか鐐をあそバせながら曲持を見ニ行。けふでもふしまゐ也。力
持はやしかたのもの、壱人ハ力持の親のよし、浄るりが上手ニ而、今夜
浅川の医師の処浄るりかたるよし。おばゝもおなかも聞ニゆき八ツ時分
かへる。おどりもあり、思白かつたげな。鐐もめをさましおどりを見た
げな。　　　　　　　　　　　　　　　　　　　　　　　　1-111

以上みてきたように、『桑名』からは、近隣に住む藩士との深い交流の様子がうかがえる。平太夫の孫の鐐之助は、両親こそ桑名にはいないものの、祖父母や家族、矢田河原庚申堂北界隈の人々に囲まれて育っていた[1]。

3.2　教育と読書

ここで視点をかえて、彼らの教育と読書に注目してみよう。『桑名』によれば、平太夫の妻のおばばは字が読めなかったとみられるが、(19) や (20) のような記事によれば、孫の鐐之助と養女のおなかは手習いに行っていたようである。また、平太夫自身も (21) (22) のように、折にふれて鐐之助に九九や百人一首、読み書きなどを教えていた。

(19) 今日ハ手習子供解シじやと鐐之助云故、げしとハどふするものだと
問へハ、書物之内三四字位書出しなさる。じきニ読と段々乙（甲か）ニ
成ものもあるし、乙ニなるものもある。けふハ三十六人壱人ても読だも
のが無かつたで、甲も乙もなかつたぜと云。そふしてけふハ子、御じゐ
さ席書だつたぜ、せき書ハ何番ニ成た、何と云字を書た、松竹と書たが、
番付ケハなし、只先生の手習しなさる反古ニなるのさ、壱人か弐枚か三
枚ツゝ書のを、皆先生が取て仕廻なさるから、今朝みの紙をくんなつた
けれど、だめだから、是から半紙でえゝぜと云。　　　　3-竹29

(20) おなか手習きよねんぎりニて下り、長〳〵御せわニなり候ゆへ、け
ふハ、の本せんせいニ一ぱいふるまふつもり。　　　　　1-127

(21) 洗湯より帰り、九九ヲ云て、二一天作より四ケ一迄云て、五一倍の
二ト云て、不云すや〳〵ト眠て仕廻ふ。鐐銭湯より帰ると…おじゐさ百
人しゆをよみなんと言。夜前の通り天智天皇（虫）〳〵て聞せるとその
通り鐐も読ム。天智天皇秋の田の、てんちてんのふあきの田の、苅穂の

庵の苫をあらミ、かりほのいほのとまをあらミ、我衣手ハ、ワかころもてハ、露に濡つゝ、つゆにぬれつゝ。右之通かなの所ハ鐐之言所也。段々中納言家持迄読内、もふねふけが来て言あげぬ内ニかぶるなり。　2-27
(22)　鐐之助今朝いつしよニ起、大学めつらしく、むつくり起ると直ニ読む。論孟おれに次迄よむ。而か兎角覚ひ兼る。清書出来。至極見事ニできる。　3-54

さらに (23) のような記事から下級武士の読書生活をみると、気がついたかぎりでは、「膝栗毛」「五十三継」「天明水滸伝」「太平記」「太閤記」「鎮西八郎為朝外伝椿説弓張月」という書名がみえた。

(23)　九兵衛太閤記を持てくる。勝頼討死より宗輪の邊大分思白き処ニなる。鐐ハ寝る。おばゝも聞ながら火燵ニ眠。九兵衛ト両人故静にて本見る。至極よし。　4-54

ここまで下級武士とその家族の、近隣の人々との日常生活の様子、および教育と読書について日記の内容を示しながらみてきた。『桑名』からうかがえる下級武士とその家族の生活は経済的には貧しいながらも、精神的・文化的には豊かなものであったといえるのではないだろうか。

3.3　下級武士の親戚づきあい

下級武士とその家族の生活は、ここまでみてきたように家族と近隣に住む人々とのあいだを中心として営まれるが、その一方で、盛んな親戚づきあいがみられる。

次にあげる (24) は天保14年5月24日の日記であるが、この日、平太夫は親戚づきあいに奔走している。この日の朝、平太夫は藩士仲間である内山家へ悔みに訪れ、その後、親戚の浅野家へ病人を見舞いに行ったところ病人はすでに亡くなったという。ところが、この日は親戚の須藤家で七夜の祝いがあり、また名づけを頼まれていたこともあって、平太夫は浅野家につづいて須藤家を訪れる。そして、平太夫は須藤家で、浅野の不幸の日に「些無理なれ共」と感じながらも、魚の馳走に預かっている。

(24)　廿四日　曇。昼過八ツ頃より雨。出懸内山へ悔ニ寄。…壱俵不被運

由ニ付、七ツ前引取。帰りニ浅の寄逆、前迄行。甚輔妻ニ逢。病人ハと問へハ、先程埒明ましたと云。六ツ前迄居候。然ル処、あいにく須藤の七夜の祝ひ、今朝名も付てくれと云故、渡部鍛十郎と付てやり、御蔵の帰りニ寄てくれと云事故、其積り之処、浅のゝ不幸なれ共、朝より手当いたし候ゆへ、止メニも不成。どふぞ来てくれと均平も浅野へ来る。六ツ時分須藤へ行。些無理なれ共、魚類ニ而一盃祝ひ、飯食、一先ツ内へ帰り、洗場へ入。須藤ニ而ハ大丈夫らしき大ふとりの小坊主しやと大歓。客ハ下ノ祖父様原田大橋と均平也。湯より帰り、暫休、又浅野へ行、八ツ時分帰る。　　　　　　　　　　　　　　　　　　　　　　3-18

このように、祝い事や法事の際には親戚を招いて馳走をふるまう。七夜の祝いに誕生日、年始の挨拶、婚礼、葬礼、法事と、毎月何かしらの行事があり、親戚の家を行き来している。

　たとえば、(25)は平太夫の娘・おなかの婚礼のことを、(26)は新屋敷の佐藤家の「先祖之百回忌ニ、亡父弐十三回忌」の法事のことをそれぞれ記したところであるが、いずれの行事にも多くの親戚とみられる人がつどっている。

(25) 廿七日　朝之内曇。四ツ頃終日小雨。夜ニ入晴ル。罾今日祝盃之処雨天ニ而出入甚不自由也。今日ハ魚類甚高値。弐尺五寸程之ぶり廿八匁。其外何肴も右ニ准し扱々こまり入候得共半身て十四匁召取られ、残半身ハ稲倉と佐藤へ売付候由。平治武八手伝。其内均平も見へ何もかも出来ル様ニめつたニ切きざみ、おばゝ難有迷惑じやト笑ふ。…惣人数ハ新屋敷御両人浅の両人松本三人均平四郎兵衛仙左衛門治右衛門嘉蔵平治武八九兵衛御代田明王院の娘仲人婦夫小使岩田お袋大寺の春都合廿二三人程也。六ツ過諸道具遣し間もなく婿入。婿兄弟林平右衛門吉田重蔵〆四人也。酒斗ニ而膳部ハ双方申合ニて不出。五ツ過婿人相済。夫より仲人嫁岩田のお袋等へ膳出し飯相済。夫より支度致四ツ頃漸追出してやる。夫から皆々膳出し、暫過仲人迎ひニ被参候付男入。鏱之助召連松本均平忠大夫都合五人行。…おりいおひさ鏱之助も起し、娘ともニ手伝ふて掃除して貰。菜大根を刻婿ニ打付候分ちらかり、何とも譬へ様もなくちらか

り庭より門の外道もちらかり掃除ニこまる。　　　　　　　　　4-73
(26)　…七ツ半前より新屋敷呼れて行。御客ハ水沢七郎左ヱ門長谷文八佐
　　　藤勝大夫佐藤代八瀧沢慶八内山作之丞竹内弁蔵渡部宗右ヱ門岡田右平治
　　　小林仙之助稲塚長大夫飯村英助。酒のさかなハ大平のつへい鉢酢し長皿
　　　粟のひたしものこんにやくのさしミ一鉢、硯蓋、膳、飯汁、よせ、なま
　　　す、平、あふけこんふ、茶碗もり集メ煮しめ猪口にんしんしらあい引揚
　　　とうふ山椒餅牛蒡太煮。　　　　　　　　　　　　　　　3-竹9

こうした行事のほかにも、平太夫は日ごろから御蔵の行き帰りに親戚の家を訪ねている。

　また、平太夫の妻・おばばは (27) のように、円通寺や円妙寺といった親戚の墓所を度々訪れている。

(27)　おばゝ片山の寺参りニ円通寺へ行。夫より円妙寺山墓所へ参り、尤
　　　新屋敷おばゝさまとおせいと婦人ハ三人のよし。　　　　　4-154

3.4　桑名藩士としての生活

　では、桑名藩士としての生活はどうであろうか。『桑名』をみると、桑名藩では「穏便触れ」が頻繁に発せられていることがわかる。穏便とは、藩主や藩主の家族、あるいは公儀の人が病気になったときや、亡くなったときに身を慎むことである。たとえば、(28) は天保12年6月23日の記事であるが、少将様が病気のため静かにするようにとの穏便触れが出されたことが記されている。(29) の翌24日の日記では、鐐之助が大きな声で鳴く蝉のことを「おんびんだニしかられやふぞ」といい、人々の笑いを誘っている。

(28)　扨て少将様御大病ニ付、…万端物静ニいたし候様御触出候由。此末
　　　如何相成可申哉と皆々溜息つき御案事申上罷在候。　　　　1-172
(29)　鐐おばゝ＼／あのせみが大きなこへしてなくに、おんびんだニしか
　　　られやふぞといふたとてミな＼／わろふたげな。おんびんといふ事ハが
　　　てんして大こもたゞかず、せつしやうニゆかふといわぬげな。　1-173

こうした穏便触れは、桑名藩士としての生活を律するものであったと考えられる。

桑名藩には穏便触れにかぎらずさまざまな規律があり、規律に反すると、藩より罰則を受けることもあった。磯田道史（2003）によれば、桑名藩には「敬礼御定」という細かな規則があったという。それによれば、「徒歩で歩いている場合と、馬上や駕籠で通行している場合とでも、武士の敬礼のやり方が大きく異なっていた。驚くべきことに、桑名藩では、この身分と状況による敬礼の類型をすべて法令にしている」（磯田　2003：51-52）という。そして、「相手の格式を知らぬ振りをして、敬礼を省いた者は、支配頭へ注進され、直ちに処罰の手続きが開始されたのである」（磯田　2003：54）という。『桑名』にも（30）のような記事がみられるが、これは舞台格の谷崎治右衛門（禄高8石3人）が、御書院格の森一弥左衛門（禄高300石）に立ったまま会釈したために、遠慮を仰せ付けられたことを記したものである。

(30)　谷崎治右衛門遠慮被仰付。是ハ森一弥左衛門殿へ高足ニ而会釈いたし候付差扣伺置候処、上より遠慮被仰付。　　　　　　　　　　2-3

また、藩主が亡くなったときには、女性や子どもも棺を拝みに行っている。次の（31）は、第11代藩主松平定和の葬礼が行われた天保12年8月6日の日記の一部である。

(31)　五ツ時打と、皆々場所へ出ル。暫立居候得共、一向御出棺之御様子不相知候処、御出棺御見上申。…鍛冶蔵御門外ニて御下横目定加勢ニ逢候付、此辺出口〳〵ニて老若男女拝見いたし居候哉と清水承り候処、御通り筋より五六間引下り拝見致し居候分ハ構ひ不申と申聞有之。然者早く帰り、家内のものも三崎新田辺遠方より拝見為致べくと急き帰る。内でハ待兼鐐とおなかハ最早瓦焼辺迄参つているとて先へいつたと云。直ニおばゝおこんおせんおこう其外近所よりも田ンぼへ走り出ス。…皆々云ニハ、イヤモウ涙がこぼれて〳〵ならなんだといふもあり、なミだが出てかすんでよく御こしがわからなんだと云もあり、御見上ケ申サンで置けバよかつたと云もあり、惣町中職留ニて籠をおろし相休ム。夫ゆへけふハ洗湯もなし。　　　　　　　　　　　　　　　　　　　　　　　　1-186

ところで、下級武士の藩への忠誠心は極めて強いものであったとみられる。たとえば、平太夫は弘化3年10月から旧家で家栄講を行っているが、これは

初代松平定綱公の没後二百年に奉納する手水鉢の資金を貯めるために行われたものではないかと思われる。『渡邉家系圖』には平太夫の死後、平太夫の遺志を継いだとみられる勝之助が、嘉永三年に「鎮国公二百年祭ニ付舞台格同列ニ内右御代被召出シ家ノ者廿一人協力シテ　御宮エ石手水鉢一基献備」したとの記事があるが、『渡邉家系圖』に記された手水鉢を献上した人の名前と、(32)にみえる家栄講の参加者は、ほぼ一致する。

(32) 旧家不残家栄講今村重三郎方会宅ニ付七ツ過より行、日ノ入帰る…家栄講ハ盆暮壱朱ト拾六文ツ一八月ハ三拾弐文、其余毎月十六文ツヽ也。会亭閣順。七月より始ル。谷崎治右衛門佐藤留五郎山川嘉左衛門渡部平太夫今村重三郎三わ林八西塚治大夫渡部五左衛門岡本廣蔵清水清朴内山孫大夫服部又兵衛後藤久右衛門矢田鉄蔵中井長右衛門西村源助林平右衛門山田卯伝治青木金次郎。　　　　　　　　　　　　　　　　　4-142

このように下級武士とはいえ、彼らの桑名藩士としての意識は強かったものと考えられる。

3.5　下級武士を取り巻く社会情勢

さて、江戸時代末期の世相はあわただしく、平太夫も不安定な社会情勢を書き留めている。たとえば(33)では朝鮮沖に黒船が来たことが、(34)では薩摩とイギリスのあいだに戦があったことが記されている。

(33) 鍋嶋様献上才領の人、問屋ニて申ニハ、先日朝せんの商ひ船、長崎表へ着岸。其節朝せん沖ニ黒船壱弐艘も相見へ、何船とも不相知、兵船やら、商船やら何方へ行やら、不相知。只見受候趣を注進いたし候由。勿論鍋嶋様御当番ニ付、御固御人数御操出しハ有之候得共、格別乙甲なる事ニも無之処、次第〳〵ニ咄しの大キクなり候事とぞんじられると申候よし。　　　　　　　　　　　　　　　　　　　　　　3-竹38

(34) 御蔵ニて小林の咄しニ、先日薩州ニてイキリス船と戦有之。…尤薩州ニて鉄砲ニ中り即死も十七人と歟有之候よし。何ニしても騒々敷咄也。
　　　　　　　　　　　　　　　　　　　　　　　　　　　4-173

また、藩の経済状況は切迫していたとみられる。たとえば、天保13年には、

婚礼や引っ越しの際の下賜金が廃止されている。(35)には、来月から「御手当金」が廃止されるのを前にして、駆け込みで結婚や引っ越しをする人が多いことが記されている。

(35) 渡部源右衛門娘西塚平治妻ニ、高木嘉太夫娘館了助妻ニ、本間久大夫娘樋口祐次郎妻ニ皆遣し候。廿八日祝盃。西塚館の嫁廻り内へも見へたげな。丹賀新之丞娘一柳常八娘丸山庄左衛門娘も嫁ニ行。…来月ニ成と御手当金被下無之故、御書院格ニても所々方々へ引越じや婚姻じやの沢山有之候よし也。　　　　　　　　　　　　　　　　　　2-93

このように武家社会は斜陽の真っただ中にあったが、それでも平太夫ら下級武士とその家族の日々の生活が変わることはない。

　さきにもみたように、近世末期桑名藩の下級武士とその家族の生活はおよそ武士らしからぬものであった。平太夫は御蔵での日々の仕事や家の細々とした仕事をこなし、家では家族や近隣に住む人々が内職に励んでいた。

　さらには、武家階級以外の人と接する機会も少なからずあったものとみられる。前節でみたように、平太夫が勤める御蔵には、仲仕や庄屋が多く出入りしている。また、舞台格の家に内湯はなく、(36)のように町のものとおなじ銭湯に入っていた。下級武士のなかには、(37)のように百姓の娘を嫁に取るものさえいた。こうした百姓からの嫁について、平太夫は働きさえよければ構わないといっている。

(36) おばゝ洗湯へ行バ家中の人も町のものも、鐐さ御疱瘡なさるげなが、御軽イそふで御ざり升が御仕合で御ざり升、御めてたふ御ざり升、御安堵で御ざり升と逢人毎に歓言て下さるとハあいきやうの有故か仕合な小坊主トおばゝ歓。　　　　　　　　　　　　　　　　　　　　　2-99

(37) 西塚平見へ候付、舎弟祝盃歓申候ヘハ、何ンだか百姓の娘とか、親父か是非貰ふと申て取たと言て遣しましたと言故、イヤ〳〵日記ニハそうハなし、馴染そゐと歟委細ニ書てありと読て聞せる。ソレダワサアノやろうめがと平治笑ふ。百姓の娘でも何でも苦るしくない、働さへよけれハよし。小林平兵衛宮沢谷右衛門妻も百姓之方より貰ひ、今両人とも奥さんと言れてゐるなり。　　　　　　　　　　　　　　　　4-43

このように下級武士は武士とはいえ、町のものと近いような生活を送っていたものとみられる。

次の (38) は、松岡彦之助という藩士の辞世の句であるが、これを書き留めた平太夫の気持ちはどのようなものであったであろうか。

(38) 帰リニ同役一同悔ニ寄、松岡彦之助殿先達より病気之処、養生不相叶昨夕死去之由。…辞世抔も認被置候由。

　　　平らきし　御代に生れし　武士の　身をハ野山に　捨る賢さ

　と認おかれ候よし。当辰六十三才のよし也。仅前書落。　　　3-60

しかしながら平太夫は、内職に追われるような生活のなかでも祝い事や法事といった親戚づきあいには、欠かさず顔を出している。さらに、藩祖の二百年祭には手水鉢を奉納するなど、桑名藩士としての誇りを持ちながら生きていた。

以上のように本章では、桑名藩の下級武士とその家族の生活の様子について、『桑名』の日記の内容からみてきた。本書ではいよいよ次章から、待遇表現の運用実態を分析していくが、これからみていく待遇表現はこのような生活のなかで用いられていたものである。

注
1) こうした近隣に住む人々との生活について、江戸後期における都市生活の進展という視点から『桑名』にみえる平太夫ら下級武士の生活を論じた神木康代 (1992) は、「都市においては、おそらくそれぞれが生活水準や家族環境を同じくする人々の間で交際がおこなわれ、そこには比較的自由闊達な人間関係、あるいは家同士の関係が成立してきている」としたうえで、「平太夫家に出入する人々は、平太夫の家族とほとんど上下関係をもたない人々であり、それだけかれらの間の一種の平等感、連帯感は意識するしないにかかわらず強いものとなるであろう」と述べている。

第2部

『桑名日記』にみる近世末期桑名藩の下級武士とその家族の待遇表現

第2部では、『桑名日記』にみられるさまざまな待遇表現について、述部待遇表現形式と人称代名詞がどのように使い分けられているのかを分析し、その体系を明らかにする。以下の各章では、第1部の第2章で明らかにした登場人物の属性や日記の内容からわかる場面の性質と照らし合わせながら待遇表現の運用実態を分析する。

　まず、**第4章**では、『桑名日記』にみられる述部待遇表現形式のなかでも、とりわけ多彩な形式を持つ「来ル」を意味する尊敬語の使い分けの実態を分析する。また、この章は、本書で進める『桑名日記』を対象とした待遇表現体系の研究が、従来の研究と比べてどのような面で新しいといえるのかについて明確にすることも、目的のひとつである。

　次に、**第5章**と**第6章**では、『桑名日記』にみられる述部待遇表現形式のなかでも、命令形であるものに注目して、使い分けの実態を明らかにする。命令形は、聞き手に直接働きかけるときに用いられるものであるため、聞き手に一層配慮した形式の使い分けがみられるものと考えられる。ここでは、こういった特性を持つと考えられる命令形の述部待遇表現形式について、「御出なされ」のような授受補助動詞クレル類を含まないものと、「御出くだされ」のような授受補助動詞クレル類を含むものとに分けて、考察する。第5章では、授受補助動詞クレル類を含まない命令形の述部待遇表現形式の使い分けの実態を分析する。第6章では、授受補助動詞クレル類を含む命令形の述部待遇表現形式の使い分けの実態を分析する。

　第7章では、第5章と第6章の分析をふまえたうえで、「御出なされ」のような授受補助動詞クレル類を含まない命令形と、「御出くだされ」のような授受補助動詞クレル類を含む命令形とでは待遇価値が異なるのか、また、待遇価値が異なるとすればどのように異なるのかを明らかにする。さらに、ここまでに明らかにした述部待遇表現形式の体系を突き合わせることにより、第4章で対象とした「来ル」を意味する尊敬語の待遇価値をより明確に捉えることをこころみる。

　そして、**第8章**では、人称代名詞の使い分けの実態を分析する。なお、ここでは、先行研究との関わりについても考える。人称代名詞は、近世武家社

会における待遇表現の研究のなかでも研究が比較的進んでいる分野であることから、他資料との対照が可能であると思われる。
　以上のように、第2部では、『桑名日記』にみられる述部待遇表現形式と人称代名詞が人間関係や場面によってどのように使い分けられているのかを量的に明らかにすることを目的とする。

第4章 「来ル」を意味する尊敬語

1．本章の目的

　『桑名日記』（以下、『桑名』とする）には、さまざまな待遇表現がみられる。たとえば、次の（1）は、『桑名』の筆者である渡部平太夫が孫の鑣之助を新屋敷の佐藤家に迎えに行った場面であるが、いきいきとした会話文や地の文に、「来なつた」「御帰りなさつて下さへまし」といった述部待遇表現形式や「貴さま」のような人称代名詞が多くみられる。

（1）　鑣ハ留守。…夕方かぼちや棚ヲ崩し夕飯給直ニ鑣之迎ニ行。おすゑさと表へ出見てゐる。見付ると飛込おぢゐさがむかひニ<u>来なつた</u>と言様子也。おばゝさの<u>おつしやる</u>ニハ、鑣ハ今夜泊る積りで、さき程おすゑニ言ニは、したや（おすゑのこと）今夜ハの貴さまのそばへひとりで寝るぜやと言ましたから、とふそ<u>御帰りなさつて下さへまし</u>と<u>おつしやる</u>と、鑣、うそだゝおぢゐさが来なんと泊のだけれども迎ひニ<u>来なつた</u>から帰んだと言を、思白かり、とまると言たからおぢゐさどふそ<u>御帰りなさつて御くれなさへ</u>とかゝりあいなさると、イヤゝ帰るゝと袴を持てきて、おぢゐさはかせてくんなへと言故はかせてやると、脇差ヲさし御じぎをしてサア帰るゝと言故、梨子トなつめを貰ふて帰る。

2-83

　では、近世末期桑名藩の下級武士とその家族は、これらの待遇表現をどのように使い分けていたのであろうか。第2部では、『桑名』にみられるさまざまな述部待遇表現形式や人称代名詞の運用実態を、第2章で明らかにした登場人物の属性、および、日記の内容からわかる場面の性質といったさまざまな要因と照らし合わせながら、明らかにしていく。

76　第2部

　本章では、そのはじめとして、述部待遇表現形式のひとつである「来ル」を意味する尊敬語の運用実態を明らかにする。『桑名』にはさまざまな述部待遇表現形式がみられるが、なかでも「来ル」を意味する尊敬語は形式の種類が豊富であり、また、敬意の対象が明示されることから、人間関係による使い分けの実態を捉えるには適していると思われる。

　また、本章での分析をとおして、『桑名』という一次資料だけでなく、分限帳などの周辺の歴史史料も活用することによって、過去の文献資料であっても、客観的に把握した人間関係や場面と関わらせながら待遇表現の使い分けの実態を捉えることが可能であることを示したい。

2．分析対象

　はじめに、『桑名』にみられるさまざまな「来ル」を意味する尊敬語をまとめると表1のようになる[1]。なお、「来テクレル」のような授受補助動詞クレル類を含むものについては、授受補助動詞クレル類を含まないものとは待遇価値が異なると考えられるので、本章では扱わない[2]。

表1　『桑名日記』にみられる「来ル」を意味する尊敬語

形式	御出ナサル		ゴザラシル		ゴザル		来ナサル		来ナル		来ヤル		御出	
冊数	会話	地	会話	地	会話	地	会話	地	会話	地	会話	地	会話	地
第1冊	15	84	3	31	1	12	5	10	25	36	11	2	1	10
第2冊	6	43		20	2	7	1	2	23		8			1
第3冊	12	41	1	3	2	4	2	4	11		8			1
第4冊	18	41	1	31		6		2	8		1			3
会話/地	51	209	5	85	5	29	8	18	67	36	28	2	1	15
合計	260		90		34		26		103		30		16	

御越		御出被成下		御越被成		オイデル		来ラレル		見ヘル		見ヘラル		[基本形来ル]	
会話	地	会話	地	会話	地	会話	地	会話	地	会話	地	会話	地	会話	地
						2	1		1	1	131		10	6	337
	2				4		2		2		184		11	5	216
			1		1		2		1	2	274		53	18	216
	2		1		1		2	1	4	3	510		225	20	315
0	4	0	2	0	6	2	7	1	8	6	1099	0	299	49	1084
4		2		6		9		9		1105		299		1133	

第 4 章　「来ル」を意味する尊敬語　77

　さて、表 1 からわかるように、『桑名』には多彩な「来ル」を意味する尊敬語がみられる。まず、おもに書きことばで用いられていたと考えられるものとしては、「御出」「御越」「御出被成下」「御越被成」「オイデル」「来ラレル」「見ヘル」「見ヘラル」がある。これらの尊敬語は会話文にはほとんどみられず、次のような、候文に代表される文語的な文体に多くみられる。

（2）　けふも雨降ニて表の遊びが出来ぬゆへ、隣の熊市と座敷にて取ちらし居候処へ、坊さま被見へ候付、寄妙ニ気遣ひな人が来る時と言とちらかつている。　　　　　　　　　　　　　　　　　　　　　　　　　4-26

（3）　御老中様方御連名之御奉書御到来ニ付、為御名代松平若狭守様右御宅江御越被成候処、御遺領無御相違被下、御譜代席被仰付候…　　2-2

なお、『桑名』はおよそ10年分の日記が 4 冊に分けてまとめられており、口語的な文体から文語的な文体まで、幅広い性格の文体がみられる。鎌之助の幼少期には口語的な文体が多くみられるが、鎌之助の成長に伴って、つまり、冊数を重ねるごとに候文に代表される文語的な文体が次第に増加する[3]。表 1 によれば、「見ヘル」と「見ヘラル」は、文語的な文体が広くみられる第 4 冊での例がもっとも多い。

　一方、日常の話しことば、すなわち、日常会話で用いられていたと思われるものとしては、「御出ナサル」「ゴザラシル」「ゴザル」「来ナサル」「来ナル」「来ヤル」がある。これらの尊敬語は会話文でみられるだけでなく、地の文でも候字が少なく口語的な文体に偏る第 1 冊での用例が多くみられる。次のような口語的な文体では、会話文だけではなく、地の文においても日常会話の特徴を反映したと思われる「来ル」を意味する尊敬語がみられる。

（4）　けさあさのゝおじゐさが御ざらしたで、ばんニむぎのおまんまができますから、御出なされましといふたら、夕方御ざらしる。　　1-181

（5）　よそのしうが、おや鎌さハなぜそふおばゝさときなさるとおとなしくなへねへ、おじゐさときなるとまことにおとなしいがとわらわんすげな。　　　　　　　　　　　　　　　　　　　　　　　　　　　　1-170

　ただし、日常会話で用いられていたと考えられるもののうち、「来ヤル」は用法に偏りがある。「来ヤル」は、次のように、聞き手が子どもである場

合に多く用いられ、会話文にみられる28例中24例が次のような命令形である。

（6）　おば〻言ニハ（鐐之助、）おじゐさと御蔵へいつて来やれと言と大歓。　　　　　　　　　　　　　　　　　　　　　　　　　　　2-109

　以上から本章では、日常会話で用いられていたと考えられる「来ル」を意味する尊敬語のうち、**御出ナサル、ゴザラシル、ゴザル、来ナサル、来ナル**を対象として、その運用実態を分析する[4]。「来ヤル」については命令形に偏ってみられるので、本章では扱わない[5]。

3．「来ル」を意味する尊敬語の運用実態

　では、近世末期桑名藩の下級武士とその家族は、御出ナサル、ゴザラシル、ゴザル、来ナサル、来ナルをどのように使い分けていたのであろうか。本章では、それぞれの形式について、はじめに、話し手、すなわち敬意の主体が平太夫に固定される地の文における運用実態を分析し、次に、話し手が一様ではない会話文における運用実態を分析する。そのうえで、地の文と会話文における運用実態を総合的にみたうえで、それぞれの「来ル」を意味する尊敬語の待遇価値を明らかにする。

　さて、『桑名』の地の文にみられる"Xガ「来ル」"のXを縦軸に、5形式の「来ル」を意味する尊敬語を横軸にして用例数を示したものが、次の**表2**である。敬意の対象であるXについては、第2章で明らかにした①親疎に基づき、分類した。②身分、③世代についてもわかる範囲でその情報を付した[6]。なお、Xが次のように複数である例については〈複数〉とした。

（7）　かた山のおば〻さま、山内のおば〻さま、ひるまへあつくならぬうちニ御出なさつたげな。　　　　　　　　　　　　　　　　　　　　1-93

また、表2のなかで白黒反転させて示した用例や網掛けを施して示した用例については、以降の分析のなかで言及する。以下、この表2と会話文における運用実態を示した表3〜表7をみながら、各形式の運用実態を分析する。

表2 地の文にみられる「来ル」を意味する尊敬語

①親疎	敬意の対象 氏名	②身分	③世代	御出ナサル	ゴザラシル	ゴザル	来ナサル	来ナル
公人	殿様			2				
親戚	(一色町)片山おばばさま	書院	高年層	56				
	(一色町)片山おたよ	書院			2			1
	(新屋敷)佐藤おじいさま	書院	高年層	44				14
	(新屋敷)佐藤おばばさま	書院	高年層	66				5
	(新屋敷)佐藤半太	書院		14			3	5
	(新屋敷)佐藤おすゑ	書院		1	6	5	4	3
	(新屋敷)佐藤おたき	書院						1
	(新屋敷)佐藤おとよ	書院		1				
	山内又十郎	書院			1			
	山内おとし	書院		1				
	山内おかね	書院			1			
	江川おいわ	書院						1
	江川(加藤)おうた	書院					1	
	浅野おじいさま	舞/無	高年層	1	20	6	2	5
	稲塚四郎兵衛		中年層			1		
	稲塚あねさま		中年層	2	7	6	2	5
	〈複数〉			4	3		5	5
藩士仲間Ⅰ	岩田おばばさ	舞/無	高年層		1			1
	稲倉おばばさ	舞/無	高年層	1	1			
	横村ばあさん	舞/無	高年層		7	1		
	大寺おばさ	舞/無	中年層		1			
	渡部おかみさん	舞/無			1			
	横村おかみさん	舞/無			3	1		
	中田おかみさん		中年層		1			
	郡かか衆					1		
	明王院かみさん		中年層			1		
	山崎善作方の御袋	舞/無			1			
	稲倉おこふ	舞/無			4	1		
	大寺おみち	舞/無				1		
	稲倉おふくろ	舞/無			1			
	郡おきん				1	1		
	〈複数〉				6		2	1
藩士仲間Ⅱ	星寿三	書院		1				
	竹内おばあさん		高年層	1				
	伊藤おじいさ		高年層		2			
	水谷ばあさん		高年層		1	2		
	松本おじぬさ		高年層		2			
	滝沢ばあさん		高年層		1			
	飯村おばさ	舞/無	中年層	2				1
	飯村かか衆	舞/無	中年層	1				
	飯村よめさん	舞/無	中年層		1			
	佐藤左治兵衛おかみさん	舞/無	中年層		1			
	中山おぢさ		中年層				1	
	杉立おばさま		中年層	4				
	長谷おばさま		中年層	2				
	滝沢おばさま		中年層		1			
	奥田かみさん		中年層		1	1		
	栗本おかみさん		中年層		1			
	伊藤よめさま		中年層		1			
	大橋ごけさま				1	1		
	鈴木おひで				1			1
	東間おしゅん					1		
	浜田			1				1
	山田でん八郎							1
	長谷おしみさん				1	2		
	〈複数〉							
その他	〈複数〉(親戚Ⅰと親戚Ⅱ)			3				
	〈複数〉(親戚Ⅰと藩士Ⅱ)			1				
	〈不明〉							2
	合計			209	85	29	18	36

3.1 御出ナサル

　御出ナサルは、表2よれば、地の文では親戚と藩士仲間Ⅱに対して用いられる。まず、親戚では、片山おばばさま56例、佐藤おじいさま44例、佐藤おばばさま66例、佐藤半太14例と、一色町の片山家と新屋敷の佐藤家の親戚に対する例が多くみられる。片山おばばさまは、平太夫より20才年上の義理の姉である。佐藤おじいさまと佐藤おばばさまは、平太夫の養子・渡部勝之助の妻・おきくの両親であり、このうち佐藤おじいさまは、平太夫より9才年上である。そして、一色町の片山家と新屋敷の佐藤家は御書院格の家であり、これらの家の人は、舞台格の平太夫より身分が上である。以下、本書では、必要に応じて、冊数-頁数の後の《　》内に敬意の主体（話し手）と敬意の対象の関係の概略を示す。

（8）　平太夫→片山おばばさま／片山のおばゝさまおすゞさをつれてひるから御出なさる。　　　　　　　　　　　　　　　1-69《年下→年上》

（9）　平太夫→佐藤おばばさま／新屋敷おばゝさま六ツ過ニ御出なされ、おばゝの洗湯へ行て来ル内ニ飯村へ行て御出なされ、おばゝ帰ると無程飯村より御帰り也。　　　　　　　　　　　4-35《舞台格→御書院格》

（10）　平太夫→佐藤半太／昨日半太公御出被成、おばゝニ綿入ものゝ手伝ニ来てくれと母が申ましたと被申候付、おばゝ今朝手廻いたし手伝ニ行、暮六ツ時ニ帰る。皆さま風ひき御難きのよし也。
　　　　　　　　　　　　　　　　　　　　　　4-220《舞台格→御書院格》

　そして、藩士仲間Ⅱでは、御書院格に対する例が1例（星寿三）、高年層に対する例が1例（竹内おばあさん）みられる。また、中年層のなかでも「おばさ」と呼ばれ、比較的年齢が高いと思われる人に対する例が8例みられる（飯村おばさ2例、杉立おばさま4例、長谷おばさ2例）。たとえば（11）の杉立おばさまは、呼称から中年層としたものの平太夫とおなじく孫がいる人である。

（11）　平太夫→杉立おばさま／杉立の祖母さま孫の御もりニて夕方御出なさる。　　　　　　　　　　　　　　　　　　3-竹61《高年層→中年層》

さらに、次のような殿様に対する例が2例みられることがわかる。

(12) 平太夫→殿様／そとぼりまつだいら名代のどぞうも三月ごろかとりはらひになり。へいができる。もふとの様が御出なさつても御目ざわりニなるまへ。　　　　　　　　　　　　1-74《平太夫→公人》

このように御出ナサルは、年上や年齢が比較的高い人、あるいは身分が高い人に対して多く用いられる。つまり、平太夫は上位の者に対して、御出ナサルを用いるといえる。

　では、話し手が平太夫に固定されない会話文ではどうであろうか。会話文における運用実態をみるために、会話文における御出ナサルの用例をまとめたものが、次の表3である。

　以下、この表3を含め、会話文における用例をまとめて示す表3～表7では、話し手（敬意の主体）と敬意の対象の関係と用例数を示す[7]。表3～表7において、用例の左側に付した☆★は、①親疎から判断できる親疎関係を示している[8]。☆は家族、親戚および藩士仲間Ⅰの間柄、つまり、親しい間柄で用いられた例であることを、★は藩士仲間Ⅱ、武家階級以外の間柄、つまり、それほど親しくない間柄で用いられた例であることを示している。また、○●△は②身分、③世代、および夫婦、親子といった親族関係の上下から判断できる上下関係を示している。○は上位の者に対する例であることを、●は下位の者に対する例であることを示している。なお、表7の△は子どもどうしの例であることを示している。また、話し手が武家階級以外である例には▼を付した。

表3　御出ナサル（会話文）

		話し手		聞き手/話題の人物	例数
☆	○	おばば	→	佐藤おばばさま	7
☆	○	おばば	→	平太夫	3
☆	○	片山均平	→	平太夫	3
☆	○	平太夫	→	佐藤おばばさま	3
☆	○	片山おてつ	→	平太夫	1
☆	○	片山繁治	→	平太夫	1
☆	○	片山又男	→	おばば《おばさ》	1
☆	○	片山おてつ	→	渡部家の人々	1
☆	○	片山留雄	→	おばば《おばさ》	1
☆	○	平太夫	→	佐藤おすゑ《御すゑさま》	1
☆	○	おなか	→	稲塚あねさま	1
☆	○	平太夫	→	浅野おじいさま	1
☆	○	大寺春橘	→	渡部おなか《おなかさ》	1
☆	○	大池嘉蔵の伜	→	おばば《おばばさ》	1
☆	○	大池嘉蔵の伜	→	大池嘉蔵《内の旦那様》	1
☆	●	佐藤おばばさま	→	平太夫	1
☆	●	佐藤半太	→	渡部家の人々《皆さま》	1
☆	●	佐藤おじゐさま	→	おばば	1
☆	―	片山	→	平太夫	1
☆	―	菊地文蔵妻	→	平太夫	1
☆	―	明王院	→	平太夫	1
☆	―	谷崎	→	平太夫	1
★	○	▼銭湯にいた人	→	鐐之助《鐐さん》	2
★	○	▼町方（肴や・薬や）	→	鐐之助《御坊さん》	2
★	○	平太夫	→	三浦の兄《兄貴様》	1
★	○	▼長嶋や亭主	→	おばば	1
★	○	▼善蔵	→	旦那	1
★	○	▼善蔵	→	御衆	1
★	○	▼庄屋	→	御親類方心安き方	1
★	○	▼小使い	→	どなたか	1
★	○	▼医者	→	須藤	1
★	●	岩村（鐐の先生）	→	鐐之助《鐐さ》	1
★	―	じんざ	→	鐐之助《鐐さ》	2
★	―	女	→	江川おいわ《おいわさん》	1
★	―	誰か	→	高崎平兵衛殿娘婿	1
★	―	御郡代衆	→	見分の人	1

合計51例

さて、表3によれば、話し手が武家階級である例が41例みられる（表中、話し手の前に▼が付されていない例）。そのうち、上下を判断できる32例についてみてみると、28例が次のような上位の者に対する例である。(13)は舞台格の平太夫から御書院格の佐藤おばばさまに対する例、(14)は年下から年上の人に対する例である。

(13) **平太夫→佐藤おばばさま**／新屋敷の御祖母さま六ツ過ニ御出なさる。

ヲヤどふして御出なさつたと問ハ、おいねが一柳迄参り候付一所ニ来たが、暫咄して、帰りニ一柳へ寄れて帰りましやうと咄て御出なさる。

3-竹103《舞台格→御書院格》

(14) **大池嘉蔵の倅→おばゞ**／四ツ過大池嘉蔵の倅使ニ見へ、明日でも明後日でもおばゝさニ鐐之助さを御つれなされ稲荷御門妙見さま御祭だから御出なさりましと言。　　　　　4-200《年下→年上》

　下位の者に対する例も4例みられるが、このうち3例は、佐藤家の人から平太夫とおばゞに対する例である。これらは身分から下位の者に対する例と判断したものであるが、いずれも次のような、佐藤家の人が平太夫やおばゞを家に誘う場面での例である。丁寧な言い回しの例であり、上位の者に対する例に準ずるものと考えられる。

(15) **佐藤おじいさま→平太夫**／しんやしきの御じゐさま御出なされ、二三日ぢうニ、鐐こをつれて、片山のおばゝさと、おとしさをさそつて御出なさへとおつしやつて御かへりなされたけな。

1-156《御書院格→舞台格》

このように御出ナサルは、会話文でも上位の者に対して用いられるといえ、地の文の運用実態と合致する。

　以上から、御出ナサルは、上位の者に対して用いられる「来ル」を意味する尊敬語であると考えられる。

3.2　ゴザラシル

　ゴザラシルは、地の文（表2）では、親戚、藩士仲間Ⅰ、藩士仲間Ⅱと、親疎さまざまな人に対して用いられる。御出ナサルがほとんど用いられない藩士仲間Ⅰに対する例も多くみられる。

　まず、親戚では、浅野おじいさまに対する例が20例と多く用いられる。この浅野おじいさまは親戚ではあるものの、お茶を飲みに頻繁に渡部家を訪れる、平太夫の友人のような人である。

(16) **平太夫→浅野おじいさま**／あさののおじゐさござらしる。ちやを入。…おじゐさしばらくはなして帰らんす。　1-128《高年層→高年層》

また、片山おたよ、佐藤半太、佐藤おすゑ、山内おかね、稲塚あねさまと、年下と思われる親戚の人に対する例が多くみられる。おなじ親戚でも、高年層の片山おばばさま、佐藤おじいさま、佐藤おばばさまに対する例はみられない。

(17) 平太夫→佐藤おすゑ／夕方御すゑさん御ざらしる。
4-81《年上→年下》

そして、藩士仲間Ⅰでは、次のように、中年層以上と思われる人に対して広く用いられる。たとえば、(18)は中年層の横村おかみさんに対する例、(19)は高年層の横村ばあさんと菊地ばあさんに対する例である[9]。

(18) 平太夫→横村おかみさん／横村のおかみさん苧を持て夜なベニ御ざらしる。
4-56《高年層→中年層》

(19) 平太夫→横村ばあさん、菊地ばあさん／早川被参赤穂記被読。横村菊地のばあさん仕事を以聞ニ御ざらしる。おなかおりい若手も来てゐる。
4-78《高年層→高年層》

また、藩士仲間Ⅱでは、これも中年層以上と思われる人に対して多く用いられる。だが、用例を詳しくみると、高年層のなかでも「水谷のばあさん」「滝沢のばあさん」のように「お」や「さま」をつけて呼ばれることがない人に対する例が多いことがわかる。

(20) 平太夫→水谷ばあさん／水谷のばあさん桑を貰ひニ被参候付伐てやる。小雨ニ成候付急て貰ニ御ざらしる。些トぬれて伐てやる也。
4-169《高年層→高年層》

(21) 平太夫→滝沢ばあさん／四ツ過頃滝沢のばあさん土産を届ニ御ざらしツて鐐之助ハ泊り升じやげなで御ざり升と言て帰らんす。
4-234《高年層→高年層》

また、松本おじいさと伊藤おじいさは(22)のように平太夫とごく親しい人であり、平太夫とほぼ同等と思われる人である。さらに中年層では、(23)のように「よめさま」、あるいは「おかみさん」などと呼ばれ、中年層のなかでも比較的若いと思われる人に対する例が御出ナサルに比べて多いことがわかる。逆に、「おばさ」と呼ばれる人に対する例は御出ナサルに比べて少

ない。つまり、ゴザラシルは、同等や下位の者に対して用いられると考えられる。

(22) 平太夫→松本おじいさ／松本のおじゐさ漸手の痛宜、今日髯月代したとて夜ニ入ござらしる。有合の酒きひしやうニ壱ツ出ス。
2-127《高年層→高年層》

(23) 平太夫→伊藤よめさま／伊藤のよめさま御ざらしつたげな。
1-112《高年層→中年層》

さて、このようにしてみると、おおよそ御出ナサルが用いられる人に対してはゴザラシルが用いられないといえそうである。ここで、地の文の運用実態をまとめた表2をあらためてみてみよう。表2ではそれぞれの人について、御出ナサルとゴザラシルのうちおもに用いられると思われる方の用例数に網掛けを施した。表2によれば、御出ナサルとゴザラシルのいずれか、あるいは双方に用例がみられる人は、〈複数〉とその他とした人を除けば42名である。そのうち、御出ナサルかゴザラシルのどちらか片方のみが用いられる人は33名である。したがって、御出ナサルとゴザラシルは、敬意の対象が誰であるかによって使い分けられていたものと考えられる。

つまり、御出ナサルは上位の者に対して、ゴザラシルは同等か下位の者に対して用いられていたものと考えられる。たしかに、ゴザラシルが上位の者に対して用いられることもあるが、こういった例はいずれも御出ナサルが用いられる場面に比べてくだけた場面での例であることがわかる。たとえば、次にあげる（24）の敬意の対象である山内又十郎は平太夫の親戚のひとりであるが、改まった場面では「山内又十郎殿」と呼ばれる御書院格の人である。だが、（24）は「又十郎さ」と呼ばれるようなくだけた場面であるために、ゴザラシルが用いられたものと考えられる。

(24) 平太夫→山内又十郎／又十郎さ此間出勤、七ツ過ニ見舞の返礼ニ繁さをつれて御ざらしる。　　　1-113《舞台格→御書院格》

したがって、このような上位の者に対するゴザラシルの例は、同等か下位の者に対する例に準ずるものといえる。

次に、会話文におけるゴザラシルの運用実態をまとめた次の**表4**によれば、

用例数は少ないものの、下位の者に対する例が3例みられる。たとえば（25）と（26）は、いずれも高年層から中年層に対する例である。

(25)　佐藤おばばさま→よそのあねさまたち／おすゑさがるすだと、よそのあねさまたちもござらしず、まことに〲さびしくて〲ならなんだと、おばゝさがおつしゃつたげな。　　　　1-141《高年層→中年層》

(26)　平太夫→稲塚あねさま／明日者西龍寺の祭り、稲塚のあねさま今年まんだ一度も見へなされぬゆへ、明日御ざらしる様ニと、夕方おなかを使ニ遣ル。　　　　　　　　　　　3-竹41《高年層→中年層》

このようにゴザラシルは、会話文でも同等あるいは下位の者に対して用いられており、地の文の運用実態と合致する。ただし、ゴザラシルは、いずれも（25）や（26）のような引用と思われる箇所でしか用いられない。

つまり、ゴザラシルは待遇価値が低いために、その場にいる人に対しては使用が避けられていたのではないか考えられる。上位の者に対する次の1例も、敬意の対象はその場にいない「としよりたち」である[10]。

(27)　大寺おかみさん→としよりたち／大寺のおかみさんがけさきてばんニハとしよりたちがござらしるから御くらの引しだいニ御出下されといわしやるで七ツ半じぶんおくらよりかへりすぐニいつたところがおびいわいとみへて、しら川ばゝニしうとじさまニ根づ柳本野本おかぶん助横のがいつてゐる。　　　　　　　　　　　1-50《年下→年上》

以上から、ゴザラシルは、同等か下位の者に対して用いられる「来ル」を意味する尊敬語であるといえる。そして、その待遇価値は、御出ナサルに比べて低いと考えられる。

表4　ゴザラシル（会話文）

☆	○	大寺かみさん	→ としよりたち	1
★	●	佐藤おばばさま	→ よそのあねさまたち	1
★	●	飯村伴七	→ おなか	1
☆	●	平太夫	→ 稲塚あねさま	1
-	-	稲塚四郎兵衛	→ 御げんさ	1

合計5例

3.3 ゴザル

ゴザルは、地の文（表2）では、おもに親戚と藩士仲間Ⅰに対して用いられる。

まず、親戚では、浅野おじいさまと稲塚あねさまに対する例がそれぞれ6例、佐藤おすゑに対する例が5例と多くみられる。浅野おじいさまはさきに述べたように、平太夫の親しい友人である。また、稲塚あねさまと佐藤おすゑは平太夫より年下の人である。

(28) 平太夫→浅野おじいさま／浅ののおじゐさ御茶呑ニござる。内の水ハ水戸ニて茶がよくのめるとて折〱ござらしる。
　　　　　　　　　　　　　　　　　　　　　　　1-112《高年層→高年層》

(29) 平太夫→佐藤おすゑ／おすゑ今夜より御ざらしる筈之処、どふしてか御ざらず。　　　　　　　　　　　2-90《年上→年下》

そして、藩士仲間Ⅰでは、年下の女性に対する例が多くみられる。

(30) 平太夫→稲倉おこふ／となりのおこうさいとひきニござる。
　　　　　　　　　　　　　　　　　　　　　　　1-57《年上→年下》

(31) 平太夫→大寺おみち／大寺のみつちやよなベニ芋ををもってござる。
　　　　　　　　　　　　　　　　　　　　　　　1-60《年上→年下》

このようにゴザルは、ゴザラシルとおなじく同等あるいは下位の者に対して用いられる。また、ゴザルは(28)(29)のようなゴザラシルとの併用もみられることから、ゴザルとゴザラシルの待遇価値は近いと推測される。ただし、ゴザルは地の文の運用実態を示した表2によれば、それほど親しくない藩士仲間Ⅱに対してはほとんど用いられないことがわかる。したがって、ゴザルの待遇価値はゴザラシルに比べてやや低いと考えられる。

次に、会話文におけるゴザルの用例をまとめた**表5**をみると、用例数は少ないもののいずれも下位の者に対する例（表中●）であり、これも地の文の運用実態と合致する。

(32) 佐藤おばばさま→鐐之助／ヲヤ鐐之助まだ来る所でハあるまへから思ひつけもなかつた。よく御ざつたのふよく来たのふと御歓なさる。
　　　　　　　　　　　　　　　　　　　　　　2-108《祖母→孫》

以上から、ゴザルは、同等あるいは下位の者に対して用いられる「来ル」を意味する尊敬語であるといえる。そして、その待遇価値はゴザラシルに比べて低いと考えられる。

表5　ゴザル（会話文）

☆	●	佐藤おばばさま →	鐐之助	4
☆	●	おばば →	稲塚あねさま	1

合計5例

3.4　来ナサル

来ナサルは、地の文（表2）では、おもに親戚に対して用いられる。

(33)　平太夫→佐藤半太／くもるよに入あめニなる。半太さニ此間多どかへりニわた入をかしてあげたのをもつてきなさる。

1-28《平太夫→親戚》

(34)　平太夫→浅野おじいさま／けさもあさののおじゐさがきなさつて、こゝの内ハかたびらどこでハなへひとへものでもさむゐくらひだといわんす。

1-87《平太夫→親戚》

このように親戚に対して用いられる来ナサルであるが、注目すべきは、御出ナサルが14例と多く用いられる佐藤半太に対する例がみられる一方で、ゴザラシルがおもに用いられる佐藤おすゑ、浅野おじいさま、稲塚あねさまに対する例もみられることである。さきにも述べたとおり、御出ナサルは上位の者に対して、ゴザラシルは同等あるいは下位の者に対して用いられる。つまり、来ナサルは上位の者に対しても、また、同等あるいは下位の者に対しても用いられるといえる。

次に、会話文における来ナサルの運用実態をまとめた次の**表6**をみると、会話文でも（35）のように上位の者（表中○）に対してだけでなく、（36）のように下位の者（表中●）に対しても用いられていることがわかる。また、親疎をみると、親しい間柄の人（表中☆）に対して用いられていることがわかる。

(35)　明王院おりい→平太夫／そのうち明王院のむすめが、江戸ばゝがき

たからはやくきゝにきなさへとむかひニくる。1-170《若年層→高年層》
(36) 佐藤おばばさま・佐藤半太→鐐之助／佐藤へゆくと、たのんましやうといふと、おや、鐐がきたそふだとおばゝさもおぢさもとんで出なさり、ひさしぶりできたのふよく<u>きなさつた</u>とみなさま御よろこび也。
1-173《大人→子ども》

以上から、来ナサルは、親しい間柄において上下に関わりなく用いられる「来ル」を意味する尊敬語であるといえる。

表6　来ナサル（会話文）

☆	○	おばば	→	平太夫	1
☆	○	明王院おりい	→	平太夫	1
☆	○	郡おきん	→	おばば	1
☆	●	佐藤おばばさま・佐藤半太	→	鐐之助	1
☆	●	佐藤家の人々	→	鐐之助《ぼうさ》	1
☆	●	横村春蔵妻	→	鐐之助《鐐さ》	1
☆	−	佐藤家の人々	→	平太夫《おぢさ》	1
★	●	よそのしう	→	鐐之助《鐐さ》	1

合計8例

3.5　来ナル

　来ナルは、地の文（表2）では、親戚に対して多く用いられる。親戚では、来ナサルとおなじく、上位の者に対しても、また、下位の者に対しても用いられる。佐藤おじいさま、佐藤おばばさま、佐藤半太はおもに御出ナサルが用いられる上位の者である。たとえば（37）は、舞台格の平太夫から御書院格の佐藤おばばさまに対する例である。

(37) 平太夫→佐藤おばばさま／しんやしきのおばゝさもからぐりの御みやをもつておすゑさの御むかひ<u>ニきなる</u>。鐐このねむつてゐるかほをなでたりおばゝさのかほをつけたりしてもふちつとはやくきたらおきていたろふニとねがほをながめてゐなさる。　1-50《舞台格→御書院格》

　一方、片山おたよ、佐藤おすゑ、佐藤おたき、江川おいわは御書院格ではあるものの平太夫より年下の人である。たとえば（38）は、平太夫から年下の親戚である江川おいわに対する例である。

(38) 平太夫→江川おいわ／江川のおいわさらいげつ五日頃ニかめ山へゆきなるで、いとまこひニとまりがけニきなる。　1-38《年上→年下》

また、(39)のように、浅野おじいさまに対する例もみられる。浅野おじいさまは、さきにも述べたように平太夫の友人と思われる人であり、ゴザラシルが用いられる平太夫と同等の人である。

(39) 平太夫→浅野おじいさま／六ツすぎあさののおじいさが鐐このとこへからぐりを御みやニもつてはなしニきなる。　1-50《高年層→高年層》

そして、藩士仲間に対する例もみられる。これらは、いずれも親しい間柄の人に対する例と思われるものである。(40)のような藩士仲間Ⅰに対する例のほかに藩士仲間Ⅱに対する例も3例みられるが、このうち2例は(41)の飯村おばさまと鈴木おひでに対する例である。飯村おばさまと鈴木おひでは、藩士仲間Ⅱとしたものの佐藤家の親戚と思われる人であり、渡部家とも少なからず交流がある人である。

(40) 平太夫→稲倉おこふ、稲倉おばばさ／おこうさいとひきニきなる。おばゝさむかひニ四ツすぎニきなる。　1-51《平太夫→藩士Ⅰ》

(41) 平太夫→飯村おばさま、鈴木おひで／飯村のおばさ(新屋敷佐藤家の)ふろへはいりニきなる。鈴木のおひでさもはいりニきなる。おひでさ鐐ニしやう〳〵ぐみを御くれなさる。　1-96《平太夫→藩士Ⅱ》

このように来ナルは、地の文では、親しい間柄で上下に関わりなく用いられる。

次に、会話文における来ナルの用例をまとめた次の表7をみると、親しい間柄の人(表中☆)に対して多く用いられていることがわかる。それほど親しくない間柄の人(表中★)に対する例もみられるが、これらはいずれも平太夫、おばばと孫の鐐之助との会話における例である。たとえば(42)は、平太夫と鐐之助がふたりで話をしている場面であり、敬意の対象である「手形を持ってくる人」はその場にはいない話題の人物である[11]。

(42) おじゐさこんやハたれも手形をもつてきなんかへ(鐐之助→手形を持ってくる人)といふ。今夜ハたれもきなるまへ(平太夫→手形を持ってくる人)といふたらそんならどふぞだいてねてくんなんかといふ。
　2-17《平太夫→藩士Ⅱ》

上下関係をみると、おもに上位の者に対して用いられるといえ、この点において、上下に関わりなく用いられる地の文の運用実態とは、いくらか異なる。

以上から来ナルは、親しい間柄において用いられる「来ル」を意味する尊敬語であるといえる。そして、地の文では上下に関わりなく用いられ、会話文ではおもに上位の者に対して用いられる。

表7　来ナル（会話文）

☆	○	鐐之助	→	平太夫《おじいさ》	24
☆	○	鐐之助	→	おばば《おばば》	10
☆	○	鐐之助	→	おばば《おばば》	2
☆	○	鐐之助	→	勝之助《おとつさ》	2
☆	○	鐐之助	→	佐藤留五郎《佐藤の叔父さ》	2
☆	○	鐐之助	→	金山金司	1
☆	○	鐐之助	→	菊地武八	1
☆	○	鐐之助	→	御代田平之丞《平さ》	1
☆	○	鐐之助	→	菊地武八・加藤官蔵	1
☆	○	鐐之助	→	佐藤留五郎・郡おばさ・おこん・山岡仙之助《せんさ》	1
☆	○	鐐之助	→	平太夫《おじいさ》	1
☆	○	鐐之助	→	郡おこん《おこんさ》	1
☆	○	稲塚おいね	→	稲塚あねさま《おつかさ》	1
☆	○	大蔵彦坊	→	彦坊の叔父《叔父さ》	1
☆	○	片山おすず	→	おばば《まあば》	1
☆	○	片山留雄	→	山内おばさ	1
☆	○	明王院おりい	→	おばば	1
☆	●	よそのしう	→	鐐之助《鐐さ》	1
☆	●	菊地武八	→	鐐之助《鐐さ》	1
☆	△	(虫)治《子供》	→	鐐之助《鐐さ》	1
☆	△	子ども	→	鐐之助《鐐さ》	3
☆	−	佐藤家の人々	→	平太夫《おじゐさ》	1
☆	−	佐藤家の人々	→	おばば《おばゞさ》	1
☆	−	佐藤半太	→	竹内悠之助《ゆふの助さ》	1
★	○	鐐之助	→	手形を持ってくる人	2
★	−	平太夫	→	手形を持ってくる人	3
★	−	おばば	→	町廻り	1

合計67例

さて、ここで、これまでみてきた「来ル」を意味する尊敬語を広くみわたすと、『桑名』には御出ナサル、ゴザラシル、ゴザルのような上位、同等、下位といった相手との社会的な上下関係によって使い分けられる「来ル」を

意味する尊敬語とは異なる特徴を持った尊敬語があるといえそうである。つまり、来ナルと前項でみた来ナサルは、少なくとも地の文では、相手との社会的な上下関係に関わりなく用いられる。そして、御出ナサルが親しい間柄だけでなく、それほど親しくない間柄の人に対しても用いられるのに対して、来ナサルと来ナルはおもに親しい間柄でのみ用いられる。

では、どういった場合に、このような特徴を持った来ナサルと来ナルが用いられるのであろうか。そこで、用例をあらためてみると、来ナサルと来ナルは親しい間柄のなかでも、とりわけ打ち解けた場面で用いられていることがわかる。たとえば、親戚である佐藤おばばさまと佐藤半太は御書院格の人であり、基本的には御出ナサルが用いられる人である。だが、前掲（33）（37）はごく打ち解けた場面であるために、それぞれ来ナサルと来ナルが用いられたものと考えられる。ここで、前掲（33）（37）をもう一度、みてみよう。

(33)　**平太夫→佐藤半太**／くもるよに入あめニなる。半太さニ此間多どかへりニわた入をかしてあげたのをもつてきなさる。

1-28《平太夫→親戚》（再掲）

(37)　**平太夫→佐藤おばばさま**／しんやしきのおばゝさもからぐりの御みやをもつておすゑさの御むかひニきなる。鑠このねむつてゐるかほをなでたりおばゝさのかほをつけたりしてもふちつとはやくきたらおきていたろふニとねがほをながめてゐなさる。

1-50《舞台格→御書院格》（再掲）

このように来ナサルと来ナルは、親しい間柄の打ち解けた場面で用いられる。表7をみると、とりわけ来ナルは「おじゐさ」「おとつさ」といった呼称と呼応しやすいことがわかるが、これも、家庭内の打ち解けた場面で用いられることが多いためであろう。

以上みてきたように来ナサルと来ナルは、親しい間柄の打ち解けた場面において、少なくとも地の文では上下に関わりなく用いられる「来ル」を意味する尊敬語であるといえる。

3.6 ［基本形来ル］の待遇価値

　ここまで、『桑名』にみられる「来ル」を意味する尊敬語の運用実態をみてきた。その結果、『桑名』では、さまざまな「来ル」を意味する尊敬語が使い分けられていることが明らかになった。だが、「来ル」を意味する尊敬語の体系を考えるには、［基本形来ル］についてもみておく必要があるといえよう。そこで、ここではさいごに、［基本形来ル］の運用実態を分析する。なお、［基本形来ル］は用例数が極めて多いので、地の文にみられる終止形1084例にかぎって分析する[12]。

　さて、地の文における来ルを①親疎ごとにまとめたものが、次の**表8**である。［基本形来ル］は表8によれば、渡部家の人と片山家の甥（均平、理助）とその家族に対して多く用いられている。また、平太夫の娘・おせんとその夫・佐藤留五郎に対する例も多くみられる。全1084例の51％にあたる553例が、血縁のある家族（渡部家の人）と極めて近しい親戚（片山均平、片山理助、佐藤留五郎とその家族）に対する例である[13]。

(43)　**平太夫→片山理助**／かた山の理助が用があつてちよつと<u>くる</u>。
　　　　　　　　　　　　　　　　　　　　　　　　　1-68《おじ→甥》

(44)　**平太夫→鐐之助**／鐐おばゝと洗湯へ行て<u>来る</u>。代りあふて洗湯へゆき、帰リニ蛍壱ツ取て<u>くる</u>。　　　　　　2-134《祖父→孫》

　そして、藩士仲間Ⅰに対する例が多くみられるが、そのほとんどが、次のような渡部家の内職の担い手となっている若年層の人である。

(45)　**平太夫→佐藤留五郎・金山金五郎・稲倉おこふ**／留五郎と金山の金五郎あみすきニ<u>くる</u>。となりのおこうさも<u>くる</u>。
　　　　　　　　　　　　　　　　　　　　　　1-91《高年層→若年層》

　さらに、(46)の絹売りのような武家階級以外の人に対する例も159例と多くみられる。

(46)　**平太夫→絹売勇右衛門**／絹売勇右衛門かけ取ニ<u>来ル</u>。
　　　　　　　　　　　　　　　　　　　　2-29《平太夫→武家階級以外の人》

このように［基本形来ル］は、血縁のある人、若年層の人、武家階級以外の人に対して用いられる。

また、これらの人々は、基本的には「来ル」を意味する尊敬語をまとめた表2にはみられない人である。表2と表8の双方にみられたのは、表8に▲を付した5人のみである。したがって、表8にみられる人は、表2にみられる人の下に位置する人であるといえる。そして、［基本形来ル］はそういった尊敬語が用いられない人に対して用いられる、「来ル」を意味する尊敬語の下に位置する語であるといえる。

表8 ［基本形来ル］（地の文）

家族	渡部	おばば	135	407
		平太夫の子（おこん・おなか）	43	
		鐐之助	227	
		おすみ	1	
		〈複数〉	1	
親戚	（新地）片山	均平	45	177
		おてつ	11	
		均平の子（繁治・鉄弥・おゑん）	9	
	（一色町）片山	理助	10	
		おせい	3	
		勝蔵	22	
		又男（登）	4	
		留男（鉄雄）	3	
		理助の孫（おすず・おかね）	4	
		〈複数〉	2	
	（矢田河原川端東）佐藤留五郎		18	
	（矢田河原川端東）佐藤おせん		15	
	（新屋敷）佐藤おたき▲		1	
	松本誠助		9	
	浅野忠太夫		7	
	須藤仙左衛門（又四郎）		4	
	大池嘉蔵		3	
	浅野おじいさま▲		1	
	稲塚四郎兵衛▲		1	
	江川良補		1	
	大池準助		1	
	谷崎斧右衛門		1	
	山崎善作		1	
	〈複数〉		1	

藩士仲間Ⅰ	加藤官蔵(九兵衛)	10	214
	山崎欽吾(貢之助)	6	
	西塚平治	5	
	明王院おりい	5	
	今村重三郎	4	
	大寺おみき	4	
	早川栄太夫	4	
	稲倉鋳八郎	3	
	稲倉おこう	3	
	菊地おちよ	3	
	中田啓司	3	
	山岡仙之助	3	
	川嶋文三郎	3	
	大寺おみち▲	2	
	春日三蔵	2	
	郡おきん▲	2	
	郡儀左衛門	2	
	中田啓治	2	
	横村春蔵	2	
	西塚平治妻	2	
	大寺	2	
	大寺春橘	2	
	〈複数〉	72	
	〈子ども〉	35	
	〈わかいてやい〉	21	
	大寺八二郎兄・加藤官蔵・菊地武八・高木嘉太夫・中田徳治・川嶋文三郎・明王院・稲倉おかみさん・加藤官蔵母・服部おひさ・横村おばさ・御代田の娘	12 (各1例)	
藩士仲間Ⅱ	相沢朝之助	2	60
	広田領八	2	
	藤巻準助	2	
	桑部の掃除	2	
	牛木官太・牛木染右衛門・佐川寿一郎・篠田半太夫・藤崎惣太夫・横ののおと・紀木久右衛門・佐川そを助・佐藤民右衛門・小林三郎兵衛・森彦蔵・深谷滝右衛門・木戸勝次郎・野沢茂七・米富啓右衛門倅	15 (各1例)	
	〈女性〉	14	
	〈子ども〉	3	
	〈複数〉	6	
	〈御蔵に米頼みに来る人〉	14	
その他	〈武家階級以外〉	159	226
	〈不明〉	67	
合　計			1084

4．まとめ

　以上、『桑名』にみられる「来ル」を意味する尊敬語について、第2章で明らかにした登場人物の属性や、日記の内容からわかる場面の性質といったさまざまな要因と照らし合わせながら、その運用実態を考察してきた。その結果をまとめると、次のようになる。

①日常会話で用いられる「来ル」を意味する尊敬語は、御出ナサル、ゴザラシル、ゴザル、来ナサル、来ナルの5形式である。この5形式をまとめると次のようになる。
　（ア）相手との社会的な上下関係によって使い分けられる尊敬語
　　　　上位の者に対して使用される尊敬語…**御出ナサル**
　　　　同等か下位の者に対して使用される尊敬語…**ゴザラシル、ゴザル**
　（イ）相手との社会的な上下関係に関わらず使用される尊敬語
　　　　　　　　　　　　　　　　　　　　　　…**来ナサル、来ナル**
②そして、この（ア）（イ）の尊敬語は、場面によって使い分けられている。おなじ人に対してであっても、親しい間柄の打ち解けた場面では（イ）に属する尊敬語が相手との社会的な上下関係に関わらず用いられる。一方、それ以外の場面では、（ア）に属する尊敬語が相手との上下関係によって使い分けられる。
③[基本形来ル]は「来ル」を意味する尊敬語の下に位置し、血縁のある家族と極めて近しい親戚、若年層の人、武家階級以外の人に対して用いられる。これらの人に対しては、尊敬語は用いられない。

　この結果は、『桑名』における待遇表現体系の一端を示すものといえよう。また、日記の内容や分限帳などの歴史史料から明らかにした登場人物の属性や場面の性質と照らし合わせながら分析することによって、待遇表現の使い分けの実態を精細に捉えられることを示すことができた。ここまでみてきた

ように、近世末期桑名藩の下級武士とその家族は人間関係や場面に応じて、複数の「来ル」を意味する尊敬語を使い分けている。

　ところで、従来の江戸時代における待遇表現体系の研究では、序章でも述べたように、複数の文献資料から見出される呼称と述部の呼応関係をもとに体系を構築するという方法がおもにとられてきた[14]。これにはさまざまな理由があると考えられるが、その大きな理由のひとつに、研究対象が過去の言語であるという点があると考えられる。たとえば山崎久之（2004）は、研究対象が「過去の言語である」ということを述べたうえで、待遇表現体系の研究における注意点について、次のように述べている。

　　そして、その資料の大部分が待遇表現の記録としては不完全である。したがって場面を十分に追体験することには大きな困難が伴っていることは計算に入れておかなければならない。　　山崎（2004：37）

この指摘は極めて重要であって、過去の文献資料を対象として待遇表現体系の研究をする際には、常に念頭においておかなければならない課題といえる。
　だが、本章の分析から明らかなように、『桑名』はこういった課題を少なからず乗り越えることができる文献資料であると考えられる。『桑名』は、近世末期の桑名藩をたしかに生きていた、渡部平太夫というひとりの武士によって書かれた、10年近くにおよぶ私的な日記である。したがってその記述からは、「場面を十分に追体験する」とまではいかないまでも、それぞれの待遇表現が用いられた場面がどのような場面であるのかについて、ある程度は読み解くことができるのである。上のまとめで述べた②のような場面による使い分けは、桑名藩の下級武士とその家族の、現実の社会における使い分けの実態を少なからず反映しているものと考えられる。
　また、分析の際に照らし合わせた身分や年齢といった登場人物の属性は、桑名藩に残る歴史史料や日記の内容に基づき客観的に把握したものであった。たしかに、「客観的身分関係は話手の心理的事実である人間関係を構成する一条件に過ぎない」（山崎　2004：39）ものであり、この点についてはさら

に検討する必要があるが、第2章で明らかにした登場人物の属性は少なくとも文芸作品から見出される「客観的身分関係」に比べれば、現実の社会により即したものであると考えられる。

　以上のように本章では、『桑名』にみられる述部待遇表現形式のなかでも多彩な形式を持つ「来ル」を意味する尊敬語の運用実態を明らかにするとともに、一次資料だけでなく周辺の歴史史料も活用することによって、過去の文献資料であっても客観的に把握した人間関係や場面との相関から待遇表現の使い分けの実態を捉えられることを示した。

　ただし、課題も残されている。本章は、「来ル」を意味する尊敬語を地の文と会話文から広く集めて分析したものであるため、さまざまなものが含まれているといわざるをえない。具体的には、まず、会話文にみられる用例のなかには、終止形だけでなく命令形も多く含まれている。聞き手に直接働きかけるときに用いられる命令形では、聞き手に一層配慮した使い分けがなされるものと考えられる。本章では扱わなかった命令形に偏る「来ヤル」（命令形は「来ヤレ」）も含めたうえで、命令形による述部待遇表現形式の運用実態をさらに検討する必要がある。また、上のまとめで述べた②でみたように、（ア）（イ）の尊敬語が場面によって使い分けられていることが明らかになったものの、とりわけ（ア）の尊敬語が用いられる場面がどのような場面であるのかについては、なお、検討する余地がある。

　これらの課題に留意しつつ、次章以降、『桑名』にみられるさまざまな待遇表現の運用実態をさらに検討していきたい。

注
1) 「持て御出なさる」「持て来なる」のようなテ形と複合した形も含む。また、表1の漢字カタカナ表記は各形式の代表的な表記である。［基本形来ル］は尊敬語ではないがあわせ示した。なお、［基本形来ル］は終止形のみの用例数である。
2) 『桑名』にみられる「来ル」を意味する尊敬語のうち授受補助動詞クレル類を含むものには、御出クダサル（会話63・地30）、来テクレル（会話54・地78）、来テクダサル（会話3・地63）、来テオクレナサル（会話9・地11）、来テクンナル（会話12・地3）、来テオクレル（会話2・地5）、来テ

クリヤル（会話2）、来テオクレナル（会話1・地1）、来テクダンシテ（地1）がある（会話文における用例数は終止形と命令形の双方を含む）。なお、授受補助動詞クレル類を含む述部待遇表現形式のなかでも命令形の運用実態については、第6章で詳しくみる。
3）彦坂佳宣（2003）に『桑名』にみられる鐐之助の呼称と「候」字の冊数ごとの調査がある。彦坂（2003：58）による表を示すと次のようになる。

	鐐（「-こ／-さ」含む）	鐐之助	鐐／鐐之助の比	「候」字数	パーセント
第1冊	1277	150	8.5	719	5.4
第2冊	701	303	2.3	1805	13.5
第3冊	517	365	1.4	3355	25.1
第4冊	361	433	0.8	7495	56.0
総　計	2856	1251	（平均6.5）	13374	100.0

それによれば、鐐之助の呼称では、くだけた「鐐」類と改まりの鐐之助が「後で逆転する」という。また、冊数を重ねるごとに「候」字が次第に増加するといい、この点からも冊数を重ねるごとに文語的な文体が増加することがわかる。
4）以下、それぞれの表記をまとめてカタカナで表記する。なお、具体的な表記を示すと次のようになる。御出ナサル（「御出被成」「御出なさる」）、ゴザラシル（「ござらしる」「御ざらしる」「御坐らしる」）、ゴザル（「ござる」「御ざる」）、来ナサル「きなさる」「来ナさる」「来なさる」）、来ナル（「きなる」「来なる」）。
5）おなじ述部待遇表現形式であっても、終止形と命令形とでは待遇価値が異なる可能性がある。そこで、「来やれ」のような命令形の運用実態については第5章で詳しくみる。
6）表2の②身分で「舞／無」とした人は、「舞台格以下」すなわち「舞台格」もしくは「無格」であることを示している。これについては、第2章の注3に詳しく述べた。
7）表3～表7では、敬意の対象について、具体的な呼称がわかる場合は《　》内に具体的な呼称を示した。
8）上下関係の判断については、第2章で述べた方法に従う。
9）用例（19）は、表2で〈複数〉として処理したものである。
10）敬意の対象がその場にいる人か、それともその場にはいない話題の人かという問題は、いわゆる第二者待遇表現の運用に関わる問題であるといえる。こういった第三者待遇表現の運用上の特質に関しては、第9章で詳しくみる。
11）「手形を持ってくる人」とは、米などと交換する手形を御蔵を管理する平太夫のところへ持ってくる人のことである。御蔵が開く4と9の付く日の前

日には、大勢の人が渡部家の平太夫のもとを訪れる。
12) 「～テ来ル」のようなテ形と複合した来ルも含む。なお、［基本形来ル］は文語的な文体にもみられることから、見ヘルなどの書きことばで用いられる尊敬語に対応するものである可能性がある。だが、［基本形来ル］は、口語的な文体にもみられ、結果的に、日常会話における「来ル」を意味する尊敬語と相補的に分布していることから、表8にみられる人は尊敬語が使用されない人であり、表2にみられる人は尊敬語が使用される人であると考えられる。したがって、［基本形来ル］は、話しことばで用いられる尊敬語にも対応する無尊敬の形式とみてよいと思われる。
13) 渡部家のおばばと新地の片山おてつ、および佐藤留五郎は、平太夫と直接的な血縁はないが、渡部おばばは平太夫の、片山おてつは平太夫の甥・均平の妻であり、佐藤留五郎は平太夫の娘・おせんの夫であるので、血縁のある人に準じて考える。
14) このような呼称と述部の呼応関係から体系を構築する方法が、文芸作品を対象とする場合にはもっとも客観性の高い方法であったことは序章で述べたとおりである。

第5章　命令形による命令表現

1．本章の目的

　第4章では、述部待遇表現形式のなかでも多彩な形式がみられる「来ル」を意味する尊敬語を対象として、その運用実態を明らかにした。「来ル」を意味する尊敬語では、多彩な形式が人間関係や場面に応じて複雑に使い分けられていた。だが、第4章で対象とした「来ル」を意味する尊敬語は、地の文と会話文から用例を広く集めて分析したものであったため、終止形と命令形の双方を含むものであった。聞き手に直接働きかけるときに用いられる命令形では、終止形に比べて聞き手に一層配慮した使い分けがなされるものと考えられる。

　そこで、本章では、述部待遇表現形式のなかでも命令形であるものに注目して、登場人物の属性や場面の性質といったさまざまな要因と照らし合わせながら、その運用実態を明らかにしたい。命令形であるものを対象とすることによって、第4章では捉えきれなかった場面の違いについても、より明確に捉えられるのではないかと思われる。

　なお、近世後期江戸語における命令表現については、田中章夫（1957）によって「くれ」「云ふな」のような基本形式以外にもさまざまな命令表現形式がみられること、また、江戸語から近代東京語に発達する過程において、多用される命令表現形式が変遷していくことなどが明らかにされている。しかし、それぞれの地域社会において、さまざまな命令表現形式が人間関係や場面によってどのように使い分けられているのかといった共時的な運用実態については、言語外の要因を知りうる文献が少ないこともあって、十分には明らかになっていない。

また、近世の文献にみられる命令表現の運用実態を解明しようとしたものとしては、滑稽本を対象とした広瀬満希子（1991、1992）、歌舞伎脚本を対象とした山本淳（1993）などがあるが、いずれも使用者と使用形式との関わりを中心に考察したものであり、話し手と聞き手の上下関係や親疎関係、あるいは場面の性質といった複数の要因から体系的に記述したものはないようである。

そして、武家の命令表現については、小松寿雄（1961：121）に「人情本では、町人は「……ヤ」、武士は「……ヤレ」となる」との指摘がある。小島俊夫（1974）はこの指摘を受け、『浮世風呂』に登場する人物のなかでも素性がわからない「生酔（泥酔者）」について、「やれ」を用いることから武士であると推定している。だが、これらも部分的な指摘にとどまっており、武家の命令表現について体系的に捉えたものはない。

2．分析対象

さて、本章で分析の対象とするのは、（1）にみられる「いやれ」「御かへりなされ」のような命令形の述部待遇表現形式である。

（1）　おばゝ言ニハ鏐がおぢゐさニかみてつはふをこさつてくんなるやふニむかひニ行と言をとめおき、おれがゆくとじきおぢゐさニそふ言から内ニいやれと言て来たから、御かへりなされ、こしろふてやつて御くれなさへと言故、帰つて拵ふてやる。　　　　　　　　　　　　　　　　2-58

命令形の述部待遇表現形式には、「こしろふてやつて御くれなさへ」のような授受補助動詞クレル類を含むものがあるが、これについては、授受補助動詞クレル類を含まない命令形とは待遇価値がおなじであるとは必ずしもいえないので、第6章で別に分析する。以降、本書では、これらの命令形の述部待遇表現形式がおもに用いられる言語行動に注目して、「おれがゆくとじきおぢゐさニそふ言から内ニいやれ」のような表現を「命令形による命令表現」という。また、「こしろふてやつて御くれなさへ」のような表現を「授受補助動詞クレル類命令形による働きかけの表現」という。なお、本章で分

析する命令形による命令表現と、次の第6章で分析する授受補助動詞クレル類命令形による働きかけの表現との待遇価値の違いについては、第7章で詳しくみる。

また、(2)にみられる「行ふ」「行なんか」のような間接的に命令をあらわす表現についても、述部待遇表現形式の使い分けの実態をみる際には煩雑になるので対象としない。

（2）　サア<u>行ふ</u>、こりやいやらしい、御じゐさまだべいも着かへなん、…
　　　サア早く<u>行なんか</u>と言放、夫より支度してつれて行。　　　2-108

以上の方針に基づき『桑名』全4冊を調査した結果、『桑名』には699例の命令形による命令表現がみられた。これら699例の命令形による命令表現を形態の面からまとめると、**表1**のようになる[1]。表1では、補助動詞（ナサレ、ナレ、ヤレ）の有無および種類、接頭語「御」と丁寧語マシの有無、そして

表1　『桑名日記』にみられる命令形による命令表現

御～ナサレマシ系	「御～ナサレマシ」	御～被成まし(3)、御[漢語語幹]+被成まし(御用心被成まし1)、御免なさりまし(1)、御～なされまし(2)、御～なさりまし(1)	8	20
	「御～ナサヘマシ」	御～なさへまし(5)、お～なさいまし(1)、御免なさいまし(1)、御免(めん)なさへまし(3)、御免なさゐまし(2)	12	
御～ナサレ系	「御～ナサレ」	御～被成(5)、御～なされ(17)、御～なされな(1)、御免なされ(1)、御覧なされ(4)	28	44
	「御～ナサヘ」	御(お)～なさへ(13)、御～なさい(1)、御免なさへ(1)、御免なさゐ(1)	16	
ナサレ系	「ナサレ」	[漢語語幹]+被成(対談被成1)、～なされ(16)	17	27
	「ナサヘ」	～なさへ(10)	10	
ナヘ	「ナヘ」	～なへ(250)、～なへゑ(4)、～なえ(1)、～ない(2)		257
ヤレ系	「ヤレ」	～やれ(189)、～やれや(4)	193	203
	「ヤヘ」	～やへ(5)、～やい(2)、～やゐの(2)、～やへや(1)	10	
[敬語動詞連用形]+マシ		上り(あがり)まし(5)、つかわされ(り)まし(4)、なされ(被成)まし(3)		14
		仰付られまし(1)、上りませ(1)		
[普通動詞命令形]		[普通動詞命令形](130)		130
その他		[普通動詞未然形]+んせ(1)、御～なれ(1)、～や(2)		4

合計699例

音便形か非音便形かによって整理した[2]。

さて、表1によれば『桑名』には、**御～ナサレマシ系、御～ナサレ系、ナサレ系、ナヘ、ヤレ系、[敬語動詞連用形]＋マシ、[普通動詞命令形]、その他**の8系統の命令形による命令表現がある。これらの命令形による命令表現のうち本章では、用例数が少ないその他4例を除いた695例を対象として、系統ごとに運用実態を分析する。なお、以下、音便形と非音便形の別を示すときは、それぞれの形式を「　」で括って示す。

3．命令形による命令表現の運用実態

では、『桑名』にみられる御～ナサレマシ系、御～ナサレ系、ナサレ系、ナヘ、ヤレ系、[敬語動詞連用形]＋マシ、[普通動詞命令形]はどのように使い分けられているのであろうか。『桑名』にみられる命令形による命令表現695例がどのような間柄で用いられたものであるか、話し手（命令する人）と聞き手（命令される人）の関係を示したものが、次の**表2**である。

表2では、話し手と聞き手の関係と用例数を示した。人間関係は、第2章で明らかにした①親疎、②身分、③世代に基づき判断した。表2において、話し手の左側に付した☆★は①親疎から判断できる親疎関係を示している。☆は家族、親戚および藩士仲間Ⅰの間柄、つまり、親しい間柄で用いられた例であることを、★は藩士仲間Ⅱ、武家階級以外の間柄、つまり、それほど親しくない間柄で用いられた例であることを示している。○●△は②身分と③世代、および、夫婦、親子といった親族関係の上下から判断できる上下関係を示している。○は上位の者に対する例であることを、●は下位の者に対する例であることを示している[3]。なお、「-」は親疎関係、上下関係がはっきりしない例であることを示している。また、子どもどうしでの例には△を付した。さらに、命令される人の右側にはその人の世代を示し、高年層の人については世代の欄に網掛けを施した。また、分限帳から御書院格であることがわかる人は白黒反転させて示した。そして、武家階級以外の人（医者を除く）[4]には▼を付した。

以下、それぞれの形式について、話し手と聞き手の属性や場面の性質といった待遇表現の使い分けに関わる要因と照らし合わせながら、その運用実態を詳しくみていく。

3.1 御～ナサレマシ系

　御～ナサレマシ系は、表2によれば、上位の者（表中○）に対して用いられる。まず、次のような高年層に対する例が16例と多くみられる。たとえば（3）は、大池嘉蔵の伜から高年層の平太夫に対する例である。

（3）　**大池嘉蔵の伜→平太夫**／四ツ過大池嘉蔵の伜使ニ見へ、明日でも明後日でもおばゝサニ鐐之助さを御つれなされ稲荷御門妙見さま御祭だから<u>御出なさりましと</u>言。　　　　　　　　　　　4-200《年下→年上》

また、（4）は、おばばから身分が上級の御書院格である佐藤半太に対する例である。

（4）　**おばば→佐藤半太**／おばゝ洗湯へ行迎、横村の前迄出かけ候処、半太さん夜前の入物御持参ニ付小戻りして、夜前御忘れの女ツ子の前当て出して上、<u>御免なさゐましと</u>洗湯へ行。暫咄して半太さん御帰り也。
　　　　　　　　　　　　　　　　　　　　　　　4-40《舞台格→御書院格》

このように御～ナサレマシ系は、上位の者に対して用いられる。

　そして、用いられる場面をみると、法事や食事に改まって誘う場面や、藩社会での生活に関わることを話題とする場面など、改まった場面において用いられていることがわかる。たとえば（5）は、片山均平がおじの平太夫に対して、「母の七ねんき」に来るよう誘っている場面である。（6）は、平太夫が米の受け取りに必要な「手形」を認めるよう、佐藤おばばさまに勧めている場面である。

（5）　**片山均平→平太夫**／きのふ均平が来て、明日母の七ねんきニ付、御やしよくあがりニ<u>御出なさへましと</u>いふたで、御くらよりかへるとすぐニゆく。　　　　　　　　　　　　　　　　　　　1-102《甥→おじ》

（6）　**平太夫→佐藤おばばさま**／米ハどふなされたと申セバ、先日石榑村より例年之通為替米弐俵付て参りましたが、甚あしき米ニ而、土壌ハど

ふか戻したへものて御ざり升新米ハねばり強くもたれる様で困升とおつしゃる故、そんなら此節十月分勘弁致相渡候様御内沙汰も御座候付、古米壱俵御請取、新米ト交て上るとよう御ざり升、手形を御認被成まし、明日之御蔵に頼て上ましょうと申て、十月分三斗五升八合ト同跡目日割之内七升弐合〆壱俵差手形も出来御預申。　　3-竹53《平太夫→親戚》

　また、御〜ナサレマシ系は挨拶の場面で多く用いられ、（7）のような行ッテオイデナサレマシが3例、（8）のようなゴメンナサレマシが7例みられる。

（7）　鐐之助→平太夫／大おとなしくなりきゝわけもできめつたになかずあさ出るときハおくつて出じぎをしていつておいでなさいましといふ也。
　　　　　　　　　　　　　　　　　　　　　　　　　1-84《孫→祖父》

（8）　鐐之助→平太夫／いつもハ湯より帰ると御じゐさ寝なへ〳〵と云奴が、凧の出来るが嬉しさ、夫ニ佐川寿一郎糸をねだりニ来て居たゆへ、寿一の土産の鰻頭を喰て、御免なさへましと云てひとりで寝る。
　　　　　　　　　　　　　　　　　　　　　　　　　3-竹6《孫→祖父》

このように御〜ナサレマシは、いわば礼儀を必要とするような改まった場面で用いられる。

　以上のように御〜ナサレマシ系は、礼儀を必要とするような改まった場面において、上位の者に対して用いられる。

3.2　御〜ナサレ系

　御〜ナサレ系は、表2によれば、上位の者（表中〇）に対して用いられる一方で、下位の者（表中●）に対しても用いられる。上位の者に対する例では（9）のような高年層に対する例が29例、（10）のような妻から夫に対する例が9例みられる。

（9）　片山均平→平太夫／夫より鐐の月代刺てやる積で、茶釜の下焼付てゐると、均平見へ、汗流し湯でも茶でも御くれなさへ。拟大変ナ事が稽古場で出来ました。中山丈野衛門九死一生で御ざり升と言。
　　　　　　　　　　　　　　　　　　　　　　　　3-竹55《中年層→高年層》

(10) 片山おてつ→片山均平／均平手形持参咄し居候内おてつ迎ニ参り、皆様御出なされて待てだから御帰りなされと言。　4-57《妻→夫》

また、上級武士である御書院格の人に対する例もみられる。(11)の聞き手である「高崎平兵衛殿娘婿」の義父である高崎平兵衛は分限帳によれば、御書院格の御流儀火術世話役であり、その娘婿も御書院格相当の人であると思われる。

(11) （藩士の誰か）→高崎平兵衛殿娘婿／高崎平兵衛殿娘今日昼膳ニ向ひあくび壱ツいたし、夫を相図ニそり返り夫ツ切ニ血落命之由。…一色町にて誰か申され候ニハ、御内ハ大変、御内かたさまこう〳〵で御死去、早く御出なされと申候得ハ、馬鹿言やれ、今朝出ル時迄何の申分なし、どほふもなゐと一円承ちなし。　4-9《藩士→御書院格》

一方、下位の者に対する例では年下の人に対する例がみられる。(12)は高年層の平太夫から若年層の佐藤留五郎に対する例である。

(12) 平太夫→佐藤留五郎／留五郎ニ御ぜんを御かへなさいといへどももふたくさんしまいで御ざりますといふ。　1-21《高年層→若年層》

さらに、表2をみると、御〜ナサレ系には上下関係がはっきりしない例（表中−）がまとまってみられることがわかる。そこで、これらの例を詳しくみると、そのほとんどが同等の身分の武士のあいだで用いられた例であることがわかる。たとえば(13)では、舞台格の大塚萬右ヱ門が、おなじく舞台格である平太夫に対して、「向表」、すなわち柏崎へ届けるような書状があれば渡すように勧めている場面である。

(13) 大塚萬右ヱ門→平太夫／萬右ヱ門被申候ハ、向表へ御状でも被遣候ハヽ御遣し被成と被申候得共、差懸帰宅状認又持参も面倒。清水ニ書状頼候付、此度ハ不遣候間宣伝言被下候様、萬右ヱ門へ頼帰る。

3竹-35《舞台格→舞台格》

このように御〜ナサレ系は、上位の者に対してだけでなく、同等の者や下位の者に対しても用いられる。なお、表2によれば、音便形「御〜ナサヘ」の方が非音便形「御〜ナサレ」に比べて下位の者に対する例（表中●）がわずかながら多くみられることから、待遇価値は音便形の方がやや低いものと考

えられる。

　そして、御〜ナサレ系が用いられる場面をみると、改まって勧める場面において多く用いられていることがわかる。(14)は「薩州より公邊江御届之写等」をゆっくり見るよう、(15)は「江州から取寄候鯛」を食べに来るよう、改まって勧めている場面である。

(14)　**市川文助→平太夫**／市川文助も相見へられ眞田様より江戸田内殿江と歟被遣候御書之写岩田殿宿へ被遣候書状之写薩州より公邊江御届之写等持参ゆる〰︎御覧なされと置て被帰候。　　4-173《藩士Ⅱ→平太夫》

(15)　**大寺春橘→おなか**／江州より取寄候鯛を今夜五ツ過ニ給ニおなかさニ御出なされと春橘が使ニ来たで、五ツ過ニおなかを大寺江送つてゆき、五ツ半過ニ帰る。　　　　　　　　　　　　2-22《藩士Ⅰ→おなか》

このように御〜ナサレ系は、いわば礼儀を必要とするような改まった場面で用いられる。

　以上のように御〜ナサレ系は、礼儀を必要とするような改まった場面において、上位の者だけでなく同等の者や下位の者に対しても用いられる。

3.3　ナサレ系

　ナサレ系は、表2によれば、非音便形「ナサレ」が上位の者（表中○）に対して多く用いられる一方で、音便形「ナサヘ」は下位の者（表中●）に対して多く用いられる。まず、「ナサレ」をみると、次のような高年層に対する例が12例と多くみられる。

(16)　**郡おきん→おばば**／おばゝひるすぎ郡のおきんさが、御ちやのみニきなされとむかひニきたとていつたれバ四郎兵ヱ竹内がいてであつたげなが、二人のしうハむぎめしニとろゝでよばれてきたのであつたげな。
　　　　　　　　　　　　　　　　　　　　　　　　1-193《中年層→高年層》

　また、下位の者に対する例とした次の1例についても、上位の者に対する例に準ずる例と捉えられる。(17)は、片山おてつから甥の鎗之助に対する例であるが、実際の聞き手はおてつの夫・片山均平であるために、「ナサレ」が用いられた可能性がある。

(17) 片山おてつ→鐐之助／均平見へてゐる。今朝おてつ高木の栄治ヲ負て来た処が、鐐栄治の脇差ヲ見て、あれハ横村でこさへなつたのだ、おれもほしいものだと言故、おてつ言ニハ、内ニ三治さのちいさへ時差なつた朱さやの脇差のわるく成さゝれんのがあるはづだから叔父さニもろふてあげるから拵直して貰ひなされと言て帰り、均平ニそう言た迚持て来た処也。　　　　　　　　　　　　　　　　2-137《おば→甥》

　一方、「ナサヘ」は、上位の者だけでなく下位の者に対しても用いられる。(18) は、佐藤おじいさまが 9 歳年下の平太夫に対して用いた例である。

(18) 佐藤おじいさま→平太夫／おじゐさまハこれ見なさへ、おきくがとこから状をよこしたが、どうかこうかわかりますと、御出しなさる。
　　　　　　　　　　　　　　　　　　　　1-184《年上→年下》

このように、「ナサレ」は上位の者に対して用いられ、「ナサヘ」は上位の者だけでなく下位の者に対しても用いられる。

　そして、用いられる場面をみると、ナサレ系（「ナサレ」「ナサヘ」）は御〜ナサレマシ系、御〜ナサレ系に比べてくだけた場面で用いられるといえる。たとえば、次にあげる (19) は、渡部家で談笑している中で平太夫が佐藤おすゑに対して、「泊りなされ」と勧めている場面である。だが、家に泊まるよう勧めるというおなじ内容であっても小使をとおして改まって勧める (20) の場面では、御〜ナサレマシ系が用いられる。

(19) 平太夫→佐藤おすゑ／おすゑさいさしか振ニて御ざらしたさかえ、泊りなされと留たれど、おばゝさ云んすニハ、マア今夜ハ泊らすニ、九月の祭りニハ泊る積り遣しましやふ、おすゑが居らぬと、なつともならん、まんだ仕事の後れが沢山有て今夜泊てハ都合もわるし、小女壱人で内の廻らぬとも〳〵こまり果るとおつしやる。　3-竹46《親戚どうし》

(20) 平太夫→佐藤おすゑ／明日ハ昨年之通水車邊ニ思白キ事有之よしニ付、新屋敷本を佐兵衛（小使）ニ為持御返し申、…明晩ハ浄留りが水車ニ御ざり升さかえ御すゑさまニ御泊かけニ明日御出なされまし申て上ル。御やかましう御ざりましやうが上りますとおつしやりましたと小使申聞。　　　　　　　　　　　　　　　　　4-81《親戚どうし》

このように御～ナサレマシ系と御～ナサレ系が礼儀を必要とするような改まった場面で用いられるのに対して、ナサレ系はいわば打ち解けた場面で用いられる。

そして、表 2 によれば、御～ナサレマシ系と御～ナサレ系が親しい間柄だけでなくそれほど親しくない間柄（表中★）でも用いられるのに対して、ナサレ系はおもに親しい間柄（表中☆）で用いられている。それほど親しくない間柄での 2 例も、(21) のような子どもである鐐之助に関わる話題での例であり、打ち解けた場面に準ずるものといえる。(21) は渡部家の小使いである佐兵衛が疱瘡を患っている鐐之助のために「在所之宮さんの御洗米」を持ってきた場面である。

(21) <u>佐兵衛→平太夫</u>／鐐之助ニ佐兵衛在所之宮さんの御洗米を上升に朝早<u>上なされ</u>と昨朝持て来てくれ候付、今朝早く起し為給ル。
　　　　　　　　　　　　　　　　　4-107《渡部家の小使→平太夫》

このようにナサレ系は親しい間柄にかぎって用いられる。

以上のようにナサレ系は、親しい間柄の打ち解けた場面で「ナサレ」は上位の者に対して、「ナサヘ」は上位の者だけでなく下位の者に対しても用いられる。

3.4　ナヘ

ナヘは、表 2 によれば、257 例すべてが音便形「ナヘ」であり、そのうち 244 例が上位の者に対する例（表中○）である。たとえば (22) は鐐之助から祖母・おばばに対する例、(23) は若年層の明王院のおりいから高年層のおばばに対する例である。

(22) <u>鐐之助→おばば</u>／けふハさむさつよくおばゝなニもせずいち日鐐こがやかましくおばゝだいておこた<u>へ</u>あたりな<u>へ</u>あたつてねな<u>へ</u>とねだられなんニもせずニこたつで口をくらしたげな。　　1-51《孫→祖母》

(23) <u>明王院おりい→おばば</u>／おりいが三味聞<u>ニきなへ</u>と言で明王院へ行て、いつた所が酒呑どもがやかましくて、おりいが骨折てひきがたりすれど、ろくニ聞へなんだ迚早く帰る。　　2-126《若年層→高年層》

下位の者に対する例（表中●）も 7 例みられるが、全体からみればわずかであり（3％）、そのうち 6 例が次のような、藩士仲間 I の人から鐐之助に対する例である。

(24)　菊地武八→鐐之助／…せんば北うらより船うん上とり候ところニきくちたけ八おり候ゆへ、こゝニハたけさがいなるといふたら、こゝにたけさがゐなるへといふこゑをきゝつけて、たけ八かほを出し、鐐さよくきなつた、さああがりな<u>へゝ</u>といふゆへ、つれてあがりふねの出入を目の下ニ見てよねんなし。　　　　　　2-47《藩士 I→鐐之助》

(25)　みんな（藩士仲間 I）→鐐之助／鐐こおばゝとゆくととかくおりずおばれたがつてならんそふじゃ。みんなが御くわしをやるのゑゝものをやるからお<u>ばれなへ</u>といふてもおばゝがゑゝといふてけつしてほかの人ニハおばれなんだけな。　　　　　　1-63《藩士 I→鐐之助》

これらの例は、大人から子どもに対する例であることから、世代からみて下位の者に対する例としたものである。だが、これらの例は (24) のようにその場に平太夫がいることから鐐之助を上位の者として扱ったと思われるもの、あるいは (25) のように鐐之助を持ち上げるような場面で用いられたものであり、上位の者に対する例に準ずるものと思われる。したがって「ナヘ」は、上位の者に対して用いられるといえる。

そして、用いられる場面をみると、いずれも親しい間柄の打ち解けた場面であることがわかる。たとえば (26) は、鐐之助が歯が強いことを自慢している場面である。

(26)　鐐之助→片山おばばさま／かへりニむま道でなにかかふてやるがなにがほしひと云ハーばんかたひくわしがほしいといふからこれハあまりかたふてわるかろふといふたらおれハはがつよいからかたいのがゑゝといふからかふてやる。内へきてから片山のおばゝさニ<u>見なへゝ</u>はがつよかろふねへといふてたべる。みんなニつよい〳〵とほめられてうれしがる。　　　　　　1-66《孫→祖母》

ここまでみてきたように「ナヘ」は、前項でみた「ナサレ」とおなじく親しい間柄の打ち解けた場面で上位の者に対して用いられる。

第5章　命令形による命令表現　113

　では、親しい間柄の打ち解けた場面で上位の者に対して用いられる「ナヘ」と「ナサレ」は、どのように使い分けられているのであろうか。「ナサレ」と「ナヘ」の使い分けの実態をみるために、表2で示した「ナサレ」と「ナヘ」のうち親しい間柄での例（表中☆）を家族間、親戚間、藩士仲間Ⅰのあいだのいずれで用いられたものであるのか示したものが、次の**表3**である。表3では、「ナサレ」と「ナヘ」の親しい間柄での例をそれぞれ家族間、親戚間、藩士仲間Ⅰのあいだに分け、そのうち親戚間での例は白黒反転させて示し、藩士仲間Ⅰのあいだでの例は網掛けを施して示した。また、家族間での例のうち妻から夫に対する例には◇、子から親、および鐐之助から親代わりの平太夫おばばに対する例には◆を付した。

　さて、表3によれば、「ナサレ」はおもに家族間と親戚間（表中、白黒反転）で用いられる。一方、「ナヘ」はおなじ親しい間柄でも家族間と藩士仲間Ⅰのあいだ（表中、網掛け）で多く用いられていることがわかる。たとえば (27) は、娘のおなかから父である平太夫に対する例である。また、(28) はおなかから藩士仲間Ⅰの春日三蔵に対する例である。

(27)　おなか→平太夫／おなかのひく糸ふとく見へるゆへ、そんなふとい糸をひいて二百文にもなるまへぞとわろふたれバこれでもよくとるだてさといふたが、くれあい二糸やへもつてゆき、六ツまへ二帰り、おとつさいくら二なつたあとゝ見なへといふ。二百五拾二もなつたろふといふたら、三百八拾のわりでよこしたと云。　　　　1-145《娘→父》

(28)　おなか→春日三蔵／春日三蔵が前を通るを、おなかゞ云、三さおらとこのうら二きつねが居る、見なへといふ。　1-147《おなか→藩士Ⅰ》

親戚間での「ナヘ」の例も12例みられるが、このうち11例の話し手は子どもである。たとえば幼少の鐐之助にとっては新屋敷の佐藤家の祖父母も平太夫とおなじ祖父母である。したがって、話し手が鐐之助である親戚間での例は家族間での例に準ずるものといえ、他の子どもが話し手である場合も同様といえる。このように、「ナヘ」は家族間と藩士仲間Ⅰのあいだで用いられ、話し手が子どもである場合を除けば、親戚間では用いられない。

　では、このことは何を意味するのであろうか。ここで、第3章で明らかに

表3 親しい間柄における「ナサレ」と「ナヘ」

「ナサレ」	家族	◇おばば	→	平太夫	7
	家族	◇佐藤おばばさま	→	佐藤おじいさま	1
	家族	◆片山留雄	→	片山勝蔵	1
	親戚	飯村	→	佐藤おじいさま	1
	親戚	稲塚	→	平太夫	1
	親戚	飯村	→	佐藤おすゑ	1
	親戚	平太夫	→	佐藤おすゑ	1
	親戚	片山おてつ	→	鐐之助	1
	藩士Ⅰ	郡おきん	→	おばば	1
「ナヘ」	家族	◆鐐之助	→	平太夫	172
	家族	◆鐐之助	→	おばば	45
	親戚	鐐之助	→	佐藤おじいさま	3
	親戚	鐐之助	→	片山おばばさま	3
	家族	◆おなか	→	平太夫	2
	家族	◆佐藤おすゑ	→	佐藤おばばさま	2
	藩士Ⅰ	おなか・明王院おりい・中田おたか	→	おばば	2
	藩士Ⅰ	明王院おりい	→	おばば	2
	家族	鐐之助	→	おばば・おなか	1
	家族	鐐之助	→	おこん	1
	親戚	稲塚かめぼう(子ども)	→	鐐之助	1
	親戚	佐藤おてう(子ども)	→	鐐之助	1
	親戚	鐐之助	→	佐藤留五郎	1
	親戚	鐐之助	→	片山均平	1
	親戚	鐐之助	→	(佐藤家の人々)	1
	親戚	おばば	→	片山繁治	1
	藩士Ⅰ	おなか	→	春日三蔵	1
	藩士Ⅰ	近所の子ども	→	平太夫	1
	藩士Ⅰ	(虫)治(大寺の子ども)	→	鐐之助	1
	藩士Ⅰ	(横村家の大人)	→	鐐之助	1
	藩士Ⅰ	大寺おみき	→	鐐之助	1
	藩士Ⅰ	菊地武八	→	鐐之助	1
	藩士Ⅰ	近所の子ども	→	鐐之助	1
	藩士Ⅰ	八田紋兵衛母	→	鐐之助	1
	藩士Ⅰ	ほかのしう(藩士仲間Ⅰ)	→	鐐之助	1
	藩士Ⅰ	みんな(藩士仲間Ⅰ)	→	鐐之助	1
	藩士Ⅰ	鐐之助	→	佐藤留五郎・郡おばさ・おこん・山岡仙之助	1
	藩士Ⅰ	鐐之助	→	みんな(藩士仲間Ⅰ)	1
	藩士Ⅰ	鐐之助	→	西塚平治・佐藤留五郎	1
	藩士Ⅰ	鐐之助	→	郡おばさ	1
	藩士Ⅰ	鐐之助	→	郡おかか	1
	藩士Ⅰ	鐐之助	→	菊地武八	1

したような下級武士とその家族の生活実態から、藩士仲間Ⅰと親戚の違いを考えてみたい。

さて、藩士仲間Ⅰは、第3章、あるいは第2章でも述べたように、矢田河原庚申堂北の渡部家の隣家に住む藩士とその家族であった。『桑名』の日記の内容をみると、彼らが糸引きや網すきといった内職を共同で行うだけではなく、日常生活においても相互に行き来していたことがうかがえる。

たとえば、次にあげる（29）は弘化3年10月16日の日記であるが、藩士仲間Ⅰが渡部家に集まって、「菜取」を手伝っている様子が描かれている。「春蔵のかゝ衆」ら手伝いの面々は、「菜取」が終わると、「夜なべ」、すなわち糸ひきや網すきといった内職を持って、ふたたび渡部家に集っている。夕方には、かつて矢田河原に住んでいた八田紋兵衛も訪れて、矢田河原での暮らしを恋しがっている。

(29) 十六日天気。風ハなし。至而暖故早く菜取始ル。手伝ハ春蔵のかゝ衆、鋳八のかゝ衆。明王院の娘、御代田の娘。徳治洗ふた菜を川端より運んで下さる。…菜洗ひ八ツ半過ニ済。…八田紋兵衛野沢へ歓ニ来た迎七ツ半時分見へ、夕方野沢より戻りニ菓子を鐐ニ持て来て下され、夫より洗湯へ鐐と行て来る。茶漬を振舞ふ。菜取手伝皆々夜なべを持てくる。おさつを蒸て茶ヲ入出ス。紋兵衛も咄してゐる。兎角御長屋住居不自由ニ而矢田河原が恋しうてならぬげな。鉄右衛門武八も来る。春蔵かゝ衆笑ひての親玉。皆々種々さま〴〵の口利、笑ふとも〴〵四ツ半過頃迄笑ひとおして皆々帰る。　　　　　　　　　　　　　　　　　　　　4-132

一方、一色町の片山家や新屋敷の佐藤家といった親戚は、渡部家と親しい付き合いはあるものの、桑名城下の他の地域に住む人々であり、共同で内職を行うようなことはない。したがって日常生活という面からみれば、藩士仲間Ⅰの方が親戚に比べてより近しい人々であったと考えられる。

つまり、おなじ親しい間柄の打ち解けた場面で上位の者に対して用いられる形式でも、「ナサレ」が親戚といったいわば一定の礼節を必要とする近しい人とのあいだで用いられるのに対して、「ナヘ」は藩士仲間Ⅰのような生活を共にする、より近しい人々とのあいだで用いられていたものと考えられ

ただし、家族については表3からわかるように、おなじ上位の家族に対してであっても子から親、および、鐐之助から親代わりの祖父母へ（表中◆）は「ナヘ」が用いられるのに対して、妻から夫へ（表中◇、おばば→平太夫、佐藤おばばさま→佐藤おじいさま）は「ナヘ」が用いられない。これは、生活を共にする家族とはいえ一定の礼節を必要とする夫婦間では、より近しい人とのあいだで用いられる「ナヘ」を用いることが避けられるためと考えられる[5]。

また、鐐之助が家族、親戚、藩士仲間Ⅰに関わりなく「ナヘ」を用いるのは、さきにも述べたように、幼少の鐐之助は親戚、藩士仲間Ⅰの人を家族とおなじ、より近しい人と捉えてしまうためであると考えられる。たとえば（30）は、おじの均平をおばばの真似をして「均平さ」と呼び叱られている場面であるが、おなじ会話内に「ナヘ」の使用がみられる。

(30) 鐐之助→片山均平／均平見ヘル。…鐐之助言、均平さ帰りな<u>ヘ</u>〰。おばゝ寝て居て、ナゼおじさといわんで均平さと言、にくい奴だ。それでもおばゝ均平さと言なるから搆ひな<u>ヘ</u>、均平さ帰りな<u>ヘ</u>〰と一人寝て居て言。　　　　　　　　　　　　　　　　　　　2-125《甥→おじ》

以上のように「ナヘ」は、親しい間柄のなかでも、より近しい人との打ち解けた場面において、上位の者に対して用いられる。

3.5 ヤレ系

ヤレ系は表2によれば、非音便形「ヤレ」では下位の者に対する例（表中●）が193例中190例（98%）と多くみられる。とりわけ、(31)のような祖父母から孫の鐐之助に対する例が114例と多くみられる。

(31) 平太夫→鐐之助／おまんぢうでもやいてもらへ<u>やれ</u>と云たら、おまんぢうなんていらぬ、あまざけがほしいと云。　　　　1-121《祖父→孫》

一方、音便形「ヤヘ」は、用例数が少ないものの上位の者に対する例（表中○）に偏ってみられる。表2によれば、10例中8例が(32)(33)のような鐐之助からおばのおなかと佐藤おすゑに対する例である。

(32) 鐐之助→おなか／おなかちいさなはさみと同はなばさみをとひでくれといふと、おば（おなかのこと）おれニくりやへおじゐさとひでくんなへとねだる。　　　　　　　　　　　　　1-168《鐐之助→おば》

(33) 鐐之助→佐藤おすゑ／帰りニ庭へ下りてからししや（おすゑのこと）地蔵の祭り来やゐの此間金毘羅の祭りニどんなニ思白イ花火か揚たやら、地蔵さまの祭ニ又思白イ花火が揚るから来やゐの思白ぜやと言て帰る。
　　　　　　　　　　　　　　　　　　　　　4-113《鐐之助→おば》

　ただし、このおなかと佐藤おすゑは鐐之助のおばではあるものの、鐐之助はこのふたりを友達のように捉えていたとみられる。(34)で平太夫は、鐐之助が佐藤おすゑとおなかに対して「ずるい事」を言って仕方がないと嘆いている。また、(35)からは、おなじおばでもおなかに対しては「ヤヘ」を、おこんに対しては「ナヘ」を使い分けていたことがうかがえる。

(34) 鐐めが、ししや（おすゑ）なぜうみをださんや、とげをもつて来てやるかといふたげな。とかくおすゑさと内のおなかハともだちのよふにずるい事をいふて、どふもならんじや。　　　　　　　　　1-184

(35) おば（おなか）もきやい、おこんさもきなへおどつて見せると、桶をふたつならべ、その上へもとのあがりだんのいたをあげ、その上へあがり、手をたゞきあしびやうしをとり、おばもおどりやへ、おこんさもおどりなへといふ。　　　　　　　　　　　1-164《鐐之助→おば》

　したがって、おばといってもおなかと佐藤おすゑは、鐐之助にとっては同等の者であるといえる。おなじく鐐之助から稲倉熊市に対する次の(36)も、稲倉熊市は鐐之助の遊び仲間であることから、同等の者に対する例と捉えられる。

(36) 鐐之助→稲倉熊市／帰りニもとつとゝあるき、熊市言ニハ、行ニハとつとゝあるかれたがもふ足が重く成たと言ト、鐐、是ハ貴さまよわいのふ、おらなんともなへ、是見やへと言て、びくを持ながら町屋の橋とんで渡る、勢ひ見せたし。　　　　　2-90《鐐之助→友達》

このように「ヤレ」は下位の者に対して、「ヤヘ」は同等の者に対して用いられる。

そして、ヤレ系が用いられる場面をみると、次のように親しい間柄の打ち解けた場面であることがわかる。たとえば（37）は、新屋敷の佐藤家に送ってほしいとねだる鐐之助をおばばが、洗い物が終わるまで「まちやれ」とたしなめている場面である。

（37）　おばば→鐐之助／さとふへおばゝおくつてくんなへといふからあらひのけすむまでまちやれといふてもきかず、しかたがないからあらひのけをやめて佐藤へおくつてゆきおいてくる。　　　1-55《祖母→孫》

このことに関連して、表2によれば、ヤレ系203例中198例（98％）が親しい間柄（表中☆）での例であることがわかる。それほど親しくない間柄での例も5例みられるが、そのうち3例は、次の（38）のような藩士が子どもである鐐之助に対して親しく語りかけている場面での例である。

（38）　松平左じろうどの→鐐之助／松平左じろうどのも大こくやニやすんでいられ、おなかと鐐こ水のミニ出てあそんでいたら、ぼうや〳〵ちよとこゝへきやれといふて、かき（虫）をくれられ、おとつさの御（虫）てといわれたげな。　　　1-99《藩士Ⅱ→鐐之助》

また、ヤレ系は、「ナヘ」とおなじく家族や藩士仲間Ⅰといった、より近しい人とのあいだで用いられていることがわかる。たとえば（39）は、平太夫が隣に住む稲倉鋳八郎に対してヤレ系を用いた例である。

（39）　平太夫→稲倉鋳八郎／隣の鋳八毎日〳〵昼も夜も網すきに来てゐる。けふ夕方より何方へ行候而飲さがつたか、五ツ時分べろ〳〵に酔のめり込。夫より袴を取大ノ字形ニ成て寝るゆえ、そんな惰弱ものハ大きらひ、寝るなら内へ帰つて寝やれと呵りつけ候得ハ丸首をすくめ鼠の迯る様ニコソ〳〵帰つて行。呑マぬ時ハ随分宜男なれとも、呑ムと本性を失ふニハこまつたもの也。　　　4-11《平太夫→藩士Ⅰ》

このようにヤレ系は、親しい間柄のなかでも、より近しい人との打ち解けた場面において用いられる。

以上のようにヤレ系は、親しい間柄のなかでも、より近しい人との打ち解けた場面で「ヤレ」は下位の者に対して、「ヤヘ」は同等の者に対して用いられる。

さて、以上のことから、親しい間柄のなかでも、より近しい人との打ち解けた場面では、上位の者に対しては「ナヘ」が、同等の者に対しては「ヤヘ」が、下位の者に対しては「ヤレ」が用いられるといえよう。表2によれば、「ナヘ」と「ヤヘ」「ヤレ」は、話し手と聞き手が子どもである例が多くみられるが、これは、子どもが関わる場面がより近しい人との打ち解けた場面の代表的な場面であるためといえる。ただし、前掲（27）（28）（39）のような子どもが関わらない打ち解けた場面で用いられた例も少なからずみられることから、より近しい人とのあいだでは「ナヘ」「ヤヘ」「ヤレ」が広く用いられていたものと考えられる。

3.6　［敬語動詞連用形］＋マシ

［敬語動詞連用形］＋マシは表2によれば、上下関係を把握できる例が少ないものの、次のような高年層である平太夫に対する例が多いことから、上位の者に対して用いられていたものと推測される。

(40)　大嶋常次郎→平太夫／大嶋常次郎昨日来てくれ、妻之弟御横目付ニて立帰り参候付、帰足之節御状でも被遣ましといふたで、大嶋へも一寸寄。　　　　　　　　　　　　　1-162《大嶋常次郎→高年層》

そして、用いられる場面をみると、いずれも改まって勧める場面で用いられていることがわかる。たとえば（41）は、御蔵奉行の平太夫に米を渡す日取りを勘違いした丸山庄左衛門が「全く心得違ひ不調法御手数相懸恐入候」と断ったうえで、鐐之助を家に遣わすよう勧めている場面である。この丸山庄左衛門は鐐之助の手習いの先生であるから、鐐之助の祖父である平太夫に対して、自らの「不調法」に腹を立てずにこれからも鐐之助を手習いに遣わすようにと勧めたものであろう。

(41)　丸山庄左衛門→平太夫／丸山庄左衛門見へられ、昨日ハ御出被下何共麁忽成義申上全く心得違ひ不調法御手数相懸恐入候旨断也。半日ニハ京町学問所へ罷出不申候間、朝夕両度鐐之助様被遣候様なされましと申て被帰候。　　　　　　　　　　　　　4-24《藩士Ⅱ→平太夫》

このように［敬語動詞連用形］＋マシは、御～ナサレマシ系とおなじく改ま

って勧める場面において上位の者に対して用いられる。したがって、[敬語動詞連用形]＋マシは形態からみて御〜ナサレマシ系とは別に分析したものの、実際には御〜ナサレマシ系と同等の価値を持った形式であると考えられる。

なお、表2によれば、御〜ナサレマシ系、[敬語動詞連用形]＋マシ、御〜ナサレ系には、それほど親しくない間柄での例（表中★）が散見される。したがって、礼儀を必要とするような改まった場面で用いられるこれらの形式は、実際には親しい間柄だけでなく、幅広い間柄で用いられていたものと推測される。

3.7 ［普通動詞命令形］

［普通動詞命令形］は、次のように日常会話の実態を反映しているとは必ずしもいえないものが少なからずみられる。たとえば(42)は、藩からの「さしず(指図)」を引用した所である。

(42) （役人）→片山均平／均平も二人のこどもの事ニつき御てつぼうがしらニてとかくくだらぬことをいふてやつかひねがひを出せとさしずがありそのことで均平もいろ〳〵くにしてまへ日くる。 1-24《藩→藩士》

このように日常会話の実態を反映しているとは必ずしもいえないものが少なからず混じってはいるものの、表2によれば、［普通動詞命令形］は渡部家の人（平太夫、おばば、おなか、鐐之助）に対して多く用いられている。

また、用いられる場面をみると、次のような叱責などのかぎられた場面で用いられていることがわかる。

(43) おばば→鐐之助／鐐之助均平之居る内の事なるが、いつの間ニか脇差の留を取、砥石を持出しとぐ迚、右の手の親ゆびのふしの処を少し切、したゝか呵られ大ニこまる。一昨日か能留をして貰ふたニ、悪ひ奴、ゑゝ気味じや、勝手ニしろとおばゝ大小こと。 3竹-2《祖母→孫》

このように［普通動詞命令形］はかぎられた場面で用いられることから、前項までみてきた命令表現のさらに下に位置する命令表現であると考えられる。

4．まとめ

　以上、『桑名』にみられる命令形による命令表現について、話し手と聞き手の属性や場面の性質といったさまざまな要因と照らし合わせながら、その運用実態を分析してきた。その結果をまとめると、**図1**のようになる[6]。

図1　『桑名日記』における命令形による命令表現の体系

	【ア】礼儀を必要とするような改まった場面	【イ】親しい間柄の打ち解けた場面	
		近しい人	より近しい人
上位	御〜ナサレマシ系 ［敬語動詞連用形］＋マシ	「ナサレ」	「ナヘ」
同等	御〜ナサレ系	「ナサヘ」	「ヤヘ」
下位			「ヤレ」

　図1からわかるように、『桑名』ではさまざまな命令形による命令表現が聞き手との上下、近しさ、そして場面といった複数の要因によって、使い分けられている。『桑名』では、まず、【ア】礼儀を必要とするような改まった場面か、【イ】親しい間柄の打ち解けた場面かによって、命令形による命令表現が使い分けられる。

　【ア】礼儀を必要とするような改まった場面では、御〜ナサレマシ系、［敬語動詞連用形］＋マシが上位の者に対して用いられる。また、御〜ナサレ系が上位の者だけでなく同等と下位の者に対しても用いられる。

　【イ】親しい間柄の打ち解けた場面では、相手との近しさによって体系内部がさらに二分されている。まず、親戚と家族のなかでも夫婦といった、いわば一定の礼節を必要とするような近しい人とのあいだでは、「ナサレ」が上位の者に対して用いられる。また、「ナサヘ」が上位の者だけでなく同等と下位の者に対しても用いられる。一方、藩士仲間Ｉのあいだや親子のあい

だといった、親しい間柄のなかでもより近しい人とのあいだでは、「ナヘ」「ヤヘ」「ヤレ」がそれぞれ上位、同等、下位の者に対して用いられる。

ところで、『桑名』にみられる「来ル」を意味する尊敬語の運用実態を分析した第4章では、(ア) 相手との社会的な上下関係によって使い分けられる尊敬語と (イ) 相手との社会的な上下関係に関わらず使用される尊敬語があることを指摘した。そして、身内や親しい間柄の打ち解けた場面では (イ) に属する尊敬語 (来ナサル、来ナル) が用いられ、それ以外の場面では (ア) に属する尊敬語 (御出ナサル、ゴザラシル、ゴザル) が相手との社会的な上下関係によって使い分けられることを明らかにした。

だが、第4章では、(ア) の尊敬語が用いられる場面が具体的にどのような場面であるのかについては、明確には捉えることができなかった。しかし、本章で明らかにした命令形による命令表現の実態をふまえると、(ア) は【ア】礼儀を必要とするような改まった場面で用いられる尊敬語であるといえそうである。【ア】の場面においては、「来ル」を意味する尊敬語では、上位の者に対しては御出ナサルが、同等か下位の者に対してはゴザラシル、ゴザルが用いられる。

また、(イ) は【イ】親しい間柄の打ち解けた場面で用いられる尊敬語といえる。さらに、本章の命令形による命令表現の分析から、(イ) の尊敬語が用いられる【イ】親しい間柄の打ち解けた場面の体系内部は、近しさによってさらに二分されることがわかった。図1によれば、【イ】の場面では親しい間柄のなかでも一定の礼節を必要とするような近しい人には「ナサレ」「ナサヘ」が用いられ、より近しい人には「ナヘ」「ヤヘ」「ヤレ」が用いられる。そして、より近しい人とのあいだでは、「ナヘ」「ヤヘ」「ヤレ」が上下関係によって使い分けられる。これは、命令表現が聞き手に直接働きかけるものであるために、聞き手がどのような人物であるかをよく見知っている親しい間柄の打ち解けた場面では、聞き手の属性による細かな使い分けがなされるものと解釈される。

以上のように本章では、『桑名』にみられるさまざまな述部待遇表現形式のなかでも命令形による命令表現の運用実態を明らかにした。本章の分析を

第 5 章　命令形による命令表現　123

とおして、「来ル」を意味する尊敬語では捉えきれなかった場面の違いについても、より明確に捉えることができた。とりわけ、話し手と聞き手の上下関係だけでなく、場面や近しさといった要因が待遇表現の使い分けに関わる重要な要因のひとつになっている点は、『桑名』における待遇表現体系の性格の一端を示すものとして注目されよう。

次の第 6 章では、命令形の述部待遇表現形式のなかでも本章では扱わなかった、「こしろふてやつて御くれなさへ」のような授受補助動詞クレル類を含む命令形に注目して、その運用実態をみていく。授受補助動詞クレル類命令形による働きかけの表現でも、こういった場面や近しさによる使い分けはみられるのであろうか。

注

1） 表 1 では、（ ）内に表記ごとの用例数を示し、［漢語語幹］に承接するものについては具体的な語を示した。また「〜」は動詞連用形を承接することを示す。
2） 『桑名』ではイとエの混同がみられ（彦坂佳宣　1984）、かつ「え」を「へ」と表記していることから、「なさへ」「なへ」「やへ」はそれぞれ「なさい」「ない」「やい」に相当するものと考えられる。また、「被成」は音便形の可能性もないではないが表記上音便形とは認めにくいので、ひとまず非音便形として分類した。
3） 上下関係の判断については、第 2 章で述べた方法に従う。
4） たとえば小川玄流は町医者とみられるが、「縮や」や「肴売り」とは同列に扱うことができないと思われ、かつ医者のなかには江川良補のように藩士である人もいることから、分析のなかでは医者を武家階級以外の人とはみなさないことにする。以下、本書では、この方針を採ることとする。
5） 小森俊平（1933）によれば岐阜県西部方言では、「親子兄弟間は相互に親態（筆者注：家庭敬語）を用ひる。（中略）妻は夫に対して恭態（同：社会敬語）を用ひる」という。おなじ家庭内でも親子間と夫婦間とでは異なる敬語を用いるという点において『桑名』の実態と共通し注目されるが、この点については、武家の家族制度も含めたうえでさらに検討する必要がある。
6） ［普通動詞命令形］は口語的な表現とはいえないものが混じっていることから、図 1 には含めない。

第6章　授受補助動詞クレル類命令形による働きかけの表現

1．本章の目的

　第5章では、命令形の述部待遇表現形式のなかでも、「いやれ」「御かへりなされ」のような授受補助動詞クレル類を含まないものについて、その運用実態をみた。その結果、『桑名日記』（以下、『桑名』とする）では、話し手と聞き手の上下関係だけでなく場面や近しさが待遇表現の使い分けに関わる要因のひとつになっていることが明らかになったが、こうした使い分けは、授受補助動詞クレル類を含む命令形の述部待遇表現形式においてもみられるものと考えられる。

　そこで、本章では、命令形の述部待遇表現形式のなかでも授受補助動詞クレル類を含むものに注目して、話し手と聞き手の属性や場面の性質といったさまざまな要因と照らし合わせながら、その運用実態を明らかにしたい。なお、本書では、第5章でも述べたように、授受補助動詞クレル類を含む命令形がおもに用いられる言語行動に注目して、本章で対象とする「こしろふてやつて御くれなさへ」のような表現を「授受補助動詞クレル類命令形による働きかけの表現」という。

　なお、江戸時代における働きかけの表現について論じたものとしては、田中章夫（1957）のほか、岸田浩子（1974）、工藤真由美（1979）がある。これらの研究によって、他の表現による表現形式や間接的な表現形式も含めた通時的な発達の様相が明らかにされているが、働きかけの表現にみられる述部待遇表現形式の使い分けという観点から論じたものはみあたらない。また、これらの研究もおもに町人階級において成立した文芸作品を対象としたものであり、武家階級における実態については、ほとんど明らかになっていない。

2．分析対象

　本章で対象とするのは、次の（1）にみられる「こしろふてやつて御くれなさへ」のような授受補助動詞クレル類命令形である。

（1）　おばゝ言ニハ鐐がおぢゐさニかみてつはふをこさつてくんなるやふニむかひニ行と言をとめおき、おれがゆくとじきおぢゐさニそふ言から内ニいやれと言て来たから、御かへりなされ、こしろふてやつて御くれなさへと言故、帰つて拵ふてやる。　　　　　　　　2-58

なお、次のような間接的に働きかけをあらわす表現については、述部待遇表現形式の使い分けの実態をみる際には煩雑になるので、対象としない。

（2）　廿日ニ勝蔵祝盃致し候付両人共参り呉候様申聞。夜ニ入勝蔵も見へ鐐之助も召連おばゝニ参くれ候様ニと申。　　　　　　　　　　2-111

（3）　鐐言、おぢゐさこんやばつかりいつしよニねてくんなんかといふゆへ、だへてねる。　　　　　　　　　　　　　　　　　　　2-15

　さて、以上に基づき、『桑名』全4冊を調査した結果、『桑名』には777例の授受補助動詞クレル類命令形による働きかけの表現がみられた。これらの形式を形態の面からまとめると、次の表1のようになる[1]。

　このうち、候文ではない箇所に多くみられ、日常会話で用いられていたと考えられる形式は、御〜クダサレ系、テクダサレ、御〜テオクレナサレ系、テオクレナサレ系、テオクレ、テクンナヘ系、テクリヤレ系である。

　一方、［動詞連用形］＋クレとテクレは、次のような候文中における例が少なからずみられ、日常会話の実態を反映しているとは必ずしもいえないものが相当数含まれる。

（4）　平のより手紙遣し、何事やらと抜き見れハ舎弟岡長右衛門死去ニ付、半減忌中引込候付、届ハ蛤江殿請込被参候間其心得ニて罷在くれと申紙面也。　　　　　　　　　　　　　　　　　　　　　　　4-37

（5）　裏の庵寺ニて無縁法界の施餓鬼を致てくれと馬道より施主有之、昼より始り八ツ時分ニ相済候よし。　　　　　　　　　　　　　4-117

第 6 章　授受補助動詞クレル類命令形による働きかけの表現　127

表 1　『桑名日記』にみられる授受補助動詞クレル類命令形による働きかけの表現

御～クダサレ系	御～ナサッテクダサレマシ	御～なさつて下されまし(1)、御～なさつて下さへまし(1)	87
	御～クダサリマシ	御～被下まし(6)、御～下さりまし(3)、御～下さいまし(1)	
	御～クダサレ	御～被下(69)、御～下され(5)	
	[尊敬語]＋テクダサレ	おつしやつて下され(1)	
テクダサレ		て被下(1)、て下され(15)	16
御～テオクレナサレ系	御～ナサッテオクレナサリマシ	御～なさつて御くれなさりまし(1)	5
	御～ナサッテオクレナサレ	御～なさつて御くれなされ(1)、御～なさつて御くれなさへ(2)	
	[尊敬語]＋テオクレナサヘ	御しやつて御くれなさへ(1)	
テオクレナサレ系	テオクレナサリマシ	ておくれなさりまし(1)、ておくれなさへまし(5)、ておくれなさへませ(1)	36
	テオクレナサレ	ておくれなされ(18)、ておくれなさへ(11)	
テオクレ		ておくれ(4)	4
テクンナヘ系		てくんなへ(178)、てくんな(2)、てくれな(1)、てくんなゐゑ(1)	182
テクリヤレ系		てくりやれ(17)、てくれやれ(1)、てくりやへ(2)、てくりやい(1)、てくれやい(1)	22
[動詞連用形]＋クレ		[動詞連用形]＋くれ(26)	26
テクレ		てくれ(385)	385
その他		思召しくだされ(1)、御～申くれ(3)、御～申てくれ(2)、～給れ(1)、てたもれ(2)、～とおくれ(1)、てくんへ(1)、ておくれなまし(1)、被仰遣被下(1)、被仰上被下まし(1)	14

合計777例

　そこで、本章では、[動詞連用形]＋クレとテクレ、そして個々の用例数が極めて少ないその他の形式を除いた、**御～クダサレ系、テクダサレ、御～テオクレナサレ系、テオクレナサレ系、テオクレ、テクンナヘ系、テクリヤレ系**の352例を対象として、その運用実態を分析する。

3. 授受補助動詞クレル類命令形による働きかけの表現の運用実態

では、『桑名』にみられる御〜クダサレ系、テクダサレ、御〜テオクレナサレ系、テオクレナサレ系、テオクレ、テクンナヘ系、テクリヤレ系は、どのように使い分けられているのであろうか。『桑名』にみられる授受補助動詞クレル類命令形による働きかけの表現352例がどのような間柄で用いられたものであるか、話し手（働きかける人）と聞き手（働きかけられる人）の関係を示したものが、次の**表2**である。

表2では、話し手と聞き手の関係と用例数を示した[2]。人間関係は、第2章で明らかにした①親疎、②身分、③世代に基づく。表2において話し手の左側に付した記号のうち☆★は、①親疎から判断ができる親疎関係を示している。☆は家族、親戚、および藩士仲間Ⅰの間柄、つまり、親しい間柄で用いられた例であることを、★は藩士仲間Ⅱ・武家階級以外の間柄、つまり、それほど親しくない間柄で用いられた例であることを示している。親しい間柄（表中☆）での例については、さらに家族、親戚、藩士仲間Ⅰ（表中「藩士Ⅰ」）のいずれの間柄で用いられたものであるのか記した。そのうえで親戚は白黒反転させて示し、藩士仲間Ⅰには網掛けを施した。そして○●は、②身分、③世代から判断できる上下関係を示している[3]。○は上位の者に対する例であることを、●は下位のものに対する例であることを示している。なお、「−」は、上下関係がはっきりしない例であることを示している。また、御書院格の人は氏名を白黒反転させて示し、武家階級以外の人（医者を除く）には▼を付した。

以下、それぞれの形式について、話し手と聞き手の属性や場面の性質といった待遇表現の使い分けに関わる要因と照らし合わせながら、その運用実態を詳しくみていく。

第6章　授受補助動詞クレル類命令形による働きかけの表現

3.1 御〜クダサレ系

御〜クダサレ系は、表 2 によれば、親しい間柄（表中☆）でも、また、それほど親しくない間柄（表中★）でも用いられる。

上下関係では、まず、御〜ナサッテクダサレマシと御〜クダサリマシは上位の者（表中○）に対して多く用いられる。たとえば（6）は、片山均平からおじの平太夫に対する例である。

(6) 片山均平→平太夫／昼より壱〆目見ニ鐐を召連矢田町へ出ると、均平あさりかきを買ふて矢田町下モより登る処ニて一所ニ成。御帰りニ御待申て居ますから必<u>御寄下さりまし</u>、鐐待てゐるぜやと言。

3-52《甥→おじ》

下位の者（表中●）に対する例も 1 例みられるが、これは次にあげる（7）である。（7）は、佐藤おばばさまが孫の鐐之助の目線に立って平太夫に働きかけているものであることから、上位の者に対する例に準ずるものといえる。

(7) 佐藤おばばさま→平太夫／おばゝさのおつしやるニハ、鐐ハ今夜泊る積りで、さき程おすゑニ言ニは、したや今夜ハの貴さまのそばへひとりで寝るぜやと言ましたから、どふぞ<u>御帰りなさつて下さへまし</u>とおつしやると、鐐、うそだ〳〵おじゐさが来なんと泊のだけれども迎ひニ来なつたから帰んだと言思白がり、とまると言たからおじゐさどふぞ<u>御帰りなさつて御くれなさへ</u>（後述）とかゝりあいなさるとイヤ〳〵帰る〳〵と袴を持てきて、おじゐさはかせてくんなへと言故はかせてやると、脇差ヲさし御じぎをしてサア帰る〳〵と言故、梨子トなつめを貰ふて帰る。

2-83《年上→年下》

このように御〜ナサッテクダサレマシと御〜クダサリマシは上位の者に対して用いられる。

そして、御〜クダサレは、これも上位の者に対する例が 50 例と多くみられる。たとえば（8）は、中年層の稲塚四郎兵衛から高年層の佐藤おじいさまに対する例である。

(8) 稲塚四郎兵衛→平太夫／稲塚四郎兵衛重箱を二ツ持て来て、どふぞしんやしきへ御序ニ<u>御遣し下され</u>と云。

1-104《中年層→高年層》

また、下位の者に対する例も6例みられる。たとえば（9）は、佐藤おじいさまから9歳年下の平太夫に対する例である。

（9） **佐藤おじいさま→平太夫**／此間おじいさのおつしやるニハ、皆さま御よび申筈なれども行届不申、御時節柄でもあり、かた〴〵御ばゝさまと銚斗ニ御手伝ながらはやく御出被下とくれ〳〵の御断也。
　　　　　　　　　　　　　　　　　　　　　　2-55《年上→年下》

さらに、上下関係がはっきりしない例（表中－）が多くみられるが、このなかには同等の者に対する例とみられるものが多く含まれる。たとえば（10）は、平野善右衛門から御蔵の同僚である平太夫に対する例である。

（10） **平野善右衛門→平太夫**／夫より出役。掃除仕舞火を持て居候処、平の出役。ヲヤ今日ハ御休之筈どふして御出勤と問ハ、些ト手形調へ昨日出来上り兼候付出役致ましたと被申。夫より増減取調べ候処、些ト不合。…段々せんさく致候処、戸倉庄八々月廿六日病死之処、九月分手形有之。藤崎へ対談致候得ハ全く調へ違ひ。大不調法と面目なき仕合宜御直し被下と再応断也。　　　　　　　　　　　4-44《同僚どうし》

このように御～クダサレは、おもに上位の者に対して用いられる一方で、同等と下位の者に対しても用いられることがある。

そして、用いられる場面をみると、前掲（10）のように職場で依頼する場面や、次の（11）や（12）のように祝い事や法事といった行事に来るよう依頼する場面での例がみられる。

（11） **稲塚弥三郎→平太夫**／稲塚の弥三郎明日御簱組ニ首尾いたし候よし。夕方見へる。両三日ハ表家へ参り居候様ニと申事ニ付どうぞ（後述）御出被下御祝ひ被下と申て帰る。　　　　　4-232《親戚→平太夫》

（12） **片山均平→平太夫**／今朝均平見へ、今日ハ祖母の忌日ニ付久しく何も上ませなんだで鐐をつれて八ツ半頃御出被下と言て行。
　　　　　　　　　　　　　　　　　　　　　4-218《親戚→平太夫》

このように御～クダサレ系は、礼儀を必要とするような改まった場面で用いられる。

以上のように御～クダサレ系は、親しい間柄やそれほど親しくない間柄の、

132　第2部

いわば礼儀を必要とするような改まった場面において、上位の者に対して用いられる。ただし、マシを下接しない御〜クダサレは、同等と下位の者に対しても用いられることがある。このことから、上位の者に対してのみ用いられる御〜ナサッテクダサレマシと御〜クダサレマシは、御〜クダサレに比べて待遇価値が高いと考えられる。

3.2　テクダサレ

　テクダサレは、表2によれば、親しい間柄（表中☆）でも、また、それほど親しくない間柄（表中★）でも用いられる。上下関係では、下位の者に対する例（表中●）が7例みられる。また、上下関係がはっきりしない例（表中−）のうち、平太夫から岩田、相沢に対する例も下位の者に対する例と思われる例である。岩田（伴太夫か）と相沢（金太夫か）は、平太夫より禄高が低い若年層の藩士である[4]。上位の者に対する例（表中○）もみられるが、御〜クダサレ系に比べると用例数は少ない。世代に注目してみると、御〜クダサレ系では高年層の平太夫とおばばに対する例が87例中75例（86％）みられたのに対して、テクダサレ系では16例中4例（25％）と少ないことがわかる。このようにテクダサレは、おもに下位の者に対して用いられる。

　そして、テクダサレが用いられる場面をみると、御〜クダサレ系とおなじく、いわば礼儀を必要とするような改まった場面で用いられていることがわかる。たとえば（13）は、平太夫の職場である御蔵での場面であり、横野留右衛門が同僚の平太夫に対して、帳面の書き方を教えてくれと依頼している場面である。

　　（13）　**横野留右衛門→平太夫**／出役。…隣ニても横野者始而にて夫ニ藤崎
　　　　とこわすれ致、如何致べく哉わかり兼候付、一寸来て見て下されと申ゆ
　　　　え、又隣へ行教てやり、暮相双方帳面出来引取。　4-47《同僚どうし》

　以上のようにテクダサレは、親疎さまざまな間柄の、いわば礼儀を必要とするような改まった場面において、おもに下位の者に対して用いられる。

3.3 御〜テオクレナサレ系

　御〜テオクレナサレ系は、表2によれば、親しい間柄（表中☆）で用いられる。親しくない間柄での例も1例みられるが、(14) の話し手である冨田の四郎治も武家階級以外の人とはいえ、渡部家に内職を斡旋している人であり、普段から渡部家に出入りしている人である。

(14)　冨田四郎治→平太夫／当年も手前網大流行。冨田の四郎治苧と糸持参いたし候得とも頓とすきてなし。大困りニ而御手前網並ニ賃差上升じやてどうぞ御セ話ニなさつて御くれなされと頼て行。

　　　　　　　　　　　　　　　　　　4-110《武家階級以外→平太夫》

　上下関係では、上位の者（表中○）に対する例が4例みられる。たとえば (15) は、舞台格の平太夫から身分が上級の御書院格の佐藤おばばさまに対する例である。

(15)　平太夫→佐藤おばばさま／飯村で、大寺のおみちをよめニもろふてくれとせんだつて御たのみなれど、松田半八方へせわするものがあり、せんやくゆへ、飯村のかた大てらよりやぜんことわりがあつたで、御ついでに飯村へそふ御つしやつて御くれなさへと、おばゝさまニ御たのミ申てかへる。　　　　　　　　　　1-166《舞台格→御書院格》

　下位の者（表中●）に対する例も1例みられるが、これは前掲 (7) の例であり、上位の者に対する例に準ずる例といえる[5]。

　では、用いられる場面はどうであろうか。御〜テオクレナサレ系が用いられる場面をみると、御〜クダサレ系にみられたような職場で依頼する場面や、祝い事や法事に来るよう依頼する場面での例はみられない。たとえば (16) は、貰った鰹を食べに来るように誘っている場面であり、親しい間柄の打ち解けた場面といえる。

(16)　片山の旦那様→平太夫／善蔵が云、片山の旦那様が御帰りニ御寄なさつて御くれなさりましとおつしやりましたといふゆへ、かへりニ片山へ寄。鰹を貰ひましたで御膳を上ましやふとぞんじまして、善蔵ニことづけを頼ましたと云。さしみとにつけにて御ちそうニ成。

　　　　　　　　　　　　　　　　　　　　　　1-192《親戚→平太夫》

以上のように御~テオクレナサレ系は、親しい間柄の打ち解けた場面において上位の者に対して用いられる。

3.4 テオクレナサレ系

テオクレナサレ系は、表2によれば、親しい間柄（表中☆）での例が多くみられる。表2によれば、(17)のような親戚間での例（表中、白黒反転）だけでなく、(18)のような家族間での例もみられる。これまでみてきた御~クダサレ系、テクダサレ、御~テオクレナサレ系では、(18)のような家族間での例はほとんどみられなかった。

(17) **片山留雄→平太夫**／片山の留雄見へ、おばゝさ夜前五ツ半時分より痰強く発、今ニせり詰苦しがりなるからどふそ<u>来て御くれなさへ</u>と言て直ニ帰る。　　　　3-竹97《片山留雄→大おじ》

(18) **おばば→平太夫**／おばゝ湯へ行時どうぞ其魚<u>焼て御くれなさへ</u>と言て行ゆへ焼て巻藁ニさす。　　　　4-31《妻→夫》

それほど親しくない間柄（表中★）での例もわずかにみられるが、そのうち善蔵は毎日のように渡部家を訪れる使用人である。また、高木のじさまと関川和尚は藩士仲間Ⅱではあるものの、それぞれ一色町の片山家と新屋敷の佐藤家の親戚にあたると思われる人である。つまり、平太夫にとっては遠縁の親戚にあると思われる人であり、平太夫、おばば夫妻とも普段から交流がある人である。したがって、これらの例は親しい間柄での例に準ずるものといえる。

次に上下関係をみると、テオクレナサリマシは上位の者（表中○）に対して用いられていることがわかる。そして、テオクレナサレは、(19)のような上位の者に対する例が21例と多くみられる一方で、3例とわずかではあるものの、(20)のような下位の者（表中●）に対する例もみられる。

(19) **おばば→平太夫**／おばゝ云、おそくなると鐐がねむがるから、ねむけのこぬ内ニ<u>せんとうへつれていつて御くれなさへ</u>、おれといくとわがまゝばかりいふてろく〳〵あらわせぬから、はやく<u>つれていつて御くれなさへ</u>ましといふから、つれていつてくる。　　1-181《妻→夫》

(20) 佐藤おじいさま→平太夫／きのふおじいさが手がたを御蔵へもつて御出なされ、どふぞ鐐こをつれて来ておくれなされ、ひさしくあわぬで、みな〳〵あいとうてならぬと申ておりますとおつしやつたから、もんのところで鐐のしやべるこゑをきゝつけ、おばゝさ入口までむかひニ出て御出なさる。　　　　　　　　　　　　　　　1-116《年上→年下》

　また、上下関係がはっきりしない例（表中－）のうち、岩田のお袋から平太夫、高木のじさまからおばばに対する例は高年層どうしの例であり、同等の者に対する例といえる。このようにテオクレナサレはおもに上位の者に対して用いられる一方で、同等と下位の者に対しても用いられることがある。

　そして、用いられる場面をみると、テオクレナサレ系は親しい間柄の打ち解けた場面で用いられるといえる。たとえば次の（21）は、前掲（11）とおなじく依頼の意をあらわす副詞「どうぞ」と共起している例であるが、これは家庭内で孫が祖父に対して依頼している場面であるために、ここではテオクレナサレ系が用いられたものと考えられる。また、（22）は前掲（12）とおなじく、片山均平からおじにあたる平太夫に対する例であるが、（22）は茄子を持ってくるという打ち解けた場面であるために、ここではテオクレナサレ系が用いられたものと考えられる。

(21) 鐐之助→平太夫／御蔵へ出る時送つて出、時宜してどうぞ御くわしをかふて来て御くれなさへましといふ。　　　1-107《孫→祖父》
(22) 片山均平→平太夫／均平茄子を十四五風呂敷ニ包持参、一寸行て参り升から明て置て御くれなされと言て行候切ニてどふしたか不見。
　　　　　　　　　　　　　　　　　　　　　　　4-109《親戚→平太夫》

　以上のようにテオクレナサレ系は、親しい間柄の打ち解けた場面で上位の者に対して用いられる。ただし、マシを下接しないテオクレナサレは、同等と下位の者に対しても用いられることがある。このことから、上位の者に対してのみ用いられるテオクレナサレマシは、テオクレナサレに比べて待遇価値が高いと考えられる。

3.5 テオクレ

テオクレは、表2によれば、親しい間柄（表中☆）で下位の者（表中●）に対して用いられる。そして、用いられる場面をみると、次のような打ち解けた場面で用いられていることがわかる。たとえば（23）は、おばばが甥の勝蔵に対して、風邪が治らないうちに洗湯（銭湯のこと、『桑名』の表記による）に行くことを勝蔵の母である片山おばばさまには黙っていてくれと頼んでいる場面である。

(23) おばば→片山勝蔵／勝蔵見へる。四ツ時分迄はなして帰る。おばゝせんとふへひさしぶりでおそくゆく。片山のおばゝさがおつしやるニハ、鼻がきく様ニ成ても、当分洗湯へ入なとおつしやつたが、もふこたへられぬからはへりニゆくが、内へ返りなさつても、（片山）おばゝさニだまつて居て御くれと勝蔵ニ云てゆく。　　1-118《おばば→親戚》

以上のようにテオクレは、親しい間柄の打ち解けた場面で下位の者に対して用いられる。

3.6 テクンナヘ系

テクンナヘ系は、表2よれば、親しい間柄（表中☆）で上位の者（表中○）に対する例が182例中180例と多くみられる。たとえば（24）は、明王院右近、横村勝助、鐐之助の三人の子どもが藩士仲間Ｉの加藤九兵衛に釣りに連れて行ってくれと頼んでいる場面である。

(24) 鐐之助・右近・勝助→加藤九兵衛／加藤九兵衛洗湯帰りニ寄咄ニ、けふハ昼前右近ト横村の勝鐐児と三人して釣ニつれて行てくんなへとねだり抜かれ、四ツ過ニハ大分空の様子もよし、そんなら昼から行つもりニしよふと言と、三人踊上り歓。大平新田手前迄行間もなく降出し大ニ困りました。外ニも釣好ナものもあり、相応ニ行て居ましたと咄し也。

4-25《藩士Ｉどうし》

下位の者（表中●）に対する例も2例みられるが、全体からみればわずかである。このうち（25）は、おばばが鐐之助の目線に立って大寺おみきに述べている例であることから、上位の者に対する例に準ずるといえる。また、

（26）は片山おばばさまから年下のおばば（お増）に対する例であるが、片山おばばさまとおばばは普段から友人のような付き合いをしており、ここでは「まあさ」と愛称で呼んでいることから単純に下位の者に対する例とはいえない。

(25) おばば→大寺おみき／おみき健治の下駄を買ふて持て寄たれバ、鐐其下駄ヲ見ると、おばゝおれにも下駄買（虫）くんなへとねだる故、何足か昔ニ新らしいのがあるとそれ斗はくから緒斗買ふてやろと言ても中々我点せぬ故、ヲヽそんなら買つてやろおみきさどふぞ新らしい下駄ヲ鐐ニ買ふてやるから其下駄ヲはかせて帰りニ柏崎へつれていつてくんなへと言と、そんならいらんと言たげな。 2-77《高年層→中年層》

(26) 片山おばばさま→おばば／出かけ片山へ寄。おばゝさま御瘧の御気味ニて昨夕も（片山）又男ニ御ことづけニおばゝさがあん梅がわるくて来られんからまあさ（おばばのこと）ニし事を持て逢ニ来てくんなへと言故、おばゝ御目ニ懸りたくても天気はわるし、いづれ天気ニなつてから行から御様子を見て来ておくれと言故、一寸寄て帰宅。 3-48《年上→年下》

そして、用いられる場面をみると、いずれも次のような親しい間柄の打ち解けた場面での例であることがわかる。(27)は、鐐之助が平太夫にまぐろを買うよう、ねだっている場面である。(28)は、藩士仲間Ⅰの娘である菊地の娘が、赤ん坊のおすみ（平太夫の孫、おなかの娘）を負わせてほしいと頼みに来ている場面である。

(27) 鐐之助→平太夫／肴売七右衛門まぐろを持て来ると、鐐買なへ〳〵差身ニしてくんなへと言。 2-123《孫→祖父》

(28) 菊地の娘→平太夫／小女大分居り候様ニ相成り、毎日菊地の娘おみさおばせてくんなへと言て来る。川嶋の娘も同様。些川嶋の娘ハ小サなれとも長アく負ふ。菊地の娘ハ壱人娘ニて守り抔不致候故菊地へおんて行直ニおろし母ニ預ケ候由なれとも、川嶋の娘に負れるとならぬゆえ朝早くおびニくる様子也。 4-177《藩士Ⅰどうし》

ここまでみてきたようにテクンナヘ系はテオクレナサレ系とおなじく、親

しい間柄の打ち解けた場面で上位の者に対して用いられる。

では、親しい間柄の打ち解けた場面で上位の者に対して用いられるテオクレナサレ系とテクンナヘ系は、どのように使い分けられているのであろうか。このふたつの形式の使い分けの実態をみるために、表2からテオクレナサレ系とテクンナヘ系のうち親しい間柄での例（表中☆）を抽出し、まとめなおしたものが、次の**表3**である。表3では、テオクレナサレ系とテクンナヘ系

表3　親しい間柄におけるテオクレナサレ系とテクンナヘ系

テオクレナサレ系	家族	◇おばば	→	平太夫	15
	家族	◆鐐之助	→	平太夫	3
	親戚	佐藤おばばさま	→	平太夫	2
	親戚	浅野忠太夫	→	平太夫	1
	親戚	片山均平	→	平太夫	1
	親戚	片山留雄	→	平太夫	1
	親戚	佐藤留五郎	→	平太夫	1
	親戚	佐藤おじいさま	→	平太夫	1
	親戚	佐藤	→	平太夫	1
	藩士Ⅰ	中田の娘	→	平太夫	1
	藩士Ⅰ	大寺	→	平太夫	1
	藩士Ⅰ	岩田のお袋	→	平太夫	1
	家族	◆鐐之助	→	おばば	1
	（家族）	◇須藤おすゑ	→	内の人	1
テクンナヘ系	家族	◆鐐之助	→	平太夫	128
	家族	◆鐐之助	→	おばば	33
	親戚	鐐之助	→	佐藤留五郎《おぢさ》	4
	親戚	鐐之助	→	佐藤家の人々	2
	藩士Ⅰ	鐐之助	→	山岡仙之助《仙さ》	2
	藩士Ⅰ	鐐之助	→	加藤官蔵	2
	親戚	鐐之助	→	江川良補《おいしゃさま》	1
	親戚	片山おばばさま	→	おばば《まあさ》	1
	藩士Ⅰ	菊地の娘	→	平太夫	1
	藩士Ⅰ	菊地文蔵	→	平太夫	1
	藩士Ⅰ	近藤鉄蔵	→	平太夫《おぢさ》	1
	藩士Ⅰ	明王院おりい	→	鐐之助《鐐さ》	1
	藩士Ⅰ	鐐之助	→	菊地竹八	1
	藩士Ⅰ	鐐之助	→	西塚祖作	1
	藩士Ⅰ	鐐之助・右近・勝助	→	加藤九兵衛(官蔵)	1
	藩士Ⅰ	おばば	→	大寺おみき	1
	家族	◆おなか	→	平太夫	1

の親しい間柄での例を系統ごとに家族間、親戚間、藩士仲間Ⅰのあいだに分け、そのうち親戚間での例は白黒反転させて示し、藩士仲間Ⅰのあいだでの例は網掛けを施して示した。また、家族間での例のうち妻から夫に対する例には◇、子から親、および鐐之助から親代わりの平太夫おばばに対する例には◆を付した。

さて、表3によれば、テオクレナサレ系はおもに家族間と親戚間で用いられる。一方、テクンナヘ系はおなじ親しい間柄でも家族間と藩士仲間Ⅰのあいだで多く用いられていることがわかる。テクンナヘ系に親戚のあいだでの例も8例みられるが、このうち7例の話し手は子どもの鐐之助である。幼少の鐐之助にとっては、親戚の人も家族である渡部家の人もおなじ親しい人であったと考えられることから、話し手が鐐之助である親戚間での例は家族間での例に準ずるものといえる。また、残りの1例についても、話し手の片山おばばさまと聞き手のおばばは普段から友人のような付き合いをしている人である。これは、前掲（26）の例であるが、さきにも述べたように、片山おばばさまはおばばのことを「まあさ」と愛称で呼んでいる。したがって、前掲（26）も親戚間での例とはいえ、極めて親しい間柄における例といえる。

このようにテオクレナサレ系が家族間と親戚間で多く用いられるのに対して、テクンナヘ系は家族間と藩士仲間Ⅰのあいだで多く用いられる。ただし表3によれば、おなじ家族間での例でも子から親（表中◆、おなか→平太夫）、孫から祖父母（表中◆、鐐之助→平太夫）はテクンナヘ系がおもに用いられるのに対して、妻から夫へ（表中◇、おばば→平太夫、須藤おすゑ→内の人）はテクンナヘ系ではなくテオクレナサレ系が用いられる。

これは、第5章でみた命令形による命令表現における「ナサレ」と「ナヘ」の使い分けとおなじといえる。命令形による命令表現では、「ナサレ」は親戚間で、「ナヘ」は藩士仲間Ⅰのあいだで用いられる。この点について第5章（pp.115-116）では、次のように述べた。

つまり、おなじ親しい間柄の打ち解けた場面で上位の者に対して用いられる形式でも、「ナサレ」が親戚といったいわば一定の礼節を必要とす

140　第2部

る近しい人とのあいだで用いられるのに対して、「ナヘ」は藩士仲間Ⅰのような生活を共にする、より近しい人々とのあいだで用いられていたものと考えられる。

そして、子から親、孫から祖父母へは「ナヘ」が用いられるのに対して、妻から夫へは「ナヘ」ではなく「ナサレ」が用いられることを指摘したが、この点については次のように述べた。

これは、生活を共にする家族とはいえ一定の礼節を必要とする夫婦間では、より近しい人とのあいだで用いられる「ナヘ」を用いることが避けられるためと考えられる。

こういった使い分けが、「ナサレ」と「ナヘ」のあいだだけではなく、テオクナサレ系とテクンナヘ系のあいだでもみられることから、近世末期桑名藩の下級武士とその家族のあいだでは、複数の形式が親疎や近しさによって、極めて体系的に使い分けられていたものと考えられる。

以上のようにテクンナヘ系は、親しい間柄のなかでも親子や藩士仲間Ⅰといった、より近しい人との打ち解けた場面において、上位の者に対して用いられる。

3.7　テクリヤレ系

テクリヤレ系は、表1からわかるように音便形「てくりやへ」「てくれやい」「てくりやい」(以下、まとめて「テクリヤヘ」とする)と非音便形「てくりやれ」(以下、「テクリヤレ」とする)がある。表2によれば、用例数は少ないものの、親しい間柄のなかでも家族間において、下位の者(表中●)に対して用いられる。上位の者(表中○)に対する例も4例みられるが、これらはすべて、鐐之助から鐐之助のおばにあたるおなかに対する例である。そして、これらの形態はすべて、次のような、音便形である。

(29)　鐐之助→おなか／おばヤ(おなかのこと)、百人首の本を出してく

れやいとやん〰と言故おなか本を出してやると、サア教てくんなへと言故教てやる。　　　　　　　　　　　　　4-48《鐐之助→おば》

(30) 　鐐之助→おなか／きのふおけしをたて〻、さかいきすつてやろふかといふたれバ、かさねへんじにて、おばやはやくちやがまのしたを<u>たきつけてくりやへ</u>、おばやなにしてゐる、はやふゆを<u>わかしてくりやへ</u>といふて、まちかね、いつもよりじつとしてゐてすり、すつてしまふとおもてへ出たが、…　　　　　　　　2-34《鐐之助→おば》

(31) 　鐐之助→おなか／<u>おば早く盛てくりやい</u>、おばて、早く盛てくれんかや、おばて、せき立ル故、そこ〰に流し元仕舞ニし盛てやると喰とも〰何ぜんか覚たてられぬ程喰。　　　4-67《鐐之助→おば》

このように、鐐之助はおなかに対して「テクリヤヘ」を用いるが、第5章で述べたように、鐐之助はおばのおなかを友達のように捉えられていたとみられる。したがって、鐐之助からおなかに対する4例は同等の者に対する例といえる。

そして、用いられる場面をみると、テクリヤレ系はいずれも次のような家族間の打ち解けた場面で用いられている。たとえば (32) は、家で平太夫が妻のおばばを呼んでいる場面である。

(32) 　平太夫→おばば／（鐐之助）ねぶくなへと言てもがく。其内した〻か吐く。おば〻湯より帰つた処ニて、それ鐐が吐たから早く<u>来てくりやれ</u>と言。　　　　　　　　　　　　　　　2-82《夫→妻》

以上のようにテクリヤレ系は、家族間、すなわちより近しい人との打ち解けた場面で用いられ、そのうち「テクリヤレ」は下位の者に対して、「テクリヤヘ」は同等の者に対して用いられる。

さて、このようにしてみると、親しい間柄のなかでもより近しい人との打ち解けた場面では、上位の者に対しては「テクンナヘ」が、同等の者に対しては「テクリヤヘ」が、下位の者に対しては「テクリヤレ」が用いられるといえる。表2によれば、「テクンナヘ」「テクリヤヘ」「テクリヤレ」は、話し手と聞き手が鐐之助である例が多くみられるが、これは、鐐之助に関わる場面がより近しい人との打ち解けた場面の代表的な場面であるためと考えら

れる。ただし、前掲（25）（26）（32）のような大人どうしの会話でもみられることから、より近しい人とのあいだでは「テクンナヘ」「テクリヤヘ」「テクリヤレ」が広く用いられていたものと考えられる。

4．まとめ

ここまで、『桑名』にみられる授受補助動詞クレル類命令形による働きかけの表現について、話し手と聞き手の属性や場面の性質といったさまざまな要因と照らし合わせながら、その運用実態を分析してきた。その結果をまとめると、図1のようになる。

図1　『桑名日記』における授受補助動詞クレル類命令形による働きかけの表現の体系

	【ア】礼儀を必要とするような改まった場面	【イ】親しい間柄の打ち解けた場面	
		近しい人	より近しい人
上位	御〜ナサッテクダサレマシ 御〜クダサリマシ	御〜ナサッテオクレナサレ／リマシ テオクレナサリマシ	「テクンナヘ」
同等	御〜クダサレ	テオクレナサレ	「テクリヤヘ」
下位	テクダサレ	テオクレ	「テクリヤレ」

図1からわかるように、『桑名』では、さまざまな授受補助動詞クレル類命令形による働きかけの表現が聞き手との上下、近しさ、そして場面といった複数の要因によって、使い分けられている。『桑名』ではまず、【ア】礼儀を必要とするような改まった場面か【イ】親しい間柄の打ち解けた場面かによって、授受補助動詞クレル類命令形による働きかけの表現が使い分けられる。

【ア】礼儀を必要とするような改まった場面では、御〜ナサッテクダサレマシ、御〜クダサリマシ、御〜クダサレが上位の者に対して用いられる。このうち御〜ナサッテクダサレマシと御〜クダサリマシは上位の者に対しての

み用いられ、御〜クダサレは上位の者だけでなく同等と下位の者に対しても用いられることがある。また、おもに下位の者に対して用いられるテクダサレがある。

【イ】親しい間柄の打ち解けた場面では、相手との近しさによって体系内部が二分されている。まず、親戚と家族のなかでも夫婦といった、いわば一定の礼節を必要とするような近しい人とのあいだでは、御〜ナサッテオクレナサレ／リマシ、テオクレナサリマシ、テオクレナサレが上位の者に対して用いられる。このうち御〜ナサッテオクレナサレ／リマシとテオクレナサリマシは上位の者に対してのみ用いられ、テオクレナサレは上位の者だけでなく同等と下位の者に対しても用いられることがある。また、おもに下位の者に対して用いられるテオクレがある。一方、藩士仲間Iのあいだと親子のあいだ、つまり、親しい間柄のなかでもより近しい人とのあいだでは、「テクンナヘ」、「テクリヤヘ」、「テクリヤレ」がそれぞれ上位、同等、下位の者に対して用いられる。

　以上のように授受補助動詞クレル類命令形による働きかけの表現においても、命令形による命令表現とおなじく、上下関係だけでなく、場面や近しさといった要因が待遇表現の使い分けに関わる重要な要因のひとつになっている。これまで、こうした場面や近しさによる待遇表現の使い分けの実態は、過去の文献資料を対象とした研究では、ほとんど指摘されてこなかった。そのようななかにあって『桑名』は、人間関係や場面を詳細に捉えることができる資料であるために、このような使い分けの実態を精確に描き出すことができたものといえる。

　ただし、課題も残されている。まず、たとえば、本章でみた「御出くだされ」のような授受補助動詞クレル類を含む命令形と、第5章でみた「御出なされ」のような授受補助動詞クレル類を含まない命令形とでは、おなじ【ア】礼儀を必要とするような改まった場面で上位の者だけでなく同等や下位の者に対して用いられる述部待遇表現形式とはいえ、待遇価値が全くおなじであるとはいえない。第7章ではこの点について、さらに検討する。

　また、場面による使い分けがみられることが明らかになったものの、【ア】

礼儀を必要とするような場面、および、【イ】親しい間柄の打ち解けた場面が、下級武士が生活のなかで遭遇する場面のなかでも、それぞれ具体的にどのような場面であるのかという点については十分には明らかになっていない。

さらに、ここまでみてきたような体系の分化がどのような社会構造を背景として発達してきたのか、また、歴史的にみてどのように位置づけられるのかといった問題についても検討する必要があろう。

これらの課題についても留意しつつ、次章以降、『桑名』における待遇表現体系をさらに考察していく。

注
1） 表1では、（ ）内に表記ごとの用例数を示し、［漢語語幹］に承接するものについては具体的な語を示した。また「〜」は動詞連用形を承接することを示す。なお、「下さへ」と「なさへ」は、彦坂佳宣（1984）が指摘しているように『桑名』ではイとエの混同がみられ、かつ「え」を「へ」と表記していることから、イ音便形の「下さい」「なさい」に相当するものと考えられる。しかし、用例をみるかぎり非音便形と音便形とのあいだに際立った用法の差はみられない。そこで本章では、ひとまず非音便形と音便形を統合して分析する。また、「おつしやつて下され」と「御しやつて御くれなさへ」は、形態からみればそれぞれテクダサレ系とテオクレナサレ系に分類するということになるが、尊敬語を上接するという点でテクダサレ系とテオクレナサレ系はおなじには扱えないと考えられるので、本章では御〜クダサレ系と御〜テオクレナサレ系に、それぞれ分類した。
2） 表2では、働きかけられる人のうち、当該例文に呼称がみられる場合には《 》内に呼称を示した。
3） 上下関係の判断については、第2章で述べた方法に従う。
4） 日記の内容によれば「岩田」「相沢」は「岩田伴太夫」「相沢金太夫」である可能性が高い。分限帳によれば、「岩田伴太夫」は4石2人扶持、「相沢金太夫」は7石2人扶持である。
5） 用例（7）では御〜クダサレ系とテオクレナサレ系が同一会話内で併用されているが、これは会話の前半では改まった態度を示して御〜クダサレ系を用いていたものが、会話が進むにつれて次第に場が打ち解けてゆき、後半では御〜テオクレナサレ系が用いられたものと考えられる。

第7章　述部待遇表現形式の体系間における待遇価値の異同

1．本章の目的

　本章の目的は、ここまでに明らかにした述部待遇表現形式の体系を突き合わせることによって、体系間における待遇価値の異同を明らかにすることである。

　ここまで、第4章では「来ル」を意味する尊敬語の体系を、第5章では命令形による命令表現の体系を、第6章では授受補助動詞クレル類命令形による働きかけの表現の体系をそれぞれ明らかにした。これらの体系のうち本章では、はじめに第5章と第6章で明らかにした命令表現と働きかけの表現の体系にみられる、命令形の述部待遇表現形式の体系を突き合わせることによって、体系間における待遇価値の異同を明らかにしたい。第5章と第6章では、命令形の述部待遇表現形式を授受補助動詞クレル類を含むものと含まないものとで分けて分析したが、これらの体系は聞き手に行動をうながすという点において、共通する性格を持つものといえる。

　ここで、第5章で明らかにした命令形による命令表現の体系と、第6章で明らかにした授受補助動詞クレル類命令形による働きかけの表現の体系をあらためて示すと、次の図1、図2のようになる。

　図1と図2からわかるように、命令形による命令表現の体系（図1）と授受補助動詞クレル類命令形による働きかけの表現の体系（図2）では、多彩な述部待遇表現形式が、人間関係の上下や場面の性質によって複雑に使い分けられる。これは、いずれも直接相手に命令したり、働きかけたりする表現では、聞き手への一層の配慮を必要とすることによると考えられる。

図1　命令形による命令表現の体系

	【ア】礼儀を必要とするような改まった場面	【イ】親しい間柄の打ち解けた場面	
		近しい人	より近しい人
上位	御〜ナサレマシ系 ［敬語動詞連用形］＋マシ	「ナサレ」	「ナヘ」
同等	御〜ナサレ系	「ナサヘ」	「ヤヘ」
下位			「ヤレ」

図2　授受補助動詞クレル類命令形による働きかけの表現の体系

	【ア】礼儀を必要とするような改まった場面	【イ】親しい間柄の打ち解けた場面	
		近しい人	より近しい人
上位	御〜ナサッテクダサレマシ 御〜クダサリマシ	御〜ナサッテオクレ ナサレ/リマシ テオクレナサリマシ	「テクンナヘ」
同等	御〜クダサレ	テオクレナサレ	「テクリヤヘ」
下位	テクダサレ	テオクレ	「テクリヤレ」

　そうした共通の性格を持つこれらの体系について本章で注目したいのは、体系間における述部待遇表現形式の待遇価値の異同である。

　たとえば、次にあげる（1）の「御出なさへ」のような授受補助動詞クレル類を含まない命令形と、（2）の「御出下され」のような授受補助動詞クレル類を含む命令形はいずれも、【ア】礼儀を必要とするような改まった場面において、上位の者だけでなく同等や下位の者に対して用いられる述部待遇表現形式であるが、その待遇価値は全くおなじであるといえるのであろうか。（1）と（2）は、いずれも片山おてつ（平太夫の甥・均平の妻）が渡部家の人に新地の片山家に来るよう、行動をうながしているものであるが、これらの形式を比べると、年上の平太夫に対して述べている「御出下され」

の待遇価値の方が、年下のおなかとおこんに対して述べている「御出なさへ」に比べて高いのではないかと思われる。

（1）　片山おてつ→おなか・おこん／七ツ頃おてつ走り山不動院ニておどりが有から御出なさへとむかひニくると、おなかおこん大さわぎしてかけて行。　　　　　　　　　　　　　　　　　　　2-57《親戚どうし》
（2）　片山おてつ→平太夫／六ツ過おてつ見へ、明後日何も上るものハなけれど御賞美頂戴の祝ひの真似方いたしますで皆さまニ御出下されと言。
2-122《親戚どうし》

　授受補助動詞クレル類を含むか含まないかということは、恩恵性の有無と関わることであり、どのような表現を選択するかという表現上の問題でもあるといえるが、ここでは、それぞれの体系を突き合わせることによって、それぞれの形式の待遇価値を明確にしたい。

　さらに、本章では、このようにして命令形の述部待遇表現形式の体系間における待遇価値の異同を明らかにしたうえで、第4章で分析した御出ナサル、ゴザラシル、ゴザル、来ナサル、来ナルといった「来ル」を意味する尊敬語の待遇価値を明確にする。第4章では、地の文と会話文にみられる「来ル」を意味する尊敬語を総合して、その待遇価値を把握したが、ここでは日常会話における待遇価値を命令形による命令表現の体系（図1）、および授受補助動詞クレル類命令形による働きかけの表現の体系（図2）との対照から明確にしたい。その際には、第4章では命令形に偏ることから対象としなかった「来ヤル」の待遇価値についても検討する。

　以上のように本章では、第4章、第5章、第6章で分析したそれぞれの体系を突き合わせることによって、『桑名日記』にみられるさまざまな述部待遇表現形式の待遇価値を明確に捉えなおす。

2. 授受補助動詞クレル類命令形を含まない形式と含む形式の待遇価値の異同

　ここでは、まず、場面ごとに授受補助動詞クレル類命令形を含まない形式と含む形式の用いられ方を検討する。具体的には、第5章と第6章で分析し

た述部待遇表現形式のなかでも御～ナサレ系と御～クダサレ系のような、おなじ場面で用いられ、かつ似通う待遇価値を持つ形式を突き合わせることによって、体系間における待遇価値の異同を把握する。似通う待遇価値を持つ形式は複数あるが、本章では異同を明確に捉えることができると考えられる下位の者に対して用いられる形式、すなわち、御～ナサレ系と御～クダサレ系、「ナサヘ」とテオクレナサレ、「ヤレ」と「テクリヤレ」、および、上位の者に対して用いられる形式、すなわち、御～ナサレマシと御～クダサリマシ、「ナサレ」とテオクレナサリマシ、「ナヘ」と「テクンナヘ」を対象とする。ここで分析するにあたっては、第5章（p. 105）と第6章（p. 129）においても示した表をみながら、分析する。

　さて、表をみると全体的にみて授受補助動詞クレル類を含まない形式の方が、授受補助動詞クレル類を含む形式に比べて下位の者に対する例（表中●）が多いことがわかる。また、聞き手に注目してみると、授受補助動詞クレル類を含む形式の方が、授受補助動詞クレル類を含まない形式に比べて高年層の平太夫に対する例が多いことがわかる。つまり、授受補助動詞クレル類を含む形式の待遇価値の方が、全体的にやや高いのではないかと思われる。

　以下、ここでは、場面ごとに待遇価値の異同を明確にしていく。そのうえで、そうした場面ごとの検討をふまえて、さきに示した図1と図2を体系間における待遇価値の異同に注目して捉えなおす。

2.1　【ア】礼儀を必要とするような改まった場面における待遇価値の異同

　はじめに、【ア】礼儀を必要とするような改まった場面に着目して、体系間における待遇価値の異同を検討する。

2.1.1　下位の者に対して用いられる御～ナサレ系と御～クダサレ系

　まず、御～ナサレ系と御～クダサレ系のなかでも下位の者に対して用いられる形式を比べてみると、御～ナサレ系は上下の開きが大きい下位の者に対して用いられるのに対して、御～クダサレ系は上下の開きが小さい下位の者に対して用いられるといえそうである。なお、おなじく下位の者に対して用

第 7 章　述部待遇表現形式の体系間における待遇価値の異同　149

いられるテクダサレについては、後述する。下位の者に対して用いられる御
～ナサレ系と御～クダサレ系が、どのような間柄で用いられたものであるの
かをまとめて示すと次のようになる。

〔御～ナサレ系〕
　　　おばば→片山均平（2例）《おば→甥》
　　　じんざ→鐐之助（1例）《大人→子ども》
　　　佐藤おじいさま→おばば（1例）《年上→年下、高年層→高年層》
　　　片山おてつ→おなか・郡おこん（1例）《中年層→若年層》
　　　平太夫→佐藤留五郎（1例）《高年層→若年層》
　　　医者→鐐之助（1例）《大人→子ども》
〔御～クダサレ系〕
　　　佐藤おじいさま→平太夫（1例）《年上→年下、高年層→高年層》
　　　佐藤おばばさま→平太夫（1例）《年上→年下、高年層→高年層》
　　　佐藤半太→平太夫（3例）《御書院格→舞台格、甥→おじ》
　　　山内又十郎→平太夫（1例）《御書院格→舞台格、甥→おじ》

ここからわかるように、御～ナサレ系は、《おば→甥》《大人→子ども》《中
年層→若年層》《高年層→若年層》というように、世代の開きが比較的大き
い間柄で用いられる。たとえば、（3）は平太夫から娘婿の佐藤留五郎に対
する例、（4）はおばばから甥の片山均平に対する例である。
（3）　平太夫→佐藤留五郎／留五郎ニ御ぜんを御かへなさいといへどもも
　　ふたくさんしまいで御ざりますといふと、鐐こじぶんはしをすて留五郎
　　のそばへゆきむりやりおわんをとりかへさせる。
　　　　　　　　　　　　　　　　　　　　　1-19《高年層→若年層》
（4）　おばば→片山均平／夜前均平大分機げんニ而相見へおばゝ言ニハ、
　　明日者御内の餅搗早く済ましたなら何もなく候得共呑ニ御出なされと申
　　候得ハいつれ申上升と言て帰り候得共どふじやゝらと思ひ候処、忘れず
　　ニ来て呑てゐる。　　　　　　　　　　　　　　4-58《おば→甥》

一方、御～クダサレ系は《年上→年下》とはいえ、おなじ高年層の間柄で用いられる。たとえば、（5）は68歳の佐藤おじいさまから59歳の平太夫に対する例であるが、佐藤おじいさまも平太夫もおなじ高年層の人である[1]。

（5）　佐藤おじいさま→平太夫／此間おじいさのおつしやるニハ、皆さま御よび申筈なれども行届不申、御時節柄でもあり、かた〲御ばゝさまと鏱斗ニ御手伝ながらはやく御出被下とくれ〲の御断也。

2-55《年上→年下、高年層→高年層》

また、佐藤半太から平太夫に対する3例と山内又十郎から平太夫に対する1例は、身分からみて下位の者に対する例としたものの、実際には甥からおじに対する例であり、上位の者に対する例に準ずるものである。

（6）　佐藤半太→平太夫／七ツ頃半太御蔵へ御越、帰りニ御寄被下と被申候付、半過引取ゝ直ニ新屋敷へ御寄申。

4-127《御書院格→舞台格、甥→おじ》

（7）　山内庸介→平太夫／朝山内庸助殿被参、親父が申上ルので御ざり升が上り兼升で私が名代ニ申上升。明日佐藤の御伯母へ申上升で御咄しニ御出被下升様ニと申まして御ざり升。親父両親之祥月て御ざり升から何卒御出被下、緩々御咄被下候様ニと申ましたと言て被帰候。

4-207《御書院格→舞台格、甥→おじ》

このように、下位の者に対して用いられる御～ナサレ系と御～クダサレ系を比べると、御～ナサレ系は上下の開きが大きい下位の者に対して用いられ、御～クダサレ系は上下の開きが小さい下位の者に対して用いられる。

以上のことから考えられることは、御～ナサレ系と御～クダサレ系とでは、御～クダサレ系の待遇価値の方がやや高いのではないかということである。つまり、実際には身分や年齢のうえで下位の者であっても、高年層である平太夫のような上位の者として扱う必要がある人に対しては、より待遇価値の高い御～クダサレ系が用いられやすい。逆にいえば、御～クダサレ系は待遇価値がやや高いために、上下の開きが大きい下位の者に対してはあまり用いられないのではないかと考えられる。

なお、授受補助動詞クレル類を含む命令形による働きかけの表現では、上

下の開きが大きい下位の者に対しては、(8)のようにテクダサレが用いられる。(8)はおばばから娘婿の佐藤留五郎と近所の若者に対する例である。

(8) おばば→佐藤留五郎・八田金助・春日三蔵／内から誰ぞゆかいでハ、ほねがおれるからおきにして下されとおばゝが断いふたれバ、三人してかわる〲おんだならゆかれぬ事ハあるまへし、此間からやくそくじやからつれてゆこふとて、とふ〲つれていつたげな。

1-103《高年層→若年層》

以上のように、下位の者についていえば、御〜ナサレ系は上下の開きが大きい下位の者に対して用いられるのに対して、御〜クダサレ系は上下の開きが小さい下位の者に対して用いられる。したがって、おなじ【ア】礼儀を必要とするような改まった場面において下位の者に対して用いられる形式であっても、御〜クダサレ系の待遇価値の方が御〜ナサレ系に比べて、やや高いものと考えられる。

2.1.2 上位の者に対して用いられる御〜ナサレマシと御〜クダサリマシ

では、上位の者に対して用いられる御〜ナサレマシ（[敬語動詞連用形]＋マシを含む、以下おなじ）と御〜クダサリマシ（御〜ナサッテクダサリマシを含む、以下おなじ）はどうであろうか。これらの形式を比べると、まず、全体的にみて御〜ナサレマシの用例数が御〜クダサリマシの用例数に比べて多いことがわかる。命令表現と働きかけの表現にみられる述部待遇表現形式の全用例数に対する、御〜ナサレマシと御〜クダサリマシの割合を示すと、表3のようになる[2]。なお、御〜ナサレマシと御〜クダサリマシの用例数に武家階級以外の人は含まれていない。

表3　御〜ナサレマシと御〜クダサリマシの全用例数における割合

	用例数	全用例数	割合
御〜ナサレマシ	33	565	5.8%
御〜クダサリマシ	7	352	2.0%

表3からわかるように、御〜クダサリマシは『桑名』全4冊のなかに7例しかみられず、また、全用例数に対する用例数の割合が御〜ナサレマシに比べて、わずかではあるが小さい。

御〜ナサレマシと御〜クダサリマシがどのような場面で用いられているのか、さらに用例を詳しくみると、御〜ナサレマシは（9）のような挨拶の場面だけでなく、（10）のようなさほど堅苦しくない場面においても用いられるのに対して、御〜クダサリマシは上下の開きが大きく、かつ、相手に受け入れてもらいたいという気持ちを前面に出すような場面でしか用いられない。たとえば、御〜クダサリマシがみえる（11）は甥の片山均平が平太夫に対して、帰りに必ず寄るよう勧めている場面である。また、（12）は柏崎へ行くことを嫌がる鐐之助を意識して、柏崎へ旅立つ浜田に対して「どふぞ迎ニ来ル様ニ（柏崎にいる鐐之助の両親に）御伝言被下まし」と大げさに述べている場面である。これらの例は、「必（ず）」、「どふぞ」という副詞と共起していることからもわかるように、相手に受け入れてもらいたいという気持ちを前面に出している場面であることがわかる。

（9） 鐐之助→佐川寿一郎／いつもハ湯より帰ると御じゐさ寝なへ〳〵と云奴が、凧の出来るが嬉しさ、夫ニ佐川寿一郎糸をねだりニ来て居たゆへ、寿一の土産の鰻頭を喰て、御免なさへましと云てひとりで寝る。

3-竹6《子ども→大人》

（10） おばば→平太夫／おばゝ云、けふハ御帰りハ早し、三拾六文捨ると思ふて曲持を見て御出なさへまし、ナニひまざへな、御蔵が晩迄ひけぬと思ふて見て御出なされ、なか〳〵はなしで聞より妙で御ざへますと云から、そんなら見てこよふと直ニ見ニ行る。

1-110《妻→夫》

（11） 片山均平→平太夫／昼より壱〆目見ニ鐐を召連矢田町へ出ると、均平あさりかきを買ふて矢田町下モより登る処ニて一所ニ成。御帰りニ御待申て居ますから必御寄下さりまし、鐐待てゐるぜやと言。

3-52《甥→おじ》

（12） 平太夫→浜田／浜田暇乞ニ被見候付鐐之助出此通りニ御座候間能々御覧被下向表へ御出被成候節御見請之通宜御咄被下候様兎角わんハくニ

てこまり升からどふぞ迎ニ来ル様ニ御伝言被下ましと申候得ハ何か困つた顔付致ス。　　　　　　　　　　　　　　　　　　4-75《藩士→藩士》

　以上のように上位の者についていえば、御〜クダサリマシが用いられることは御〜ナサレマシに比べて少なく、また、かぎられた場面でしか用いられない。これは、御〜クダサレ系の待遇価値が十分に高いために、「マシ」を付加した御〜クダサリマシを用いなくても上位の者を十分に待遇することができることによると考えられる。したがって、おなじ【ア】礼儀を必要とするような改まった場面において上位の者に対して用いられる形式であっても、御〜クダサリマシの待遇価値の方が御〜ナサレマシに比べて、やや高いものと考えられる。

2.1.3　まとめ

　以上のことから、【ア】礼儀を必要とするような改まった場面における体系間の異同を示すと、図3のようになる。

図3　【ア】礼儀を必要とするような改まった場面における体系間の異同

上位	御〜ナサレマシ系／ ［敬語動詞連用形］＋マシ	御〜ナサッテクダサリマシ／ 御〜クダサリマシ
同等	御〜ナサレ系	御〜クダサレ
下位		テクダサレ

　図3からわかるように、授受補助動詞クレル類を含む形式の方が授受補助動詞クレル類を含まないものに比べて、全体的に待遇価値がやや高いと考えられる。

2.2　【イ】親しい間柄の打ち解けた場面のなかでも一定の礼節を必要とするような近しい人との場面における待遇価値の異同

　次に、【イ】親しい間柄の打ち解けた場面のなかでも一定の礼節を必要と

するような近しい人（たとえば親戚、夫婦）との場面に着目して、体系間における待遇価値の異同を検討する。

2.2.1 下位の者に対して用いられる「ナサヘ」とテオクレナサレ

まず、下位の者に対して用いられる音便形「ナサヘ」（以下、「ナサヘ」とする）とテオクレナサレを比べてみると、「ナサヘ」は上下の開きが大きい下位の者に対して用いられるのに対して、テオクレナサレは上下の開きが小さい下位の者に対して用いられるといえそうである。なお、おなじく下位の者に対して用いられるテオクレについては、後述する。下位の者に対して用いられる「ナサヘ」とテオクレナサレが、どのような間柄で用いられたものであるのかをまとめて示すと次のようになる。

〔音便形「ナサヘ」〕
　　横村春蔵妻→鐐之助（3例）《大人→子ども》
　　佐藤おじいさま→平太夫（1例）《年上→年下、高年層→高年層》
　　みんな（片山家）→鐐之助（1例）《大人→子ども》
　　江川良補→鐐之助（1例）《大人→子ども》
　　渡部此右衛門→渡部おみよ（1例）《夫→妻》

〔テオクレナサレ〕
　　佐藤おばばさま→平太夫（2例）《年上→年下、高年層→高年層》
　　佐藤おじいさま→平太夫（1例）《年上→年下、高年層→高年層》

ここからわかるように、「ナサヘ」は御〜ナサレ系と御〜クダサレ系とおなじく、(13) のような世代の開きが大きい下位の者に対して用いられる。その一方で、テオクレナサレは (14) のような世代の開きが小さい下位の者に対して用いられる。

(13) **横村春蔵妻→鐐之助**／子細ハ死候家鴨を、子供石塚へ持行候得ハ、惣兵衛徒跣ニて走付、既ニ鐐之助を踏殺さんとする勢ひニて、鐐を呵付候付、おれでハなへぜと申候得ハ、何だ此やろふ川へぶち込マれんナ抔

と大音ニ呼り候故、春蔵妻其勢ひニ恐れ、鏮さ早く<u>来ナさへ</u>、こちらへ<u>這入ナさへ</u>、内へ行ナさへと申被下候由。鳥壱羽之事ニて、右等次第。
3-竹33《大人→子ども》

(14)　佐藤おじいさま→平太夫／きのふおじいさが手がたを御蔵へもつて御出なされ、どふぞ鏮こをつれて<u>来ておくれなされ</u>、ひさしくあわぬで、みな〳〵あいとうてならぬと申ておりますとおつしやつたから、もんのところで鏮のしやべるこゑをきゝつけ、おばゝさ入口までむかひニ出て御出なさる。
1-114《高年層→高年層》

　このことから、「ナサヘ」とテオクレナサレとでは、テオクレナサレの待遇価値の方がやや高いのではないかと考えられる。つまり、テオクレナサレは待遇価値がやや高いために、上下の開きが大きい下位の者に対してはあまり用いられないのではないかと考えられる。授受補助動詞クレル類を含む命令形による働きかけの表現では、上下の開きが大きい下位の者に対しては (15) や (16) のようにテオクレが用いられる。(15) と (16) は、おばばと平太夫から甥の子どもに対する例である。

(15)　おばば→片山勝蔵／片山のおばゝさがおつしやるニハ、鼻がきく様ニ成ても、当分洗湯へ入なとおつしやつたが、もふこたへられぬからはへりニゆくが、内へ返りなさつても、おばゝさニだまつて<u>居て御くれ</u>と勝蔵ニ云てゆく。
1-118《おばば→甥の子ども》

(16)　平太夫→大池嘉蔵の伜／四ツ過大池嘉蔵の伜使ニ見へ、…おばゝさニ鏮之助さを御つれなされ稲荷御門妙見さま御祭だから御出なさりましと言。…鏮之助を谷崎の衆ニ御頼申て上ましやうと<u>言て御くれ</u>、おばゝハ兎角不塩梅、寝てゐる程ニもなく候得ど、上り兼升と宜う御頼申升と言てやる。
4-200《平太夫→甥の子ども》

　以上のように、下位の者についていえば、「ナサヘ」は上下の開きが大きい下位の者に対して用いられるのに対して、テオクレナサレは上下の開きが小さい下位の者に対して用いられる。したがって、おなじ【イ】親しい間柄の打ち解けた場面のなかでも一定の礼節を必要とするような近しい人との場面において下位の者に対して用いられる形式であっても、「ナサヘ」の待遇

2.2.2 上位の者に対して用いられる「ナサレ」とテオクレナサリマシ

次に、上位の者に対して用いられる非音便形「ナサレ」(以下、「ナサレ」とする)とテオクレナサリマシ(御～ナサッテオクレナサレ／リマシを含む、以下おなじ)を比べてみると、いずれも用例数は少ないものの、「ナサレ」が(17)や(18)のようにさほど堅苦しくない場面でも用いられているのに対して、テオクレナサリマシは挨拶や祈りといったかぎられた場面を中心として用いられていることがわかる。たとえば、(19)は手をついてお辞儀をして述べる場面、(20)は疱瘡が軽くなるように四日月に祈る場面、(21)は「無尽」のくじに当たるように「太神宮」に祈る場面である。

(17) おばば→平太夫／おばゝが云ニハ、つちをふむハくすりだから、はだし<u>ニさせなされ</u>といふゆへ、しりをまくり、そでをおびニはさんで、はだしニさせる。　　　　　　　　　　　　　　　1-146《妻→夫》

(18) 郡おきん→おばば／おばゝひるすぎ郡のおきんさが、御ちやのみニ<u>きなされ</u>とむかひニきたとていつたれバ、四郎兵エ竹内がいてであつたげなが、二人のしうハむぎめしニとろゝでよばれてきたのであつたげな。
　　　　　　　　　　　　　　　　　　　　　　1-191《中年層→高年層》

(19) 鐐之助→平太夫／今夜ハたれもきなるまへといふたらそんならどふぞだいてねてくんなんかといふ。そんなら手をつゐてどふぞだいてねて<u>おくれなさへまし</u>とおじぎをしたらだいてねようといふたら、たつひらニおじきをしてどふぞだいてねて<u>御くれなまし</u>といふゆへだいてねる。
　　　　　　　　　　　　　　　　　　　　　　　　　2-17《孫→祖父》

(20) 鐐之助→四日月さま／夕かた三ほふニとうふをのせ、鐐ニもたせ四日月さまへそなへさせ、ほふそふを<u>かるくさせて御くれなさへませ</u>といわせて御じぎをさせる。　　　　　　　　　1-175《鐐之助→自然物》

(21) 鐐之助→太神宮／兼ておばゝ小無尽ニはゐり、廿日ニおばゝ言ニハけふの無尽が当るともろこ取茶碗を買てやると申候得ハ、どうぞ当る様<u>ニして御くれなさへまし</u>と言、太神宮を拝詣て手習ニ行候処、闇当り手

習より帰り、鬮が当つたから約束之通り五ツ買てやるぞと申候得ハ、踊り上り歓候付五ツ買て貰、昨日穴明ケて輪を夜なべ拵て苧縄を武八ニ付て貰ひ夫を持て行。　　　　　　　4-212《鐐之助→太神宮》

以上のように、上位の者についていえば、「ナサレ」がさほど堅苦しくない場面でも用いられるのに対して、テオクレナサリマシはかぎられた場面でしか用いられない。これは、テオクレナサレの価値が十分に高いために、かぎられた場面以外では「御」や「マシ」を付加した形式をあえて用いる必要がないことによると考えられる。したがって、おなじ【イ】親しい間柄の打ち解けた場面のなかでも一定の礼節を必要とするような場面において上位の者に対して用いられる形式であっても、テオクレナサリマシの待遇価値の方が御～ナサレマシに比べて、やや高いものと考えられる。

2.2.3　まとめ

以上のことから、【イ】親しい間柄の打ち解けた場面のなかでも一定の礼節を必要とするような近しい人との場面における体系間の異同を示すと、次の図4のようになる。

図4　【イ】親しい間柄の打ち解けた場面（近しい人）との場面における体系間の異同

上位	「ナサレ」	御～ナサッテオクレナサレ・リマシ／テオクレナリマシ
同等	「ナサヘ」	テオクレナサレ
下位		テオクレ

図4からわかるように、授受補助動詞クレル類を含む形式の方が授受補助動詞クレル類を含まないものに比べて、全体的に待遇価値がやや高いと考えられる。

2.3 【イ】親しい間柄の打ち解けた場面のなかでもより近しい人との場面における待遇価値の異同

さいごに、【イ】親しい間柄の打ち解けた場面のなかでもより近しい人（たとえば藩士仲間Ｉ、親子）との場面に着目して、体系間における待遇価値の異同を検討する。

2.3.1 下位の者に対して用いられる「ヤレ」と「テクリヤレ」

まず、下位の者に対して用いられる「ヤレ」と「テクリヤレ」の異同をみると、さきにみた下位の者に対して用いられる御～ナサレ系と御～クダサレ系、および、「ナサヘ」とテオクレナサレにみられたような、用いられる間柄の上下の開きに顕著な差はみられない。「ヤレ」と「テクリヤレ」はいずれも、祖父母から孫に対して多く用いられる。たとえば（22）と（23）は、平太夫から孫の鐐之助に対する例である。

(22) 平太夫→鐐之助／ひめまんぢうを御みやニもろふ。五ツたべてあとハあすの御めざましニしよふとのこしておゐたが、はたけへ一しよニ出てさわひでいたゆへ、はらがすいたとみへて、あすまでおくとかたくなるから、たべてしまをふかといふから<u>たべやれ</u>といふたらみなたべてしまふ。　　　　　　　　　　　　　　　1-138《祖父→孫》

(23) 平太夫→鐐之助／よし〳〵どうぞたべんでくりやれ御ぜんをたべるとおもくて〳〵だく事もおぶ事もならぬそしてすまふをとつてもおじいさがまけるから、どふぞ<u>たべんでくりやれ</u>、といふと、そんならたべるといふて、かつぶしみそのなかへたくわんのこふこをくひきつてハ入、くひきつてハいれ、かきまぜて、みそづけハむまひ、といふてそれをおかずに、二ぜんも三ぜんもたべる。　　　　　　　2-96《祖父→孫》

このように「ヤレ」も「テクリヤレ」も祖父母から孫に対して多く用いられることから、「ヤレ」と「テクリヤレ」の待遇価値は、ほぼおなじであると考えられる。

では、「ヤレ」と「テクリヤレ」の違いはどこにあるのであろうか。あらためてみると、これらの形式の違いは、待遇価値の違いではなく働きかけと

いう行為の種類の違いにあると思われる。すなわち、「ヤレ」が相手の行動をうながすことを純粋に目的とした場面で用いられるのに対して、「テクリヤレ」は相手の行動が自分にとって利益になるような場面でしか用いられない。

たとえば、前掲（22）は「ひめまんぢう」を食べるという行動を純粋にうながしている場面である。一方、前掲（23）はご飯を食べない鐐之助に対してご飯を食べると重くなって「すまふをとつてもおじいさがまけるから」、ご飯を食べないでくれと勧めることによって、ご飯を食べることをうながしている場面であるが、ここで鐐之助のご飯を食べるという行動で利益を受けるのは平太夫である。「テクリヤレ」18例中10例が、前掲（23）のようなご飯を食べないときに平太夫が用いる常套句での例である。残りの8例についても、たとえば次のような自分にとって利益になるような行動を相手にうながす場面での例である。（24）では、新屋敷へ行くという鐐之助の行動が、足が痛くて寝ているおばばにとって利益になるのである。

(24) おばば→鐐之助／今朝出る時おばゝおとゝひ程足だるくなゐから落るだろふかと言たれどしかも強かつたとて寝てゐる。飯村伴七万築地へ引越じやとて、おせん昼より飯村へ行のに鐐付て新屋敷へいきたへと言故、おばゝそれハ幸ひや、どふぞいつてくりやれとおせんニ付てやつたげな。内にゐると寝てゐる処へおばゝアゝと言てハつかまるゆへ、うるさくてゝならぬ故遣したげな。　　　　　　　　3-32《祖母→孫》

このように、「テクリヤレ」は自分の利益になるような行動を相手にうながすときにかぎって用いられる。このことから、「ヤレ」と「テクリヤレ」の違いは、働きかけという行為の種類の違いにあるものと考えられる。

2.3.2 上位の者に対して用いられる「ナヘ」と「テクンナヘ」

次に、上位の者に対して用いられる「ナヘ」と「テクンナヘ」をみると、これも、ほぼおなじ間柄で用いられていることがわかる。「ナヘ」と「テクンナヘ」はいずれも、孫から祖父母に対して多く用いられる。たとえば（25）と（26）は、鐐之助から祖父の平太夫に対する例である。

(25) 鐐之助→平太夫／鐐こあまざけを、ゆきひらニぞろ〳〵わかしてのみ、わずかちやわんニ半ぶんほどのこして、おじいさのみなへといふ。
1-142《孫→祖父》

(26) 鐐之助→平太夫／鐐こひるすぎよりおなかゞあそばせニつれて出て七ツ半すぎかへるとおじいさうしのとゝにてくんなへとねだるゆへゑんがわにてやる。おなかとふたりがむまがつてたべてしまふ。さつぱりたべてしまふてたんのふする。
1-186《孫→祖父》

このように、「ナヘ」も「テクンナヘ」も祖父母から孫に対して多く用いられることから、「ナヘ」と「テクンナヘ」の待遇価値は、ほぼおなじであると考えられる。

そして、「ナヘ」と「テクンナヘ」の違いは、これも、待遇価値の違いではなく働きかけという行為の種類の違いにあると思われる。すなわち、「ナヘ」が純粋に相手に行動をうながす場面で用いられるのに対して、「テクンナヘ」は自分にとって利益となり、かつ、相手に負担をかけるような行動をうながすときに用いられる。たとえば、前掲（25）は鐐之助が平太夫に対して甘酒を飲むよう純粋に勧めている場面である。一方、前掲（26）は鐐之助が平太夫に対して「うしのとゝ（牛肉）」を煮るという行動をうながしている場面であるが、牛肉を煮るという行動は少なからず平太夫の手を煩わせるものであり、相手に負担をかける行動であるといえる。このように、「テクンナヘ」は、自分にとって利益となり、かつ、相手に負担をかけるような行動をうながすときにかぎって用いられる。このことから、「ナヘ」と「テクンナヘ」の違いは、働きかけという行為の種類の違いにあるものと考えられる。

2.3.3 まとめ

以上のことから、【イ】親しい間柄の打ち解けた場面のなかでもより近しい人との場面における体系間の異同を示すと、**図5**のようになると考えられる。

図5 【イ】親しい間柄の打ち解けた場面（より近しい人）における体系間の異同

上位	「ナヘ」	「テクンナヘ」
同等	「ヤヘ」	「テクリヤヘ」
下位	「ヤレ」	「テクリヤレ」

　図5からわかるように、さきにみた【ア】礼儀を必要とするような改まった場面、および、【イ】親しい間柄の打ち解けた場面のなかでも一定の礼節を必要とするような近しい人との場面とは異なり、【イ】親しい間柄の打ち解けた場面のなかでもより近しい人との場面では、授受補助動詞クレル類を含まない命令形と授受補助動詞クレル類を含む命令形との待遇価値に差はみられない。さきにも述べたように、「ナヘ」と「テクンナヘ」、および、「ヤレ」と「テクリヤレ」の違いは、働きかけという行為の種類の違いであると考えられる。

　同等の者に対する「ヤヘ」と「テクリヤヘ」については本章では触れなかったが、第5章と第6章で述べたように、その多くが鐐之助からおばのおなかと佐藤おすゑに対する例である。たとえば、(27)と(28)は鐐之助からおばのおなかに対する例である。

(27)　鐐之助→おなか／こたつの火をひろげてべいのあたゝまるまでまちやれといふてもきかずニおき、ゆきのふるを見ておどりあがり、おばや（おなかのこと）おきやへや大ゆきがふるぜや大へんだ〳〵大ゆきだ〳〵と内中かけあるき、たびもはかずニこたへられずニそとへ出、井戸のふたの上ニあるゆきとつてきて、うまくてこたへられぬといふてたべる。　　　　　　　　　　　　　　　　　　　1-115《甥→おば》

(28)　鐐之助→おなか／おばヤ、百人首の本を出してくれやいとやん〳〵と言故おなか本を出してやると、サア教てくんなヘと言故教てやる。
　　　　　　　　　　　　　　　　　　　　　　　　　　4-48《甥→おば》

第5章と第6章で述べたように、鐐之助は、おばのおなかと佐藤おすゑを同等の者として捉えていた。このことから、同等の者に対して用いられる「ヤヘ」と「テクリヤヘ」の待遇価値も、「ナヘ」と「テクンナヘ」および「ヤレ」と「テクリヤレ」と同様に一致するものであると考えられる。そして、働きかけという行為の種類をみると、(27)が純粋に相手の行動をうながすものあるのに対して、(28)は自分にとって利益になり、かつ、相手に負担をかけるような行動をうながすものであることがわかる。したがって、「ヤヘ」と「テクリヤヘ」の違いも働きかけという行為の種類の違いにあるものと考えられる。

ここまで、第5章で明らかにした命令形による命令表現の体系と、第6章で明らかにした授受補助動詞クレル類命令形による働きかけの表現の体系を突き合わせることによって、体系間における待遇価値の異同を明らかにしてきた。その結果、それぞれの命令形の述部待遇表現形式の待遇価値が、より明確なものになった。

3．「来ル」を意味する尊敬語の待遇価値

では、第4章で運用実態を明らかにした「来ル」を意味する尊敬語を、本章で待遇価値を明確にした命令形の述部待遇表現形式との関わりから捉えなおすとどのようなことがいえるだろうか。

「来ル」を意味する尊敬語の運用実態を分析した第4章では、(ア)相手との社会的な上下関係によって使い分けられる尊敬語と(イ)相手との社会的な上下関係に関わらず使用される尊敬語があることを指摘した。そして、身内や親しい間柄の打ち解けた場面では(イ)に属する尊敬語(来ナサル、来ナル)が用いられ、それ以外の場面では(ア)に属する尊敬語(御出ナサル、ゴザラシル、ゴザル)が相手との社会的な上下関係によって使い分けられることを明らかにした。

しかし、命令形の述部待遇表現形式の実態をふまえると、(ア)は【ア】礼儀を必要とするような改まった場面で用いられる尊敬語であり、(イ)は

第 7 章　述部待遇表現形式の体系間における待遇価値の異同　163

【イ】親しい間柄の打ち解けた場面で用いられる尊敬語であるといえそうである。また、命令形の述部待遇表現形式の分析から、（イ）の尊敬語が用いられる【イ】親しい間柄の打ち解けた場面の体系内部は、近しさによってさらに二分されることがわかった。なお、この点については、第 5 章のまとめでも言及した。

　ここでは、本章での分析をとおして、より明確な使い分けの実態が判明した命令形の述部待遇表現形式の運用実態と対照させることによって、第 4 章の分析では捉えきれなかった「来ル」を意味する尊敬語の体系の待遇価値や運用実態を明確なものとしたい。

3.1　御出ナサルの待遇価値

　御出ナサルについては、第 4 章では上位の者に対して用いられる「来ル」を意味する尊敬語であるとした。そして、次のような下位の者に対する例についても、「丁寧な言い回しの例であり、上位の者に対する例に準ずるものと考えられる」として扱った。なお、(29) は第 4 章 (15) の再掲である。

　(29)　佐藤おじいさま→平太夫／しんやしきの御じゐさま御出なされ、二
　　　　三日ぢうニ、鐐こをつれて、片山のおばゝさと、おとしさをさそつて御
　　　　出なさへとおつしやつて御かへりなされたけな。
　　　　　　　　　　　　　　　　　　　　　　1-156《御書院格→舞台格》

　だが、命令形の述部待遇表現形式の運用実態をふまえると、上位の者だけでなく下位の者に対しても用いられるということが、御出ナサルの運用実態を考えるうえでは重要なことであると考えられる。図 1、および図 3 で示したように、命令形による命令表現では、御〜ナサレ系は上位の者だけでなく同等や下位の者に対しても用いられる。また、やや待遇価値は上がるものの、おなじく「御」を付加する御〜クダサレも図 2、および図 3 によれば、上位の者だけでなく同等や下位の者に対しても用いられる。すなわち、第 4 章では、(29) にみられる「御出なさへ」のような例を上位の者として扱っている例としてみたが、絶対的な身分や年齢といった人間関係の上下に注目すれば、御出ナサルは上位の者だけでなく下位の者に対して用いられる形式であ

るといえる。つまり、御出ナサルは、御〜ナサレ系とほぼ同等の価値を持った形式であると考えられる。

さて、そうなると問題となるのが、おなじ【ア】礼儀を必要とするような改まった場面で同等か下位の者に対して用いられるゴザラシルとゴザルの位置づけである。そこで、ゴザラシルとゴザルの用例をもう一度みてみると、これらの形式は用法がかぎられていることがわかる。

まず、用例数に注目して第4章の表1（p.76）をあらためてみると、ゴザラシルとゴザルはいずれも、会話文での用例がわずかしかみられないことがわかる。ゴザラシル90例中会話文での用例は5例、そしてゴザル34例中会話文での用例は5例と、会話文での用例が極めて少ない。

そして、会話文での用例を詳しくみると、ゴザラシルはその場にいる人に対しては用いられないことがわかる。(30)の「よそのあねさまたち」、(31)の「としよりたち」はその場にいない人である。なお、(30)は第4章の(25)を、(31)はおなじく第4章の(27)を再掲したものである。

(30) 佐藤おばばさま→よそのあねさまたち／おすゑさがるすだと、よそのあねさまたちもござらしず、まことに〰さびしくて〰ならんだと、おばゝさがおつしやつたげな。　　　　1-141《高年層→中年層》

(31) 大寺おかみさん→としよりたち／大寺のおかみさんがけさきてばんニハとしよりたちがござらしるから御くらの引しだいニ御出下されといわしやるで七ツ半じぶんおくらよりかへりすぐニいつたところがおびいわいとみへて、しら川ばゝニしうとじさまニ根づ柳本野本おかぶん助横のがいつてゐる。　　　　　　　　　　　　　1-50《年下→年上》

また、ゴザルは、会話文中での用例5例のうち4例が次のような佐藤おばばさまから鐐之助に対する例である。なお、(32)は第4章の(32)を再掲したものである。

(32) 佐藤おばばさま→鐐之助／ヲヤ鐐之助まだ来る所でハあるまへから思ひつけもなかつた。よく御ざつたのふよく来たのふと御歓なさる。
　　　　　　　　　　　　　　　　　　　　　　　2-108《祖母→孫》

以上のことから、ゴザラシルとゴザルは歴史的にみて古く、使用者や用法

がかぎられている形式であると考えられる。すなわち、ゴザラシルとゴザルは衰退しつつある形式であるために、地の文やその場にいない人を待遇する場合でしか用いることができない。また、使用者をみると、とくにゴザルについては、佐藤おばばさまのような高年層の人しか用いていない。

したがって、第4章では地の文と会話文の運用実態の分析から、【ア】礼儀を必要とするような改まった場面に相当すると考えられる場面では、相手との社会的な上下関係によって御出ナサルは上位の者に対して、ゴザラシルとゴザルは同等や下位の者に対して使い分けられるとしたが、これらの形式は歴史的にみて古く、また、用いられる範囲はかぎられていることから、実際の会話においては、御出ナサルが上位の者だけでなく同等や下位の者に対しても広く用いられていたものと考えられる。

3.2　来ヤルの待遇価値

第4章では命令形に偏る来ヤルについては分析対象としなかったが、命令形の述部待遇表現形式の運用実態をふまえると、来ヤルは来ナルの下に位置する「来ル」を意味する尊敬語であると考えられる。たとえば（33）は、新屋敷の佐藤家の人々から鐐之助に対する例であり、下位の者に対する例である。

(33) 　新屋敷の佐藤家の人々→鐐之助／やふ〰市兵ヱところへゆき、それから京町どふりつちばしをわたり、御くらへつれゆき米のたんとあるを見せ、うしむまも見て、それからやなぎハらどふりしんやしきへつれてゆく。あがりだんのところへゆくとおばゝといふこゑニみんなが御ぜんをたべさして出なつて、おや鐐こどふしてきやつた思ひつけもないときよくきたとよろこびなる。　　　　　　　　　1-36《大人→子ども》

また、来ナサルと来ナルについては、第4章において、「少なくとも地の文では、相手との社会的な上下関係に関わりなく用いられる」としたが、命令形の述部待遇表現形式の運用実態をふまえると、来ナサルは一定の礼節を必要とするような近しい人とのあいだで用いられ、来ナルは藩士仲間Ⅰのような近しいとのあいだで用いられていたものと考えらえる。

以上のことから、【イ】親しい間柄の打ち解けた場面に相当すると考えら

れる場面では、相手との社会的な上下関係に関わらず来ナサルと来ナルが用いられるとしたが、実際の会話では、一定の礼節を必要とするような近しい人とのあいだでは来ナサルが用いられ、また、より近しい人とのあいだでは上位の者に対しては来ナルが、下位の者に対しては来ヤルが用いられていたものと考えられる。

3.3 会話文における終止形による「来ル」を意味する尊敬語の体系

　以上をふまえ、会話文における終止形による「来ル」を意味する尊敬語の体系をまとめると、次の図6のようになる。図6では、（　）内に会話文にみられる終止形の用例数を示した。また、図6のなかでも、同等や下位の者に対して用いられるゴザラシルとゴザルは衰退しつつある形式であることを示している。

　なお、ここで「来ル」を意味する尊敬語のなかでも会話文における用例であり、かつ、終止形であるものをとりあげるのは、終止形と命令形の体系間における待遇価値の異同をみるためである。命令形の体系については、すでに第5章と第6章で明らかにしているが（本章の図1と図2）、これは、会話文における体系である。

　また、「来ル」を意味する尊敬語のひとつである来ヤルは、おもに下位の者に対して用いられることから、厳密にいえば尊敬語とはいえない。一般的に、尊敬語とは「話手が主語を高める表現」を指していう（菊地康人　1994：93）。また、来ナルも親愛語とでもいう方がふさわしいように思うが、本書では煩雑になるのを避けるため、以降もここまでのいいかたに従って、第4章の分析をとおして明らかにした体系を「「来ル」を意味する尊敬語の体系」と称することとする。

図6　会話文における終止形による「来ル」を意味する尊敬語の体系

	【ア】礼儀を必要とするような改まった場面	【イ】親しい間柄の打ち解けた場面	
		近しい人	より近しい人
上位	御出ナサル(27)	来ナサル(4)	来ナル(40)
同等			来ヤル(4)
下位	ゴザラシル(5) ゴザル(4)		

　さて、このようにしてみると、終止形の体系（図6）は、命令形の体系（図1、図2）に比べて簡素であることがわかる。用例数をみると、終止形では御出ナサルと来ナルが際立って多く、そのほかの形式は少ない。

　つまり、命令形の体系の方が、終止形の体系に比べて上下や親疎、あるいは場面に応じた多彩な形式が発達しているといえる。これは、これまでにも述べてきたように、聞き手に直接働きかけるときに用いられる命令形では、終止形に比べて聞き手に一層配慮した使い分けがなされるためであると考えられる。

4．まとめ

　以上みてきたように、本章では、第4章、第5章、第6章において明らかにした体系を突き合わせることによって、述部待遇表現形式の体系間における待遇価値の異同を考察した。それにより、ここまでの分析では捉えきれなかった待遇価値の詳細を明らかにすることができた。ここで、本章で明らかにした述部待遇表現形式の体系間における待遇価値の異同について、要点をまとめると次のようになろう。

　①授受補助動詞クレル類を含むものと含まないものとでは、授受補助動詞クレル類を含む形式の待遇価値の方が高い。

②おなじ述部待遇表現形式でも終止形と命令形とでは、命令形の方が多彩な形式を持っている。命令表現や働きかけの表現では、上下や親疎、あるいは場面に応じて多彩な形式が使い分けられる。

ただし、課題も残されている。授受補助動詞クレル類を含むものと含まないものとでは、授受補助動詞クレル類を含む形式の待遇価値の方が高いとはいえ、これらの形式のうちどちらを選択するかということには、「ナへ」と「テクンナへ」、「ヤレ」と「テクリヤレ」などのあいだにみられたような働きかけという行為の種類の違いも少なからず関わっているものと思われる。この点については、本書では扱わなかった間接的に命令や働きかけをあらわす表現も含めたうえで、今後検討していきたい。

本書では、以下、本章での考察を生かしながら、近世武家社会における待遇表現体系の研究をさらに進めていく。

注
1) この佐藤おじいさまと平太夫の年齢は、(5) の記事が書かれた天保13年時点の年齢である。
2) 表3の「全用例数」とは、命令形による命令表現にみられる述部待遇表現形式、および、授受補助動詞クレル類命令形による働きかけの表現にみられる述部待遇表現形式の用例数のことである。具体的には、前者の全用例数とは、第5章の表1 (p. 103) に示した699例から［普通動詞命令形］130例とその他4例を除いた565例のことである。また、後者の全用例数とは、第6章の表1 (p. 127) に示した777例から［動詞連用形］＋クレ26例とテクレ385例とその他14例を除いた352例のことである。

第 8 章　人称代名詞

1．本章の目的

　本章は、『桑名日記』（以下、『桑名』とする）にみられる人称代名詞の運用実態を明らかにしようとするものである。
　これまで本書では、『桑名』にみられるさまざまな待遇表現がどのように使い分けられているのか、日記の内容と桑名藩に残る分限帳などの歴史史料からわかる登場人物の属性や場面の性質と照らし合わせながら考察してきた。第4章では「来ル」を意味する尊敬語の運用実態を、第5章では命令形による命令表現の運用実態を、第6章では授受補助動詞クレル類命令形による働きかけの表現の運用実態を分析した。その結果、近世末期桑名藩の下級武士とその家族のあいだでは、多彩な待遇表現が人間関係や場面によって体系的に使い分けられていることが明らかになった。
　しかし、これらの運用実態は、さまざまな待遇表現のなかでも述部において用いられる待遇表現形式の運用実態を示したものであった。待遇表現の体系を解明するにあたっては、こうした述部待遇表現形式だけでなく、人称代名詞についてもみておく必要がある。山崎久之（2004）、小島俊夫（1974）が人称代名詞と述部待遇表現形式の呼応関係から待遇表現の体系を明らかにしていることからもわかるように、人称代名詞は待遇表現体系の解明において、欠かせない視点のひとつといえる。
　また、人称代名詞は、近世武家社会における言語実態を知りうる資料を対象とした研究のなかでも、記述が進んでいる分野であることから、他資料との比較が可能である。近世武家社会における言語実態を知りうる他資料を対象とした人称代名詞の研究としては、戯作に登場する武家の自称代名詞と対

170　第2部

称代名詞の運用実態を明らかにした諸星美智直(2004)、松平越中守家の上級武士の言語実態を知りうる『よしの冊子』を対象とした金田弘(1987)、『夢酔独言』を対象とした速水博司(2007)などがある。また、幕末から明治にかけての外国資料を対象とした飛田良文(1977)、小島俊夫(1974)、小松寿雄(2007)によって、外国資料に武家階級の言語実態を反映したとみられる人称代名詞の存在が指摘されている。

　そこで、本章では、はじめに『桑名』にみられる人称代名詞の運用実態を考察し、述部待遇表現形式との対応関係を明らかにする。そのうえで、先行研究によって明らかにされている他資料の実態との比較をとおして、『桑名』における人称代名詞の特徴、さらには待遇表現体系の特徴を明らかにしたい。

2．分析対象

　本章では、『桑名』にみられる人称代名詞のなかでも、次のような自称と対称の代名詞を対象として、人称代名詞の運用実態を考察する。なお、本章では、会話文における用例のみを対象とし、地の文における用例は対象としない。

（1）　おばゝおれニハなんにもくんなんからうれしくない。鐐おまへハばかだからなんにもくんなんといゝながらくわしをたべさま〳〵のものをとり出し大さわぎしてあそぶ。　　　　　　　　　　　　　　　　1-85

　さて、『桑名』全4冊を調査した結果、『桑名』の会話文には329例の人称代名詞がみられた。『桑名』にみられる自称と対称の代名詞を話し手の親疎ごとにまとめると、次の**表1**のようになる[1]。表1では、第2章で整理した①親疎を縦軸として、自称と対称の代名詞を分類した。なお、①親疎のなかでも家族、親戚、藩士仲間Ⅰ、藩士仲間Ⅱである人については、「藩士」としてまとめて分類した。

表1 『桑名日記』にみられる人称代名詞

代名詞＼話し手の親疎	自称						対称								合計
	〈私〉	オレ	オラ	ワシ	ワレ	拙者	オイラ	オマヘ	キサマ	手前	オノレ	其元	其方	アナタ	ソチ	
公人	1												2		1	4
藩士	32	206	24	3	2	2		7	13	4	1	1				295
武家階級以外	14		1	3			1	1	1					2		23
(不明)	3		1	1				1						1		7

　表1からわかるように、『桑名』には、さまざまな人称代名詞がみられるが、本章の目的は平太夫ら下級武士とその家族の運用実態を解明することであるので、ここではこれらの代名詞のうち、話し手が藩士である295例を対象として分析する。

　また、自称のワシ・ワレ・拙者と、対称の手前・オノレ・其元・其方については、用例数が少なく、話し手の位相や用法に偏りがみられるので、ここでは扱わない[2]。本章では、日常会話において広く用いられていたと考えられる自称の**〈私〉**、**オレ**、**オラ**、および、対称の**オマヘ**、**キサマ**の使い分けの実態を考察する。

　分析にあたっては、はじめにこれらの人称代名詞が用いられる人間関係と場面に注目して、自称と対称ごとに、それぞれの人称代名詞の使い分けの実態を分析する。具体的には、話し手と聞き手の関係をまとめた表2～表6（後掲）に沿って考察する。次に、その結果を本書のこれまでの分析をふまえつつ述部待遇表現形式の体系と対応させることによって、人称代名詞の体系を明らかにする。

　分析をはじめるまえに、まず、次節以降の分析において示す表2～表6について、説明しておく。表2～表6では、話し手と聞き手の関係と用例数を示した。話し手と聞き手の関係は、第2章で明らかにした①親疎、②身分、③世代に基づき判断した。聞き手の具体的な呼称がみられる場合は、その呼称を《　》内に示した。表2～表6では親疎を基準としてまとめたが、親疎のなかでも「糸引き仲間」としたのは、糸引きなどの内職を共同で行うごく

親しい藩士とその家族、すなわち藩士仲間Ⅰどうしの会話における例である。また、「その他」にまとめたものは、家族、親戚、糸引き仲間以外の間柄で用いられた例である。そして、用例の左側に付した○●△は、②身分、③世代から判断できる上下関係を示している[3]。○は上位の者に対する例であることを、●は下位の者に対する例であることをそれぞれ示している。また、△は子どもどうしの例であることを示している。なお、「－」は上下関係がはっきりしない例であることを示している。また、分限帳から身分を確認できる人のうち御書院格の人は氏名を白黒反転させて示し、舞台格の人は氏名の前に◆を付した（平太夫は除く）。

以下、自称代名詞と対称代名詞について、人間関係と場面に照らし合わせながら、それぞれの代名詞がどのように使い分けられているのかを分析する。

3．自称代名詞

3.1 〈私〉

〈私〉は、次の表2によれば、親しい間柄のなかでは親戚と糸引き仲間のあいだで用いられる。家族間での例は1例もみられない。

まず、親戚間では、おもに上位の者（表中○）に対して用いられる。たとえば（2）は、甥の片山均平からおじの平太夫に対する例である。また、（3）は御書院格の山内庸介から舞台格の平太夫に対する例であることから、身分からみて下位の者に対する例としたものである。だが、平太夫は山内庸介からみて年下の親戚である。つまり、この例は（2）とおなじく平太夫より年下の親戚から平太夫に対する例ということになり、上位の者に対する例に準ずるものと捉えられる。

（2）　片山均平→平太夫／均平茶ヲ持て来てくれる。残酒有之飲せる。大歓。昼飯ヲと留たれど、内の者ハ皆鯨汁きらひゆゑ、<u>私</u>ひとりニて昼拵ふて給ます迚帰る。　　　　　　　　　3-竹2《甥→おじ》

表2 〈私〉

親戚	○	◆片山均平	→	平太夫	4
	●	佐藤おばばさま	→	平太夫	2
	○	◆片山おてつ	→	平太夫	1
	○	◆片山鉄弥	→	平太夫	1
	○	平太夫	→	佐藤おばばさま	1
	●	佐藤おばばさま	→	おばば	1
	●	山内庸助	→	平太夫	1
	−	浅野忠太夫	→	平太夫	1
糸引き仲間	○	◆八田紋兵衛	→	平太夫	3
	○	加藤九兵衛	→	平太夫	1
	−	◆岩田伴太夫	→	平太夫	1
	○	◆菊地武八	→	平太夫	1
	○	◆大寺八三郎	→	平太夫	1
その他	○	◆佐藤左治兵衛おかみさん	→	平太夫	1
	○	保坂おかみさん	→	平太夫《おぢさ》	1
		◆浅見柳右衛門	→	平太夫	1
		◆平野善右衛門	→	平太夫	1
		◆上田録蔵	→	平太夫	1
		◆中井庄右衛門	→	平太夫	1
		◆中井庄右衛門母	→	平太夫	1
		冨岡	→	おばば	1
		広田	→	《新屋敷佐藤様》	1
		平太夫	→	小川玄流	1
		加納ごけさま	→	平太夫	1
		滝沢ばあさま	→	平太夫	1
		◆和田平蔵	→	(役人)	1

合計32例

（3）　山内庸助→平太夫／朝山内庸助殿被参、親父が申上ルので御ざり升が上り兼升で私が名代ニ申上升。明日佐藤の御伯母へ申上升で御咄しニ御出被下升様にと申まして御ざり升。親父両親之祥月て御ざり升から何卒御出被下、緩々御咄被下候様ニと申ましたと言て被帰候。

4-207《御書院格→舞台格》

そして、糸引き仲間のあいだにおいても、〈私〉は上位の者に対して用いられる。糸ひき仲間のあいだにおける例は、すべて（4）のような若年層から高年層の平太夫に対する例である。

（4）　菊地武八→平太夫／佐兵衛ニ佐藤より木割台といも堀取て来て貰

ひ、垣の下拵ニ而も可致心組の処、留五郎見へ垣を御拵なさるなら御手伝致ましやうと言、武八も私も御手伝致ましようと言て両人ニ手伝て貰ひ候処、折々雨小降ニ成休てハ取懸、又休てハ懸りどふかこうか夕方迄ニ出来上ル。　　　　　　　　　　3竹-93《若年層→高年層》

こういった例は親しい間柄における例とはいえ、いずれも高年層の人との対話場面における例である。したがって、親しい間柄で〈私〉が用いられるのは、高年層の人、すなわち礼儀を必要とするような人との対話場面であったと考えられる。

しかし、その一方で、次のような下位の者に対する例もわずかながらみられる。たとえば（5）は、御書院格の佐藤おばばさまから舞台格の平太夫に対する例である。

（5）　**佐藤おばばさま→平太夫**／おばゝさま始皆々様夢の様ナ事ニて涙さへ出ませぬ。伽致ましたハ夜前私が致た斗、余りあいなひ不幸で御ざりましたと、おばゝさま御咄しなり。　　3竹-48《御書院格→舞台格》

このように〈私〉は、上位の者に対して用いられることが多いものの、下位の者に対しても用いられることがあったものと考えられる。

そして、その他の例を詳しくみると、その多くが平太夫とおなじ身分の舞台格の藩士（表中◆）から平太夫に対する例であることがわかる。ただし、これらの例の話し手は平太夫とそれほど親しくない間柄の藩士であり、場面をみると、いずれも改まった場面であることがわかる。たとえば、（6）は藩領の柏崎から桑名に戻った藩士が挨拶をしている場面、（7）は御蔵の同僚である平野が入湯願書を奉行に取次いでほしいと平太夫に依頼している場面である。

（6）　**冨岡→おばば**／善蔵、御人が御ざりますと云。おばゝ出る。私どもハ此間柏崎より御当地引越ました。向表で（平太夫の養子の）勝之助様の御世話ニ成ましたといふゆへ、窓よりのぞき見るニ、壱人ハ袴、壱人ハ羽織也。是ハ冨岡ならんと出て挨拶。それ〳〵礼をのべてやる。

1-183《藩士Ⅱ→おばば》

（7）　**平野善右衛門→平太夫**／夕方平野被見、兼而御咄申上候通妻ニねだ

られ候付、榊原温泉へ往来之外ニ迴妻召連入湯奉願、京大坂奈良邊迄召連申度。私義ハ先年金毘羅迄も罷越候付是迄一年〳〵と延し置候得ども、是非とも参り度旨妻申聞候付何分御頼申と頼有之候。

4-238《藩士Ⅱ→平太夫》

　以上のように〈私〉は、高年層の人やそれほど親しくない間柄の人といった、いわば礼儀を必要とするような人との改まった場面において、上位、同等、下位の者に対して用いられる。

3.2　オレ

　オレは、次の**表3**によれば、親しい間柄のなかでも親戚間だけでなく、〈私〉ではみられなかった家族間での例も多くみられる。また、糸引き仲間のあいだでの例も〈私〉に比べて多い。第5章、第6章で述べたように、糸引き仲間、すなわち藩士仲間Ⅰは、親戚に比べて、より近しい人であるといえる。したがって、オレは〈私〉に比べて親しい間柄のなかでも、より近しい人とのあいだで用いられることが多かったものと考えられる。

　上下関係をみると、家族、親戚のあいだでは妻から夫（おばば→平太夫）、子から親（おなか→おばば等）、孫の鐐之助と祖父母である平太夫、おばばのあいだというように上下に関わりなく相互に用いられる。たとえば、（8）は平太夫から孫の鐐之助に対する例である。また、（9）は鐐之助から親戚の稲塚四郎兵衛に対する例である。

（8）　**平太夫→鐐之助**／帰宅昼飯喰てゐると鐐八ツ過じや迎手習より帰り、硯箱を持て来て底の板がはなれそふだから直してくんなへと言。…夫より竹釘削底板打付蓋のさんも取れて居候付打付てやる。其側ニ而筆を並べる木を拵ふ迎邪魔するゆえ、迎も鐐の細工ニ出来ハせぬからおれがこしろふてやるからそうして置やれと言ても聞ず邪魔してゐる。

4-45《祖父→孫》

（9）　**鐐之助→稲塚四郎兵衛**／いなづかの四郎兵ヱ此あいだの礼ニ見へ、鐐ニなし二ツくれられたところが、おれハなしハ大きらひ、かきがすきだ、といふて手にとらず、きのどくなり。　　1-95《子ども→中年層》

表3　オレ

家族	○	鑢之助	→	平太夫《おじいさ》	85
	○	鑢之助	→	おばば	34
	○	鑢之助	→	(家族)	33
	●	平太夫	→	鑢之助《鑢、鑢こ》	5
	○	おばば	→	平太夫	4
	●	おばば	→	鑢之助	4
	－	おばば	→	(家族)	3
	○	おなか	→	おばば《おつかさ》	2
	○	平太夫	→	(家族)	2
	△	鑢之助	→	おなか《おば》	2
	○	大寺鍵治	→	大寺の後家入かみさん	1
	●	おなか	→	鑢之助《鑢》	1
	●	片山おばばさま	→	片山おたよ	1
親戚	●	佐藤おじいさま	→	鑢之助《鑢こ》	3
	○	鑢之助	→	稲塚四郎兵衛	1
	○	鑢之助	→	佐藤おじいさま	1
	○	鑢之助	→	◆佐藤留五郎	1
	△	佐藤おてう	→	鑢之助	1
	●	おばば	→	稲塚あねさま《おまへ》	1
	●	佐藤おばばさま	→	平太夫	1
	●	◆片山均平	→	鑢之助	1
糸引き仲間	○	鑢之助	→	西塚祖作	2
	○	横村おきやう	→	平太夫	1
	○	鑢之助	→	◆菊地武八	1
	○	鑢之助	→	郡おかか	1
	○	鑢之助	→	八田きん助	1
	○	明王院おりい	→	平太夫	1
	●	大寺おみき	→	鑢之助	1
	●	加藤官蔵	→	鑢之助	1
	●	磯野幸助	→	鑢之助《鑢さ》	1
	●	◆菊地武八	→	鑢之助	1
	●	明王院おりい	→	鑢之助《鑢さ》	1
その他	○	鑢之助	→	◆飯村英蔵	1
	○	鑢之助	→	石塚惣兵ヱ	1
	△	子ども	→	子ども	2
	●	◆飯村英助	→	鑢之助《鑢こ》	2
	－	鑢之助	→	医者	1

合計206例

そして、糸引き仲間のあいだでは、(10) のように鐐之助と若い藩士のあいだで相互に用いられるほか、(11) のような若年層の人から高年層の平太夫に対する例もみられる。

(10) **磯野幸助→鐐之助**／磯野幸助来。問ひ。けふも四ツ時分見へ、鐐さてつこをふるまへか、<u>おれ</u>のかけるのハ紙でハなぜと言。何を懸ると思へハ蜜柑とまんぢうを懸て鐐ニとらせる。　2-124《若年層→子ども》

(11) **明王院おりい→平太夫**／明王院の娘言、おなかさハ何軒かゆきなる所が有が<u>おれ</u>ハたつた二軒外養父入ニ行処ハなへと言ゆへ、そんならおら処へやふ入して行がゑゝと泊らせる。　2-123《若年層→高年層》

このようにオレは、〈私〉が高年層の平太夫に対する例に偏ってみられたのとは違い、親しい間柄で上下に関わりなく相互に用いられる。

では、用いられる場面はどうであろうか。オレが用いられる場面をみると、いずれも前掲 (8) 〜 (11) のように打ち解けた場面であることがわかる。その他とした例も、(12) のような普段から交流がある藩士との打ち解けた場面における例である。

(12) **飯村英助→鐐之助**／飯村英助ニなかしまやのまへニてあう。鐐こ<u>おれ</u>としんやしきへゆくまへかと飯村がいふたれバわるいべゝだからゆかれぬといふ。なにわるい事ハなへ、しんちへいつたからそれでよかろふといふたれバさかいきをすらんけれハゆかれぬとぬける。

1-68《藩士Ⅱ→鐐之助》

以上のようにオレは、親しい間柄の打ち解けた場面で、上下に関わりなく相互に用いられる。

3.3　オラ

オラは、次の**表4**によれば、オレとおなじく、家族、親戚、糸引き仲間のあいだで上下に関わりなく相互用いられ、いずれも次のような打ち解けた場面で用いられる。たとえば (13) はおばばから孫の鐐之助に対する例であり、下位の者に対する例といえる。一方、(14) は甥からおばに対する例であり、上位の者に対する例といえる。

表4　オラ

家族	○	おばば	→	平太夫	3
	○	鐐之助	→	平太夫《おじゐさ》	3
	○	鐐之助	→	おばば	2
	○	鐐之助	→	おなか《おば》	1
	○	鐐之助	→	平太夫	1
	●	おなか	→	鐐之助	1
	●	おばば	→	鐐之助	1
	●	八田きん助	→	きん助の妻	1
親戚	○	鐐之助	→	◆佐藤留五郎《叔父さ》	1
	○	鐐之助	→	片山おてつ	1
	△	鐐之助	→	片山しげ	1
糸引き仲間	−	おなか	→	春日三蔵《三さ》	1
	△	鐐之助	→	熊市《貴さま》	1
	△	子ども	→	子ども	1
	●	郡かか衆	→	鐐之助	1
	●	◆横村五蔵	→	鐐之助	1
	●	平太夫	→	明王院おりい	1
その他	−	平太夫	→	（訪ねてきた人）	1
	−	渡部此右衛門	→	渡部おみよ《おみよさ》	1

合計24例

(13) おばば→鐐之助／今夜も又（柏崎から届いた）日記をおばゝ読で聞せてくれと申故読ム。状も読で聞セル。…おばゝ、夫能々聞がゑ御祖父さや我等が言事ハ一向用ひず、迚もおらが手ニ餘ルから迎ひニ来て（柏崎に）どふぞつれて行とさ、もう来春迄じや、随分我儘するがゑと言ハれて鐐大当惑之様子。　　　　　　　　　　4-210《祖母→孫》

(14) 鐐之助→片山おてつ／夫より障子ニせいのびして、どこ迄届くとおてつがいへハ、両人して手を延し、おらハこゝ迄届くと鐐が言。栄治も一所ニ手を延ス。壱尺五寸の余も違ふ。　　　　3竹-61《甥→おば》

ただし、オラは表4によれば、オレに比べて渡部家の家族（平太夫、おばば、おなか、鐐之助）のあいだでの例に偏ってみられる。親戚と糸引き仲間のあいだでも用いられるが、(15)のような若年層どうしの例や、子どもどうしの例（表中△）が多い。また、親戚間では、話し手は子どもの鐐之助にかぎられている。これは、親戚間では親しい間柄とはいえ一定の礼節を必要とするために、オラが用いられにくかったことによると考えられる。

(15) おなか→春日三蔵／からすがおつななきやふをするゆへ見たれバ、杉垣のきし二きつねが来てゐる。…春日三蔵が前を通るを、おなかゞ云、三さおらとこのうら二きつねが居る、見なへといふ。

1-147《若年層→若年層》

したがって、オラはオレとおなじく親しい間柄の打ち解けた場面において上下に関わりなく相互に用いられる自称代名詞ではあるものの、オラはオレに比べて、ごく近しい間柄にかぎって用いられていたものと考えられる。

4．対称代名詞

4.1 オマヘ

オマヘは用例数が少ないものの、**表5**によれば、家族、親戚、糸引き仲間のあいだで上下に関わらず相互に用いられる。

表5　オマヘ

家族	○	鐐之助	→	おばば	1
	○	鐐之助	→	平太夫	1
	○	おなか	→	平太夫	1
親戚	●	おばば	→	須藤又四郎	1
	●	おばば	→	稲塚あねさま	1
糸引き仲間	○	鐐之助	→	郡おかか	1
その他	−	おきく	→	清水源太夫かみさん	1

合計7例

場面をみると、いずれも次のような打ち解けた場面で用いられている。

(16) 鐐之助→郡おかか／郡おかゝがくれあい二鐐こをつれてかへろふといろ〳〵だましてもなか〳〵がてんせずおれハとまつてゐるのだからおまへかへりなへといふてゐるゆへ郡おかゝハくれあい二かへつたゆへおくつてきたとおばゝさの御はなし也。　1-52《子ども→中年層》

(17) おばば→稲塚あねさま／稲塚の姉さま御ざらしる。…おばゝ白酒三盃呑酔て巨燵へ眠。暫過て漸起、おれとした事が折角おまへが来たのニかまわず寝てしまひ何の噺もせず気の毒と笑止がる。

なお、その他に分類したおきくから清水源太夫かみさんに対する（18）の1例は「御まへさま」のように「様」を伴う例であることから、ここでは同列には扱えない[4]。

(18) **おきく→清水源太夫かみさん**／源太夫かみさんのいわれるニハ、御まへさま御あいもふしたなら、よろしく御はなし申くれと、おきくさまがおつしやりましたが、こちらへ参りましてハ御ぢんやとちがひ、どなたがどこニ御出なさるやらしれませんで、御ことづけも申上ませんといわれるを聞付、相金の母じや人がそばへより、たがひニはじめてのあいさつ。
　　　　　　　　　　　　　　　　　　　　　　　1-113《中年層→中年層》

このようにオマヘは親しい間柄の打ち解けた場面で上下に関わらず相互に用いられる。

また、(16)(17)のように、自称のオレとおなじ会話内で用いられることがある。これらのことから、オマヘの待遇価値はオレとおなじであると考えられる。

4.2　キサマ

キサマは、次の**表6**によれば、家族、親戚、糸引き仲間といった親しい間柄で多く用いられる。親しい間柄においてキサマが用いられる場面をみると、オマヘとおなじくいずれも打ち解けた場面であることがわかる。

しかし、上下関係をみると、オマヘが上位の者に対しても用いられることがあるのに対して、キサマは下位の者に対する例（表中●）が多い。上位の者に対する例（表中〇）もみられるが、これらは鐐之助からおなかと佐藤おすゑに対する例であることがわかる。第5章と第6章で述べたように、鐐之助はおなかと佐藤おすゑを同等の者と捉えていた。したがって、鐐之助からおなかに対する3例と鐐之助から佐藤おすゑに対する1例は同等の者に対する例に準ずるものといえる。(19)は鐐之助が実際には上位の者であるおばのおなかをキサマと呼んだために叱られている場面であるが、この場面で鐐之助が叱られたのも、キサマの待遇価値が低いことによると考えられる。

表6　キサマ

家族	○	鐐之助	→	おなか	3
親戚	○	鐐之助	→	佐藤おすゑ	1
糸引き仲間	●	御代田平之丞《平さ》	→	鐐之助	1
	●	菊地武八	→	鐐之助	1
	●	早川栄太夫	→	鐐之助	1
	●	平太夫	→	御代田銀太	1
	△	鐐之助	→	稲倉熊市	1
その他	●	平太夫	→	石黒太助二男	1
	－	平太夫	→	◆浅見柳右衛門	1
	－	中村たいじゅん	→	ほうじやふようしゅん	1
	－	岩崎殿か	→	鈴木紋八殿	1

合計13例

(19)　鐐之助→おなか／おなかの事ハおばやアノナ貴さまと斗言故、そう言ナと呵る跡から、何だ此やろう貴さまこうしてくれんか抔と言。次第ニ口巧者ニ成ニハこまる。　　　　　　3竹-74《甥→おば》

このように、キサマは親しい間柄の打ち解けた場面において、同等と下位の者に対して用いられる。また、次のように自称のオラとおなじ会話内で用いられることがある。したがって、キサマの待遇価値はオラとおなじであると考えられる。

(20)　鐐之助→稲倉熊市／熊市言ニハ、行ニハとつとゝあるかれたがもふ足が重く成たと言ト、鐐、是ハ貴さまよわいのふ、おらなんともなへ、是見やへと言て、びくを持ながら町屋の橋とんで渡る、勢ひ見せたし。
2-90《子ども→子ども》

ただし、その一方で、次のように同等と下位の者に対する例とは必ずしもいえないキサマが、1例みられる。(21)は、七十七歳の「岩崎殿」と「鈴木紋八殿」との会話とみられる例であるが、「御老人」と呼びかけているところをみると、ある程度の敬意を持って用いられているものと考えられる。

(21)　岩崎殿か→鈴木紋八殿／…先達岩崎殿ト鈴木紋八殿ト当未七十七才廻村ニ被出候節岩崎殿多分駕籠故、貴様ハ御老人成丈ケ駕籠ニ被乗候様被申候得ども紋八殿ハ駕籠ハ不得手之由ニて廻村中歩行被致。
4-205《高年層→高年層》

キサマについては、辻村敏樹（1968：180）に、1600年前後に武家の書状で「十分敬意ある語として用いられ」たものがみられるとの指摘があり、(21)はそのような出自を反映していると考えられるが、用例数が少なくたしかなことはいえない。いずれにせよ、(21)は候文中における例であり、このようなキサマは日常会話における用法を反映したものではないと思われる。

5．人称代名詞と述部待遇表現形式の対応関係

ここまで、人称代名詞の使い分けの実態について、それぞれの人称代名詞が用いられる人間関係と場面に注目してみてきた。では、視点をかえて、述部待遇表現形式との対応関係からみた場合、どのようなことがいえるだろうか。

ここで、それぞれの人称代名詞があらわれる同一会話内にみられる述部待遇表現形式の延べ語数を示すと、**表7**のようになる[5]。

なお、同一会話内とするのは、たとえば次の (22) の場合、「　」で括りゴシック体で示した部分である。『　』で括った会話文内の引用部分は対象としない。また、ここで対象とする述部待遇表現形式は「来ル」を意味する尊敬語、および動詞に付き種々の待遇価値を付加する助動詞、補助動詞である（下線部）。

表7　対応する述部待遇表現形式

自称	〈私〉	〜マス（ます・升）	43
		御〜被下	5
		御馳走ニなり（まして）	2
		御出被成	1
		御ざらしる	1
		御ざる	1
		御手伝致しましやう	1
		御頼申しましやう	1
		御頼申	1
		御出被下升様	1
	オレ	ナサル系	6
		ナル系	70
		ヤル系	6
		〜マス	1
	オラ	ナサル系	3
		ナル系	6
		ヤル系	1
対称	オマヘ	ナサル系	1
		ナル系	2
	キサマ	ヤル系	2

(22) おてつ言ニハ、「内で度々上まして、御馳走ニなりましてありがたふ御座り升。私が申升ニハ『其様ニおしの強イ、三度も四度も行ものがありましやふか』と申ましたけれど、聞かずニハ上りまして、御馳走ニなりありがたふ御り座り升」、気の毒かるゆえ、不断ハめつたニ酒ハなし、有合の酒也、其様ニ気ノ毒ニ思ふニ及バズと笑ふ。あの様ニも呑たゐものであり升やら、今日も本会ニ行、出し合の呑相談にて今ニ帰られませぬ。 4-65

さて、表7にみられる述部待遇表現形式を第4章、第5章、第6章で明らかにした体系をふまえて整理しなおすと、図1のようになる[6]。

図1 『桑名日記』における述部待遇表現形式の体系

	【ア】礼儀を必要とするような改まった場面	【イ】親しい間柄の打ち解けた場面
上位	〜マス 御出被成　御ざらしる　御ざる	ナル系
同等	御〜被下　御馳走ニなり（まして）＊ 御手伝致しましよう＊　御頼申＊	ナサル系
下位	御頼申しましやう＊　御出被下升様＊	ヤル系

図1によれば、まず、オレ、オラ、オマヘ、キサマとの対応がみられるナサル系、ナル系、ヤル系は、【イ】親しい間柄の打ち解けた場面で用いられる述部待遇表現形式といえる。これらの述部待遇表現形式は〈私〉とは対応しない。一方、〈私〉は、【ア】礼儀を必要とするような改まった場面に特徴的にみられるマスを下接する述部待遇表現形式、および、接頭語「御」を上接する述部待遇表現形式と多く対応する。また、「御出被成」「御ざらしる」「御ざる」も、【ア】の場面で用いられる「来ル」を意味する尊敬語である。このような述部待遇表現形式との対応関係と、前節までのそれぞれの人称代名詞が用いられる人間関係と場面の考察を勘案し、『桑名』にみられる近世末期桑名藩の下級武士とその家族の日常会話における人称代名詞の体系を示すと、次の図2のようになる。

図2 『桑名日記』における人称代名詞の体系（自称／対称）

	【ア】礼儀を必要とするような改まった場面	【イ】親しい間柄の打ち解けた場面	
上位	〈私〉／φ	オレ／オマヘ	オラ／キサマ
同等			
下位			

　図2で示したように、【ア】の場面では〈私〉が自称の代名詞として用いられる。なお、〈私〉に対応する対称の代名詞がみられないが、これは【ア】の場面ではそもそも相手を呼ぶことが回避されやすい、あるいは、「叔父さ」「御かみさん」といった具体的な呼称で呼ぶことが多いといった理由が考えられる。この点については呼称の体系の解明とあわせ、今後の課題である[7]。一方、【イ】の場面では、まず、オレとオマヘが上下に関わりなく相互に用いられ、幅広い使用が認められる。そして、オレ／オマヘに比べて待遇価値がやや低い人称代名詞として、オラ／キサマがある。

6．『桑名日記』における人称代名詞の特徴—他資料との比較から—

　以上みてきたように、『桑名』では人称代名詞においても場面による使い分けがみられた。近世末期桑名藩の下級武士とその家族の日常会話においては、【ア】礼儀を必要とするような改まった場面か、【イ】親しい間柄の打ち解けた場面かという違いが待遇表現形式の使い分けに関わる重要な要因になっていることが、あらためて確認されたといえよう。
　では、これらの体系を先行研究との関わりからみた場合、どのようなことがいえるであろうか。はじめに述べたように、人称代名詞は近世武家社会における言語実態を知りうる他資料を対象とした研究のなかでも記述が進んでいる分野であることから、他資料との比較が可能である。
　そこで、ここでは、『桑名』における人称代名詞の運用実態を先行研究によって明らかにされている他資料における実態と比較することによって、『桑名』における人称代名詞の特徴を考察してみようと思う。

第 8 章　人称代名詞　　185

　近世武家社会における人称代名詞については、文芸作品のなかに武家特有とみられる代名詞があることが、山崎久之（2004）、小島俊夫（1974）によって指摘されている。
　まず、山崎は、江戸前期の上方待遇表現体系にみられる人称代名詞について、「「拙者」（お前・こなた段階）「われわれ」（お前・こなた・そなた段階）「身ども・それがし」（こなた段階以下・お前段階に僅少の例例あり。）「われ」（「そなた」段階「そち」段階）は武士ことばで、町人が用いることも稀にあるが、それは特別な形式ばった表現に限るのである」（山崎　2004：521）と述べている。また、「主として武士階級の人々が使用する対称の代名詞」（山崎　2004：515）として、「お手まへ」「おみ」「おんみ」「其の方」「御自分様」「御自分」「貴殿」「貴公」「汝」をあげている。
　そして、小島（1974）は、人情本や滑稽本にみられる人称代名詞のなかでも武士によって用いられたものとして、自称代名詞の「拙者」と対称代名詞の「貴殿・貴公さま・貴所・貴公・お手前さま・そのもと・ご自分さま・ご自分・そち・その方」をあげている。
　しかし、こういった武家のことばとされた人称代名詞は、『桑名』にはほとんどみられないものである。山崎と小島において武家のことばとされた人称代名詞のなかで『桑名』にみられるものは、自称代名詞の「拙者」2例、「われ」2例と対称代名詞の「其元」1例、「そち」1例のみである。
　ここで、自称代名詞に絞ってみると、『桑名』ではもっぱら〈私〉、オレ、オラが用いられ、拙者は次の2例しかみられない。このうち（23）は上役への取り次ぎを頼んできた福田蔵右衛門に対して、「拙（者）共」、すなわち平太夫と平太夫の同僚である横野、藤崎から上役にうかがうことはできないと断っている場面である[8]。また、（24）は、御書院格である久松十郎左衛門の「先祖拝領脇差」をめぐる一件について、江川家で聞いた話を書き取ったところである。

　（23）　**平太夫→福田蔵右衛門**／福田蔵右衛門被見へ、是迄段々セ話ニ相成
　　　　候由礼被申。拟私何等之不調法御座候而判鑑改御免ニ被成候哉一向不調
　　　　法仕候覚も無御座迷惑至極。已後の心得ニも相成候付何卒御同役様御相

談之上御免緩御伺被下候義ハ相成間敷哉、横の藤崎様へも申上置候付何分宜頼と申開也。御詰同役ハ如何申聞有之候哉と申候得共何れ相談いたし見可申と御申也と申聞故判鑑改より伺筋ニ有之候ハヽ可伺下<u>拙（者）共</u>より伺候筋ハ無之。…と答て返ス。　　　　4-83《平太夫→藩士Ⅱ》

(24)　<u>酒井三右衛門→久松十郎左衛門</u>／江川にて松平伊賀守様家老の事得と承り候…酒井三右衛門殿ハ勘解由殿ト従弟之続ニ付、十郎左衛門殿三右衛門殿へ委細之訳柄被相咄候処、三右衛門殿ニもあきれ果埒ツチもなき事を勘解由申聞候、如何様上之御外聞ニも相成候事ニ付、<u>拙者</u>より尚又差留可申と殊細カニ勘解由へ談合有之漸右脇差被遣候相談相止候由。

4-19《御書院格→御書院格》

　これらの例は、いずれも候文中における例であり、また、威厳を保って述べている場面であることから、日常的な用法とはいえない。小島（1974：162）は一方で、「武士が「拙者」をもちいる頻度は、意外にひくく、「わたくし・わたし・おれ・おいら」などをもちいることばづかいの方が、通常のことばづかいであったようである」としているが、近世末期桑名藩の下級武士とその家族の状況も同様であったといえる。

　そして、こういった状況は『桑名』にかぎったことではなかったようである。洒落本に登場する武家客の自称代名詞について、武家に特徴的ではないものも含めて明らかにした諸星美智直（2004：408）によれば、武家客の自称代名詞の使用実態をみると、「拙者」が「オレ」に比べて少数例であるという。諸星は、さきにみた小島の指摘を引用したうえで、従来の研究において武家のことばとされてきた「拙者」が「如何なる場面において使用されたかについてさらに検討を重ねる必要があろう」と述べている。

　一方、文芸作品ではなく実在の武家によって書かれた資料における人称代名詞の実態を明らかにしたものとしては、金田弘（1987）がある。これは、松平越中守家が白河にあった松平定信の時代に、定信の側近であった水野為長によって書かれた『よしの冊子』を対象としたものである。金田によれば、『よしの冊子』は「老中のお側役を勤めていた江戸生まれの武士が綴った、他に例を見ない武家階層の会話が示されて」（金田　1987：338）いるという。

『よしの冊子』は、『桑名』が成立する約40年前に記されたものであるが、『桑名』とおなじ松平越中守家の家臣によって書かれた資料としても注目される。

さて、金田によれば、『よしの冊子』では、自称代名詞では「「おれ・拙者・私」が多く使用されている」（金田　1987：341）という。そして、「「おれ」と「私」の違いは、（中略）同じ対等な関係にあっても「私」の方が丁重で、やや改まった間柄で使われるのに対し、「おれ」の方は、ぞんざいで、身内ととらえられる間柄において用いられ」（金田　1987：343）るところにあるとしたうえで、これらの自称代名詞の運用実態について、次のように述べている。

> 「おれ」「私」「拙者」の三者は、いわば普段着・外出着・礼服着の使い分けに応ずるもので、武士の気軽な対話では、もっぱら「おれ」が使われていたものと考えられる。　　　　　　　　　金田（1987：344）

ここで注目すべきは、「普段着・外出着・礼服着の使い分け」がみられるということであろう。金田は、自称代名詞だけでなく対称代名詞、文末辞、尊敬表現の実態も含めたうえで、『よしの冊子』にみられる武士の言葉を私的（筆者注：普段着）、共用（同：外出着）、公的（同：礼服着）という場面を軸として、次のようにまとめている。なお、この表は、筆者が金田（1987：351）の表を横書きにあらためたものである。

場面	文末辞 常体	文末辞 敬体	代名詞 自称	代名詞 対称	尊敬表現
公的		ゴザル	拙者	其方・其元 オ手前（様）	〈オ〜ニナル〉
私的	ダ ジャ		オレ	貴様 オマエ	
共用	ダ ジャ	マス ゴザイマス	私	アナタ（様）	ルル・ラルル オ〜ナサル（ル）

こういった『よしの冊子』における場面による使い分けを『桑名』における使い分けの実態と照らし合わせてみると、「私」が用いられる「共用」場面

188　第2部

は『桑名』の【ア】礼儀を必要とするような改まった場面に対応し、「オレ」が用いられる「私的」場面は『桑名』の【イ】親しい間柄の打ち解けた場面に対応するものと考えられる。なお、『桑名』に「拙者」が用いられる「公的」場面がみられないのは、『桑名』の筆者である渡部平太夫が下級武士であるために、そのような場面に遭遇することがほとんどないためであると考えられる。

　『よしの冊子』にはみられる「アナタ（様）」が『桑名』にはみられないといった細部の違いはあるものの、金田の「普段着・外出着・礼服着の使い分け」がみられるという指摘は、これまで本書において明らかにしてきたような場面による使い分けが、『桑名』にかぎらずみられるものであることを示唆するものといえよう。

　文芸作品を対象とした研究において「拙者」や「其元」といった武家特有の人称代名詞が武家のことばとして指摘されてきた背景には、町人によって書かれた文芸作品のなかでは、町人が聞いて武家とわかることばが積極的に取り入れられたといったことが考えられるが、実際の武家社会における様相は、そのように単純ではなかったと考えられる。

注

1）　表1で示した人称代名詞のうち「私」は「わたくし」「わたし」の読みが考えられ、実際に表記が「わたくし」「わたし」である例が1例ずつみられるが、用例数が少なく読みの違いによる使い分けを把握できないので、本章では〈私〉のようにまとめて分析する。

2）　自称のワシ3例は話し手が「佐藤おばばさま」にかぎられている。ワレ2例は「オレも行くワレも行く」という慣用的な言い回しにおける例である。拙者2例は後掲（23）（24）の候文中での例である。対称の手前とオノレは叱責および強い口調で命令する場面でしか用いられない。其元1例の話し手は御書院格であり、叱責の場面での例である。其方2例は、役職に関わる仰せ渡しの引用と、御横目の取り調べでの例である。

3）　上下関係の判断については、第2章で述べた方法に従う。

4）　「御まへさま」は1例しかみられないが、〈私〉に対応する対称代名詞ではないかと思われる。すなわち、5節の表7で示すように、〈私〉は「御頼申」と対応する。これをふまえて（18）をみると、おきくの会話文中に「御あい

もふしたなら」「御はなし申くれ」というおなじ御〜申スという述部待遇表現形式がみられる。このことから、「御まへさま」は〈私〉と対応する対称代名詞であると考えられる。
5）　表7で示した述部待遇表現形式のうちカタカナで表記したものは各活用形を含む。
6）　図1で示した述部待遇表現形式のうち「＊」を付したものは、第4章、第5章、第6章で明らかにした述部待遇表現形式の体系にはみられない形式ではあるものの、接頭語「御」を上接することから、【ア】の場面で用いられると推測される形式であることを示す。
7）　『捷解新語』の対称詞を考察した永田高志（2009：143）によれば、『捷解新語』や近世の資料にみられる対称詞の体系は「目上の聞き手に対しては役割名を用い、決して二人称代名詞で言及することはない。二人称代名詞が対称詞として使われる場合には、対等か目下の聞き手である場合のみである。また、目下の聞き手に対して役割名を用いる場合があるが、主に公的な場で使われる」といい、こうした体系は近世前期にはできあがっていたという。『桑名』でも、公的場面に相当すると考えられる【ア】礼儀を必要とするような改まった場面では、二人称代名詞ではなく具体的な呼称、すなわち役割名が用いられる。永田の指摘は『桑名』の体系を考えるうえでも有益なものであることから、今後、呼称の体系を考察するときに、あらためて永田の指摘との関わりから『桑名』の体系の位置づけを考えたい。
8）　用例（23）は写真版の自筆本をみると「拙共」となっているが、澤下春男・能親両氏による翻刻では「者」の字を補っている。内容からみて「拙者共」の「者」の字を書き落としたものとみてよいと思われることから、本書でも「拙者」の用例として扱うことにした。

第3部

近世末期桑名藩の下級武士とその家族の待遇表現体系の性格をめぐって

ここまで、第2部では、『桑名日記』にみられる述部待遇表現形式と人称代名詞がどのように使い分けられているのか、第1部で明らかにした登場人物の属性や、日記の内容からわかる場面の性質と照らし合わせながら分析してきた。これまでに、第4章では「来ル」を意味する尊敬語を、第5章では命令形による命令表現を、第6章では授受補助動詞クレル類命令形による働きかけの表現を対象として多彩な形式の使い分けの実態を分析し、それぞれの体系を明らかにした。なお、第7章では、これらの体系を突き合わせることによって、体系間における待遇価値の異同をみた。そして、第8章では、人称代名詞の体系を明らかにした。

　ここで、それぞれの体系をあらためて示すと、次の図1〜図4のようになる。**図1**は第4章で分析した「来ル」を意味する尊敬語の体系を、**図2**は第5章で分析した命令形による命令表現の体系を、**図3**は第6章で分析した授受補助動詞クレル類命令形による働きかけの表現の体系を、**図4**は第8章で分析した人称代名詞の体系を、それぞれあらためて示したものである。なお、図2と図3のうち、「　」で括った形式は、音便形と非音便形の区別がある形式である。このうち、図1は、第4章で分析した「来ル」を意味する尊敬語の体系について、人間関係と場面に応じた使い分けがより明確にみられる命令形による命令表現の体系（図2）と、授受補助動詞クレル類命令形による働きかけの表現の体系（図3）をふまえたうえで、第7章において図6として示しなおしたものを再掲したものである。また、図2は第5章の図1を、図3は第6章の図1を、図4は第8章の図2を再掲したものである。

　さて、このようにして第2部で明らかにした体系を並べてみると、近世末期桑名藩の下級武士とその家族は、多彩な形式を体系的に使い分けていたことがわかる。図1〜図4からわかるように『桑名日記』では、身分や年齢による人間関係の上下だけでなく、【ア】礼儀を必要とするような改まった場面か、あるいは【イ】親しい間柄の打ち解けた場面かといった場面の性質によって、多彩な形式が使い分けられている。そして、こうした使い分けは述部待遇表現形式や人称代名詞に広く共通してみられるものであることから、極めて体系的なものであったと考えられる。

図1　「来ル」を意味する尊敬語の体系

	【ア】礼儀を必要とするような改まった場面	【イ】親しい間柄の打ち解けた場面 近しい人	【イ】親しい間柄の打ち解けた場面 より近しい人
上位	御出ナサル	来ナサル	来ナル
同等	御出ナサル	来ナサル	来ヤル
下位	ゴザラシル／ゴザル	来ナサル	来ヤル

図2　命令形による命令表現の体系

	【ア】礼儀を必要とするような改まった場面	【イ】親しい間柄の打ち解けた場面 近しい人	【イ】親しい間柄の打ち解けた場面 より近しい人
上位	御〜ナサレマシ系	「ナサレ」	「ナヘ」
同等	御〜ナサレ系	「ナサヘ」	「ヤヘ」
下位	御〜ナサレ系	「ナサヘ」	「ヤレ」

図3　授受補助動詞クレル類命令形による働きかけの表現の体系

	【ア】礼儀を必要とするような改まった場面	【イ】親しい間柄の打ち解けた場面 近しい人	【イ】親しい間柄の打ち解けた場面 より近しい人
上位	御〜ナサッテクダサレマシ／御〜クダサリマシ	御〜ナサッテオクレ／ナサレテオクレ／テオクレナサリマシ	「テクンナヘ」
同等	御〜クダサレ	テオクレナサレ	「テクリヤヘ」
下位	テクダサレ	テオクレ	「テクリヤレ」

図4　人称代名詞の体系（自称/対称）

	【ア】礼儀を必要とするような改まった場面	【イ】親しい間柄の打ち解けた場面 近しい人	【イ】親しい間柄の打ち解けた場面 より近しい人
上位	〈私〉/φ	オレ/オマヘ	オラ/キサマ
同等	〈私〉/φ	オレ/オマヘ	オラ/キサマ
下位	〈私〉/φ	オレ/オマヘ	オラ/キサマ

そこで、第3部では、第2部において個別に分析してきた体系を総合し、広くみわたすことによって、『桑名日記』にみられる近世末期桑名藩の下級武士とその家族の待遇表現体系の性格を明らかにしたい。

まず、**第9章**では、第三者待遇表現の運用上の特質を明らかにする。これまでの分析では、敬意の対象と聞き手が一致する場合の使い分けの実態を中心として分析してきたが、その場にいない話題の第三者を待遇する場合にもおなじような使い分けがみられるのであろうか。さらに、第三者待遇表現は、絶対敬語から相対敬語への歴史的変遷の過程を判断することができるものであることが指摘されており、また、地域差がみられることも指摘されていることから、第三者を待遇する場合の実態を分析することによって、『桑名日記』にみられる体系の性格についても、わずかながら考察したい。

次に、第10章と第11章では、待遇表現形式の使い分けに関わる重要な要因のひとつである場面に着目して、『桑名日記』にみられる待遇表現体系の性格を明らかにしたい。従来の文献資料を対象とした研究では、場面については、上下や親疎といった人間関係に比べ、積極的には分析に取り入れられてこなかったように思う。それは、ひとつに文献資料が過去のものであるという制限によるところが大きいと考えられる。だが、『桑名日記』はこれまでにも述べてきたように、およそ10年にわたって書かれた私的な日記である。したがって、日記の内容をよく吟味することによって、それぞれの形式がどのような場面で用いられたものであるのかということを、より具体的に把握することができるのではないかと思われる。

第10章では、まず、話し手が『桑名日記』の筆者・渡部平太夫である会話文に注目して、場面の内実を明らかにする。第2部の分析において明らかにした【ア】礼儀を必要とするような改まった場面とは、また、【イ】親しい間柄の打ち解けた場面とは、一日の生活のなかで遭遇する場面のなかでも具体的にどのような場面であるのであろうか。話し手が平太夫である会話文にみられ、かつ、おもに尊敬をあらわすと考えられる述部待遇表現形式が、第3章で明らかにした平太夫の一日の生活のなかの、どのような場面で用いられているのかを分析することによって、場面の内実を明らかにしたい。

第11章では、こうした使い分けに関わる要因のひとつである場面が社会性を帯びるものであることに着目して、『桑名日記』における待遇表現体系の性格を捉えなおす。具体的には、体系内部がどのように分化しているのかという体系分化の方向性と社会構造との相関に着目して、『桑名日記』における待遇表現体系の性格を捉えなおす。

さらに、**第12章**では、ここまでの本書の内容を整理するとともに、視点をかえて、近世末期の桑名藩において武家のことばとして捉えられていた体系は何かという観点から全体をみわたし、『桑名』にみられる待遇表現体系の性格を考える。

以上のように、第3部では、『桑名日記』にみられる待遇表現体系がどのような性格を持つものであるのか、質的に明らかにすることを目的とする。

第9章　第三者待遇表現の運用上の特質

1．本章の目的

　本章は、『桑名日記』（以下、『桑名』とする）における第三者待遇表現の運用上の特質を明らかにしようとするものである。

　第2部では、『桑名』にみられる述部待遇表現形式と人称代名詞について、日記の内容と桑名藩に残る歴史史料からわかる登場人物の属性や場面の性質と照らし合わせながら、その使い分けの実態を考察してきた。そのなかでも述部待遇表現形式については、「来ル」を意味する尊敬語（第4章）、命令形による命令表現（第5章）、授受補助動詞クレル類命令形による働きかけの表現（第6章）の分析をとおして、多彩な述部待遇表現形式が人間関係や場面によって体系的に使い分けられていることが明らかになった。しかし、これらの結果は聞き手と敬意の対象が一致する場合（以下、「話し相手待遇」とする）の実態をおもに示したものであり、話題の人物、すなわち第三者を待遇する場合の実態については、明らかになっていない。そこで、本章では、第三者を待遇する場合（以下、「第三者待遇」とする）の運用実態を分析し、話し相手待遇における運用実態との比較から、第三者待遇表現の運用上の特質を明らかにしたい。菊地康人（1994：31）が指摘するように、「話題が、その場の構成者（およびその家族など）のことか、それとも、その場にいない第三者のことか」ということは、「敬語が使われるかどうかにしばしばかかわる、かなり大きいファクターである」と考えられる。

　また、第三者を待遇する場合の実態をつかむことは、そこにみられる敬語を含む待遇表現が、絶対敬語的な性格を持つものであるのか、それとも相対敬語的な性格を持つものであるのかを判断することにもつながるものと考え

られる。日本語における敬語の史的変遷については、金田一京助（1941）以降、絶対敬語から相対敬語へという流れが大筋では認められているが、永田高志（2001：6）が指摘するように、「絶対敬語であるか相対敬語であるかを判断できるのは、話題の第三者が関与している場合のみである」といえる。また、第三者待遇表現には、地域差がみられることが指摘されている（井上史雄　1989）。『桑名』にみられる近世末期桑名藩の下級武士とその家族の待遇表現体系の性格については、第3部全体をとおして明らかにしていくが、本章ではこの点についても、身内尊敬用法や自然物に対する敬語使用といった視点も取り入れながら、わずかながら考えてみたい。

2．分析対象

　本章では、その場にいない話題の人物を待遇する場合に用いられ、かつ、おもに尊敬をあらわすと考えられる述部待遇表現形式（以下、「尊敬の述部待遇表現形式」とする）が、話し手と第三者として待遇される人との関係によってどのように使い分けられているのかという点に注目して、分析する。

　本章で分析の対象とするのは、次のような伝聞をあらわす「げな」を含む地の文にみられる尊敬の述部待遇表現形式である。

（1）　此あひだおたきさ片山ヘタかたちよつとはなし二きていわんす二ハ、
　　　あまりあつくてよなべなし二六ツからねますがあまりはやでこまります
　　　といわんしたげな。　　　　　　　　　　　　　　　　　　　1-177

このような伝聞の文にみられる尊敬の述部待遇表現形式を対象とするのは、人から伝え聞いたことであるかぎり、待遇される人はその場にはいない第三者ということになるからである。

　そして、「げな」を含む文のなかでも地の文を対象とするのは、敬意の主体、すなわち話し手が日記の書き手である平太夫に固定されるため、平太夫と第三者との関係による使い分けの実態を把握することができるからである。会話文については用例数が少なく、また、敬意の主体が固定されないので対象としない。

さらに、「げな」を含む文にみられる尊敬の述部待遇表現形式を分析することによって、『桑名』にみられるさまざまな尊敬の述部待遇表現形式のなかでも、日常会話における尊敬の述部待遇表現形式の運用実態を把握することができると考えられる。『桑名』には、「げな」の他に伝聞をあらわす助動詞として「よし（由）」と「そふだ（そうだ、そふじゃ、そうじゃ）」があるが、このうち「そふだ」は日常会話で用いられていたと思われるものの、用例数が少なく、様態をあらわすものも多い。また、「よし」は候文に偏ってみられることから、日常会話で多用されていたとは考えにくい。「よし」と「げな」の分布状況を冊数ごとにまとめた**表1**によれば、「よし」が「候」字が多くなるにつれ増加するのに対して、「げな」は「候」字が少なく口語性の強い文体が広くみられる第1冊で多くみられる[1]。このことから、「げな」は「よし」よりも口語性の強いものであったと考えられる。したがって、「げな」を含む文は日記の書き手である平太夫が、日記の読み手である養子・勝之助とその妻・おきくに日常のことばで語りかけている文であるといえ、そこにみられる尊敬の述部待遇表現形式は、下級武士の家庭内の日常会話における第三者待遇表現の運用実態を反映しているものと考えられる。

表1　「よし」と「げな」の分布状況

	候	よし（由）		げな		合計
第1冊	719	367	34%	701	66%	1068
第2冊	1895	693	71%	288	29%	981
第3冊	3355	1189	85%	202	15%	1391
第4冊	7495	1962	89%	233	11%	2195

　以上から本章では、「げな」が含まれる地の文にみられる尊敬の述部待遇表現形式を対象として、書き手（話し手）である平太夫と第三者として待遇される人との関係によって、尊敬の述部待遇表現形式がどのように使い分けられるのかについて分析する。

3．第三者待遇として用いられる尊敬の述部待遇表現形式の運用実態

はじめに、『桑名』全4冊にみられる「げな」を含む地の文にみられる尊敬の述部待遇表現形式（以下、「第三者待遇として用いられる尊敬の述部待遇表現形式」とする）を形態の面から整理すると、**表2**のようになる。表2では、（　）内にそれぞれの形式の用例数を示した。

表2　『桑名日記』にみられる第三者待遇として用いられる尊敬の述部待遇表現形式

アソバス系	～あそばさる(1)、御～被遊(1)、御～あそばされた(1)、御～あそばした(1)	4
御～ナサル系	御～なさった(18)、御～なされた(15)、御～なされ(9)、御～なさる(3)、御～被成た(2)、御～なさらなんだ(1)、御～被成て(1)、御～なさったれば(1)	50
御～ニナル	御～になる(2)	2
御～＋指定	御～じゃ(6)、御～じゃった(2)	8
ナサル系	～なされた(7)、～なさった(7)、～なさる(5)、～なされ(2)、～なされたら(1)	22
ナル系	～なる(6)、～なった(7)、～なったら(2)、～なって(1)	16
ヤル系	～やった(1)	1
レル・ラレル	～られた(10)、～れた(8)、～られ(4)、～れる(2)	24
ンス	～んした(25)、～んす(7)、～んしたら(2)、～んして(2)、～んせん(1)、～んせんかった(1)、御ざんした(1)、～やんした(1)	40
シャル	～しゃる(2)、～しゃらなんだ(1)	3
テ＋指定	～てじゃ(9)、～てじゃった(5)、～てであった(3)、～てだった(1)	18
〈テ＋尊敬語指定〉	～て御出なさる(1)、～て御出なされ(1)、～て御ざらしる(2)、～てござる(1)	5
〈授受補助動詞クレル類〉	～ておくれなさった(4)、お出下さつた(1)、御出被下る(1)、～てくだされた(1)	7
尊敬語動詞	おっしゃる(7)、ござらしった(4)、御出た(2)、召し上がる(1)、上る(2)、見へた(43)、見へ(5)、見へる(2)	66

合計266例

表2によれば、『桑名』には第三者待遇として用いられる尊敬の述部待遇

表現形式が266例みられる。本章では、これらの尊敬の述部待遇表現形式のうち、**アソバス系、御〜ナサル系、御〜＋指定、ナサル系、ナル系、レル・ラレル、ンス、テ＋指定**の運用実態を詳しくみる。尊敬語動詞66例の運用実態については、本書では扱わない。また、用例数が極めて少ない御〜ニナル、ヤル系、シャルは対象としない。さらに、異なる待遇価値を持つ形式を含むと考えられ、各形式の用例数が少ない〈テ＋尊敬語指定〉、〈授受補助動詞クレル類〉についても対象としない。したがって、本章で対象とするのは、アソバス系、御〜ナサル系、御〜＋指定、ナサル系、ナル系、レル・ラレル、ンス、テ＋指定の182例である。

では、これらの尊敬の述部待遇表現形式は、話し手である平太夫とどのような関係にある人を第三者として待遇する場合に用いられているのであろうか。第三者待遇として用いられるこれらの尊敬の述部待遇表現形式が誰に対して用いられたものであるのかまとめたものが、次の**表3**である。表3では、第三者として待遇される人を縦軸に、第三者待遇として用いられる尊敬の述部待遇表現形式を横軸に配し、用例数を示した。第三者として待遇される人については、①親疎ごとに分類し、わかる範囲で②身分、③世代の属性の情報を付した。第三者として待遇される人のこれらの属性は、第2章で整理した属性に従った。なお、用例数を白黒反転させているものの扱いについては、考察のなかで言及する。

以下、『桑名』にみられる第三者待遇として用いられる尊敬の述部待遇表現形式について、この表3と実際の用例をみながら、形式ごとに運用実態を分析していく。なお、普通動詞の位置づけについては本節のさいごに述べる。

3.1 アソバス系

アソバス系は表3によれば、公人の「少将様」に対して2例、「おとの様」「御ひきゃく」に対してそれぞれ1例みられる。

（2） →おとの様／おとの様御きげんよくさるの下こく本ぢんへ御つきあそばされ、とりの上こく御しろへ御入あそばさる。みやの御たちもおそくそれニしほときあしく、御とちうにてしほまちあそばされ候ゆへ御つ

表3　尊敬の述部待遇表現形式と第三者として待遇される人との関係

①親疎		氏　名	②身分	③世代	アソバス系	御〜ナサル系	御〜+指定	ナサル系	ナル系	レル・ラレル	ンス	テ+指定
公人		少将様			2							
		おとの様			1							
		御ひきゃく			1	1						
		御勘定所へ出た御やくにん								1		
親戚	一色町片山家	片山おばばさま	書院	高年層		4	1	1				
		片山おばばさま、山内おばばさま	書院	高年層		1						
		片山おたよ	書院			1	1				2	1
		片山の嫁っこ	書院									
		片山家の人々	書院			1				1		
	新屋敷佐藤家	佐藤おじいさま	書院	高年層		17	2		2		2	
		佐藤おばばさま	書院	高年層		17	3	3	2			1
		佐藤半太	書院			3			5		1	1
		佐藤おすゑ	書院						5	2	7	1
		佐藤おたき	書院							1	3	
		佐藤おてう	書院	子ども								
		佐藤家の人々	書院			2			4	1	3	1
	その他	山内又十郎	書院							1		
		稲塚四郎兵ヱ		中年層							2	2
		稲塚あねさま		中年層				2			9	1
		あねさま(佐藤か)		中年層		1		1				
		新地おばさま(片山か稲塚)						1				
藩士仲間Ⅰ		隣のおばば		高年層								1
		大寺おばさ	舞/無					1				
		大寺よめさん	舞/無	中年層							1	
		郡かかしう	舞/無	中年層							1	
		横村おかみさん	舞/無	中年層								1
		大寺おみき	舞/無	中年層							2	
		大寺おみち	舞/無									1
		郡おこん、大寺おみち、野本おみつ	舞/無								1	
		大寺	舞/無								1	
		八田紋兵衛の家の人	舞/無								2	
		みんな(藩士仲間Ⅰ)							1			
藩士仲間Ⅱ		岩尾忠治祖母	書院	高年層						1		
		竹内斉蔵ふうふのおじいさ		高年層		1						
		高木ぢさま		高年層								1
		飯村おばさま	舞/無	中年層		1						
		杉立おばさま	舞/無	中年層		1		1				
		瀧沢おばさま		中年層				3				
		清水源太夫おかみさん		中年層								1
		井上仙之丞どの御じんぞ	書院							1		
		加治啓次郎	書院							1		
		山脇新六郎	書院							1		
		小野軍九郎	書院							1		
		鈴木秀弥	書院							1		
		松平左じろうどの	書院							3		
		川崎細次殿の隠居	書院							4		
		柴田十右衛門	書院								1	
		小森甚五兵衛	書院								1	
		山崎ごけさま	舞/無							1	1	
		保坂又八仲吾右衛門	舞/無							1		
		東間利平	舞/無							1		
		中嶋健助母	舞/無									
		加納ごけさま								1		
		まつをかだん八								1		
		横野								1		
		清水源太夫								1		
		よそのしう									1	
		長谷川おはつ						1				
		矢場の(虫)大竹							1			
		その他、不明								1	1	
			合計		4	50	8	22	16	24	40	18

きがおそうなつたげな。御目見へのせつハあめがふらなんだでつがふよ
ろし。　　　　　　　　　　　　　　　　　　　　1-85《→公人》
このようにアソバス系は、公人を第三者として待遇する場合にかぎって用い
られる。

3.2　御〜ナサル系

　御〜ナサル系は表3によれば、親戚に対して多く用いられる。なかでも、一色町の片山家と新屋敷の佐藤家に対する例が多くみられる。一色町の片山家は平太夫と平太夫の養子・勝之助の実家であり、新屋敷の佐藤家は勝之助の妻・おきくの実家である。これらの家はいずれも御書院格の家であり、平太夫より身分が高い。また、藩士仲間Ⅱとした飯村おばさまと杉立おばさまも、それぞれ佐藤家と片山家の親戚と思われる家の人であり、親戚に準ずる人といえる。そして、片山おばばさま4例、佐藤おじいさま、佐藤おばばさま各17例と、親戚のなかでも高年層の人に対する例が多くみられる。

（3）→佐藤おじいさま／おとゝひしんやしきの御じゐさま御出なされ、
　　　水もちをやき、たかとうであげたれバ、はじめてじやとて御よろこびな
　　　さつたげな。　　　　　　　　　　　　　2-40《→親戚、高年層》
（4）→佐藤半太／けふハ小林平兵衛方初より合にて、半太さ御出なされ、小林で出た一ふんまんぢう五ツ、にしめごぼうれんこんなど御くれなされ、鐐大歓したげな。　　　　　　1-109《→親戚、御書院格》

このように御〜ナサル系は、親戚のなかでも身分が高い人や高年層の人に対して用いられる。したがって、御〜ナサル系は、親戚を中心とした上位の者を待遇する場合に用いられるといえる。

3.3　御〜＋指定

　「御〜じゃ」のような御〜＋指定は、片山おばばさま1例、佐藤おじいさま2例、佐藤おばばさま3例と、片山家と新屋敷の佐藤家の高年層に対する例に偏ってみられる。たとえば（5）は、新屋敷の佐藤おばばさまに対する例である。

（5）→佐藤おばばさま／明日ハ片山おばゝさまの御一周忌ニ付御志の重の内貰ふ。おばゝ明日夕方より呼れる。新屋敷おばゝさまも御呼れじやげな。　　　　　　　　　　　　　　　　　4-72《→親戚、高年層》

このように御〜＋指定は、御〜ナサル系とおなじく一色町の片山家と新屋敷の佐藤家をはじめとする親戚を第三者として待遇する場合に用いられ、上位の者を待遇する場合に用いられる。

3.4　ナサル系

　ナサル系は、親戚に対する例が多くみられる。藩士仲間Ⅱの杉立おばさま、瀧沢おばさま、長谷川おはつに対する例もみられるが、これらの人は具体的な関係は判然としないものの遠縁の親戚と思われ、渡部家と親戚付き合いがある人である。

（6）→瀧沢おばさま／おばゝ昼より鐐ヲつれ、手伝ながら呼れて（新屋敷佐藤家の七夜の祝いに）行候よし。…おばゝ六ツ半過頃帰る。…瀧沢の叔母さま堀江のおかみさん一所ニ帰り、瀧沢のおばさ堀江の御かみさんを送るとて、てうちんを貸して上、帰りなさる迄、おばゝ鐐と真くらの所ニ待て居て、鐐のことニ、アノ土婆々めが、おれがてうちんをかりていつてまだ帰らん、こんなくらゐ所ニ待せてナト云てゐる内ニ、（瀧沢の）おばさ帰りなされ、富永の横のごみ捨穴へはまりなさるとゑゝ気味ナ、おれがてうちんなんて持て行からばちがあたつたハ、土ばゝめがナト云たとて、大笑してわかれたげな。　　　3-1《→藩士Ⅱ》

このようにナサル系は親戚に対して多く用いられる。

　また、世代をみると、中年層の稲塚あねさま2例、あねさま（佐藤か）1例、および、佐藤おすゑ5例と、平太夫より世代が下の人に対する例が御〜ナサル系に比べて多くみられる。

（7）→稲塚あねさま／いなづかのあねさま、子ども三人つれてきて御ざらしる。おせんがあんないニて、しやうげんじへ御参りニいつてきなさつたげなが、おかげてまいつてきたと大よろこびなさつたげな。
　　　　　　　　　　　　　　　　　　　　　　　　1-193《→中年層》

(8) →佐藤おすゑ／おすゑさも走井山へ行かしゃる積りなれども、餘り人が行ゆへ止メなされたげな。　　　　　　　　2-131《→年下》

　このことから、ナサル系の待遇価値は御～ナサル系に比べて低いと考えられる。ナサル系は表3によれば、おなじ親戚でも一色町の片山家の人に対する例が1例しかみられないが、これは、一色町の片山家が平太夫の実家であり、本家筋にあたる家であるため、御～ナサル系に比べて待遇価値の低いナサル系では待遇しないことによると考えられる。

　以上のように、ナサル系は親戚を第三者として待遇する場合に上位の者だけでなく下位の者に対しても用いられ、その待遇価値は御～ナサル系に比べて低いといえる。

3.5　ナル系

　ナル系は、新屋敷の佐藤家に対する例が16例中13例と多くみられる。そして、世代をみると、中年層の大寺おばさ1例、および、佐藤半太5例、佐藤おすゑ2例、佐藤おたき1例と、平太夫より世代が下の人に対して多く用いられていることがわかる。

(9) →佐藤おすゑ／鐐之助片山迄おばゝさニ送て貰ふたげなか、八ツ過から退屈がり内へいきたく成たと度々言出しおすゑさ大骨折、仕事をやめて相手ニなり、漸晩迄あそばせなつたげな。　　　　2-80《→年下》

　高年層の佐藤おじいさまと佐藤おばばさまに対する例もみられるが、いずれもごく打ち解けた話題での例である。とりわけ鐐之助に関わる話題では、次のように御～ナサル系が用いられる一方で、ナル系が用いられることがある。新屋敷の佐藤家の人に対する例が多いのも、佐藤家が鐐之助の祖父母の家であるためと考えられる。

(10) →佐藤おじいさま／ひるすぎしんやしきのおじいさが御出なさつたれバ、鐐こなんときがむゐたかおじいさとしんやしきへいこふといつたれバ、おじいさがうれしがり、おれとゆくか、そんならちよつとしんちへいつてくるからまつてゐやれやといふて、いそひでしんちへいつてきなつて、さあゆくぜや町どふしのぼりをみながらゆこふのふゑゝものを

かうてやるぜやなどといふてにこ〲してつれて御出なさつたげな。

1-70《→高年層》

また、表3から、藩士仲間Ⅰに対する例が2例みられる一方で、新屋敷の佐藤家以外の親戚に対する例が1例もみられないことがわかる。第5章と第6章の分析から、藩士仲間Ⅰは親戚に比べてより近しい人といえることがわかっている。このことをあわせ考えると、ナル系の待遇価値はナサル系に比べて低いと考えられる。

以上のように、ナル系は新屋敷の佐藤家の人を第三者として待遇する場合に、上位の者だけでなく下位の者に対しても用いられる。なお、その待遇価値はナサル系に比べて低いと考えられる。

3.6 レル・ラレル

レル・ラレルは、藩士仲間Ⅱに対して多く用いられるものの、全体としてみれば公人、親戚（一色町の片山家、その他）、藩士仲間Ⅱと、親疎さまざまな人に対して用いられるといえる。たとえば(11)は公人である御勘定所の御役人に対する例、(12)は親戚である山内又十郎に対する例、(13)は藩士仲間Ⅱの岩尾忠治祖母に対する例である。

(11) →御勘定所へ出た御役人／御勘定所へ出た御やくにんハみな御しろのほうへやられ、御たもんそのほかのやねへぼへあげられたげな。

1-36《→公人》

(12) →山内又十郎／先達山内へ細襦袢をあげたれバ、風呂敷壱ツ多葉粉二玉持て又十郎どのの礼ニ見へられたげな。　1-156《→親戚》

(13) →岩尾忠治祖母／生れ口か付と、めつたニ生れ、死口か付とやたらニ死。…岩尾忠治祖母と歟もしなれたげな。　3竹-29《→藩士Ⅱ》

また、公人、および藩士のなかでも(14)のような、御書院格の人に対する例が24例中15例と多くみられる。

(14) →松平左じろう／松平左じろうどのも大こくやニやすんでいられ、おなかと鐐こ水のみニ出てあそんでいたら、ぼうや〲ちよとこゝへきやれといふて、かき（虫）をくれられ、おとつさの御（虫）てといわれ

たげな。　　　　　　　　　　　　　　　　　1-101《→御書院格》
このようにレル・ラレルは、上位の者に対して多く用いられる。
　以上のように、レル・ラレルは親疎さまざまな人を第三者として待遇する場合に用いられ、上位の者を第三者として待遇する場合に用いられる。

3.7　ンス

　ンスは、親戚（一色町の片山家、新屋敷の佐藤家、その他）、藩士仲間Ⅰ、藩士仲間Ⅱと、レル・ラレルとおなじく親疎さまざまな人に対して用いられる。だが、世代がわかる人をみると、平太夫より世代が低い人に対する例がレル・ラレルに比べて多いことがわかる。(15)は中年層の稲塚あねさまに対する例である。また、(16)の郡おこん、大寺おみち、野本おみつも平太夫より若いとみられる人である。

(15)　→稲塚あねさま／稲づかのあねさまけふ四ツまへニ女の子をうましたげなで、片山よりかへりニちよつとよろこびニよる。
　　　　　　　　　　　　　　　　　　　　　　　　1-102《→中年層》

(16)　→郡おこん、大寺おみち、野本おみつ／…おこんおみちの本のおみつあそびニ見へる。九ツすぎかへらんしたげな。　1-78《→藩士Ⅰ》

　さらに、藩士仲間Ⅱに注目してみると、ンスは御書院格に対しては用いられにくく、平太夫とおなじ舞台格に対して多く用いられる。表3によれば藩士仲間Ⅱのなかでも御書院格に対する例が2例みられるが、これらは「転げやんした」「御ざんした」というンスの前に補助動詞のヤルや尊敬をあらわす動詞のゴザルを伴う形式であることから、例外とみてよいと思われる。

(17)　→柴田十右衛門／柴田十右衛門殿御奉行より御宮奉行へ上の方へ転げやんしたげな。　　　　　　　　　　　　4-154《→御書院格》

(18)　→小森甚五兵衛／けふハこうしんゆへ、ばんのまめいりニ、わせまめをおとし、ひだしていたら小もりのじんごびやうゑさんが御ざんしたげな。　　　　　　　　　　　　　　　　1-93《→御書院格》

このようにンスは、同等および下位の者に対して多く用いられる。
　以上のように、ンスは親疎さまざまな人を第三者として待遇する場合に用

いられ、同等および下位の者に対して用いられる。

3.8　テ＋指定

「〜てじゃ」のようなテ＋指定は、親戚（片山家、佐藤家、その他）、藩士仲間Ⅰ、藩士仲間Ⅱと親疎さまざまな人に対して用いられ、そのなかでも(19)(20)のような中年層以下の人に対して用いられる。また、(21)のような子どもに対する例もみられる。

(19)　→大寺おみき／今ふ大てらへはなし二ゆく。おみきさひぜん二かきくずれ此間からきてじゃげなが、りやうそでからたすきをとふしかたでむすんでうでまくりしてじゃ。　　　1-77《→藩士Ⅰ、中年層》

(20)　→清水源太夫おかみさん／しみづげん大夫のおかみさんがはせ川のおはつさ二はなしをそばでおなかがきいてはなす。まづかしわざきをたち、たがたへきたれバにぎやかでびつくりし、しんしうまつもとへきてまたびつくり。なごやへきてハなをにぎやか。御しろハ見へる。町ハ大そう二て又びつくり。くわなのやふなにぎやかなよいとこハござらぬとさ。きのふもあしぞろへを見に出おどりも半ぶん見てかへり内のふ人とを見せに出し又よる二なりおどり見二出ましたがこたへられねへで又今ふも出ましたとはなしだつたげな。　1-90《→藩士Ⅱ、中年層》

(21)　→佐藤おとう／新屋敷へ状御届申二寄。小女さ疱瘡最早かせ二懸り、昨日より目も明きそろ〰這ふてじゃげな。　4-131《→親戚、子ども》

このようにテ＋指定は、親疎さまざまな人を第三者として待遇する場合に用いられ、同等および下位の者を待遇する場合に用いられる。

3.9　普通動詞の位置づけ

さいごに、普通動詞の位置づけについてみておく。ただし、「げな」が含まれる地の文にみられる普通動詞は極めて多いので、「げな」を直接下接する普通動詞のみを対象として調査した。その結果、『桑名』には857例の「げな」を下接する普通動詞がみられた。この857例の普通動詞が誰に対して用いられたものであるのか、まとめたものが表4である。表4では、用例数が

3例以上みられる人のみを示した（全体の79%にあたる677例）。

表4　普通動詞によって待遇される人

普通動詞が用いられる人	親疎	用例数	全857例における割合
渡部鐐之助	家族	358	41.8%
渡部おばば	家族	166	19.4%
（不特定の人）	―	40	4.7%
片山均平（新地）	親戚	22	2.6%
渡部おなか	家族	14	1.6%
きつね	―	12	1.4%
渡部おなか、鐐之助	家族	10	1.2%
佐藤留五郎（矢田河原川端東）	親戚	9	1.1%
渡部おなか、おこん	家族	5	0.6%
佐藤おせん（矢田河原川端東）	家族	5	0.6%
片山おてつ（新地）	親戚	5	0.6%
子ども	―	5	0.6%
善蔵	武家階級以外	5	0.6%
わかいてやい	藩士Ⅰ	5	0.6%
佐藤留五郎、八田金助、春日三蔵	藩士Ⅰ	5	0.6%
菊地武八	藩士Ⅰ	4	0.5%
片山鉄弥（新地）	親戚	4	0.5%
渡部おこん	家族	3	0.4%

　表4によれば、平太夫の孫・鐐之助に対する例が358例、妻・おばばに対する例が166例と、家族に対する例が多くみられる。

　また、親戚のなかでも身分が平太夫とおなじ舞台格である新地の片山家と矢田河原川端東の佐藤家の人に対する例が多くみられるが、これらの家は家族のような付き合いがある家である。たとえば、平太夫の甥・片山均平に対する例が22例と多くみられるが、平太夫は均平を息子のように扱っていることから、均平は家族に準ずる人といえる。また、佐藤留五郎は平太夫の娘・おせんの夫であり、これも家族に準ずる人といえる。

(22) →おばば／おばゝ寺がねうつまでしごとをしてねたげな。
　　　　　　　　　　　　　　　　　　　　　　　1-122《→妻》
(23) →片山均平／均平御帳かへりニよりかしわもちをたべてもろふていつたげな。
　　　　　　　　　　　　　　　　　　　　　　　1-80《→甥》

このように普通動詞は、家族や家族に準ずる人に対して用いられる。

3.10　運用実態のまとめ

　ここまで、第三者待遇として用いられる尊敬の述部待遇表現形式の運用実態を形式ごとにみてきた。以上をふまえて全体を鳥瞰すると、『桑名』にみられる第三者待遇として用いられる尊敬の述部待遇表現形式には、第三者として待遇される人の親疎に偏りがあるものと、偏りがないものとがあるといえそうである。

　ここで、表3を親疎に着目して概略的に示すと、**表5**のようになる。表5では、親疎に着目してそれぞれの尊敬の述部待遇表現形式が使用される範囲を記号と矢印で示した。記号のうち、◎は系統ごとの総数に対する割合が50％以上であることを、○は10％以上であることを、そして△は3％以上であることを示している。さらに表5では、前項までの形式ごとの分析結果を加味して、用いられる親疎の範囲を矢印で示した[2]。

表5　親疎からみた尊敬の述部待遇表現形式の使用状況

親疎	形式	アソバス系	御〜ナサル系	御〜+指定	ナサル系	ナル系	レル・ラレル	ンス	テ+指定
公人		◎↕					△↑		
親戚	一色町片山家		○↕	○↕	△		○↑	△↑	○
	新屋敷佐藤家		◎↕	◎	◎	○↕	○	○	○
	その他				○		△	○	○
藩士仲間Ⅰ					○			○	○
藩士仲間Ⅱ			△	○	○	△	◎	○	○
その他							△↓	△↓	

さて、表5から、『桑名』にみられる第三者待遇として用いられる尊敬の述部待遇表現形式を親疎の偏りに注目してまとめなおすと、次のようになる。

　Aタイプ（待遇される人の親疎に偏りがある）
　　A－1《→公人》：アソバス系
　　A－2《→親戚》：御〜ナサル系、御〜＋指定、ナサル系、ナル系
　Bタイプ（待遇される人の親疎に偏りがない）
　　レル・ラレル、ンス、テ＋指定

　このように、『桑名』の第三者待遇として用いられる尊敬の述部待遇表現形式には、第三者として待遇される人の親疎に偏りがあるもの（以下、**Aタイプ**とする）と、偏りがないもの（以下、**Bタイプ**とする）とがある。
　待遇される人の親疎に偏りがあるAタイプのなかでは、公人に対して用いられるアソバス系の待遇価値がもっとも高いと考えられる。ついで、待遇価値の高い順に御〜ナサル系、御〜＋指定、ナサル系、ナル系があり、おもに親戚に対して用いられる。
　そして、待遇される人の親疎に偏りがない、すなわち親疎さまざまな人を第三者として待遇する場合に用いられるBタイプがあり、そのうちレル・ラレルは高年層や御書院格の人といった上位の者に対して用いられる。それに対して、ンス、テ＋指定は中年層と若年層あるいは舞台格の人といった同等および下位の者に対して用いられる。表3によれば、レル・ラレルが用いられる人に対しては、ンス、テ＋指定が用いられない。したがって、レル・ラレルとンス、テ＋指定は相補的に分布しているといえる[3]。
　なお、普通動詞は、Aタイプの尊敬の述部待遇表現形式のさらに下に位置するものと考えられ、家族や家族に準ずる人に対して用いられる。

4．第三者待遇表現の運用上の特質

4.1 話し相手待遇との比較から

　以上みてきたように、『桑名』にみられる第三者待遇として用いられる尊敬の述部待遇表現形式には、第三者として待遇される人の親疎に偏りがあるものと、偏りがないものとがある。では、このことを話し相手待遇との比較から捉えなおしてみると、どのようなことがいえるだろうか。ここで、『桑名』の話し相手待遇における述部待遇表現形式のひとつである命令形による命令表現の体系を整理した図1をみてみよう[4]。なお、この図1は第5章の図1を再掲したものである。

図1　『桑名日記』における命令形による命令表現の体系

	【ア】礼儀を必要とするような改まった場面	【イ】親しい間柄の打ち解けた場面	
		近しい人	より近しい人
上位	御〜ナサレマシ系 ［敬語動詞連用形］＋マシ	「ナサレ」	「ナヘ」
同等	御〜ナサレ系	「ナサヘ」	「ヤヘ」
下位			「ヤレ」

　図1について、述部待遇表現形式の種類に注目してみると、第三者待遇として用いられる尊敬の述部待遇表現形式のなかでもAタイプの述部待遇表現形式（御〜ナサル系、ナサル系、ナル系）は話し相手待遇でも用いられ、Bタイプの述部待遇表現形式（レル・ラレル、ンス、テ＋指定）は話し相手待遇では用いられないといえそうである。
　ここで、それぞれの尊敬の述部待遇表現形式が、第三者待遇、話し相手待遇のいずれで、どれくらい用いられているのか、使用状況をまとめると、次の**表6**のようになる。表6では、本章で調査した尊敬の述部待遇表現形式を

「第三者待遇」の用例数として示し、第5章で調査した命令形による命令表現にみられる述部待遇表現形式を「話し相手待遇」の用例数として示した。なお、御〜＋指定とテ＋指定については、命令形が存在しないと考えられるので「−」とした。

表6　尊敬の述部待遇表現形式の種類と用例数

		第三者待遇	話し相手待遇（命令形）
Aタイプ	アソバス系	4	0
	御〜ナサル系	50	64
	御〜＋指定	10	−
	ナサル系	22	27
	ナル系	16	258
	（ヤル系）	1	202
Bタイプ	レル・ラレル	24	0
	ンス	40	1
	テ＋指定	18	−

　さて、表6によれば、第三者待遇として用いられる尊敬の述部待遇表現形式のうちAタイプの述部待遇表現形式は話し相手待遇でも用いられる。その一方で、Bタイプの述部待遇表現形式は話し相手待遇では用いられず、いわば第三者待遇専用形式であったと考えられる。命令形による命令表現だけでなく平叙表現も含めて会話文全体（全4冊）を調査しても、Bタイプの尊敬の述部待遇表現形式が話し相手待遇として用いられた例は、レル・ラレル4例[5]、ンス3例しかみられず、テ＋指定に関しては1例もみられなかった。なお、アソバス系が話し相手待遇で1例もみられないのは、下級武士が「との様」のような公人と対話する場面がそもそもないためであると考えられる。
　以上のことをふまえて、『桑名』にみられる第三者待遇として用いられる尊敬の述部待遇表現形式を整理しなおすと、次のようになる。

【Aタイプ】 親疎に偏りがある 話し相手待遇でも用いられる	【Bタイプ】 親疎に偏りがない 話し相手待遇では用いられない
アソバス系(最上位) 御〜ナサル系、御〜＋指定(上位) ナサル系(上位、下位) ナル系(上位、下位)	レル・ラレル(上位) ンス、テ＋指定(下位)

4.2　Aタイプによって待遇される人の位置づけ

　以上のように、『桑名』には異なるタイプの第三者待遇として用いられる尊敬の述部待遇表現形式があることがわかった。そして、そのなかでも親疎に偏りなく用いられるBタイプの述部待遇表現形式は、いわば第三者待遇専用形式といえることが明らかになったが、このような第三者待遇専用形式の存在は、宮治弘明（1987）、山崎久之（2004）によって指摘されているように、歴史的にも認められることである。

　室町時代末期のロドリゲスは『日本大文典』において、「同輩とか少しく目下に当る者とかでそこに居ない者に就いて話す場合、又従属関係はないが尊敬すべき人でそこに居ない人に就いて話す場合には、(中略)与え得る最低の敬意を示すRaruru（らるる）を使ふ」（土井忠生訳　1955：600）と述べている。さらに、宮治（1987）、辻加代子（2001、2002）によって現代日本語の近畿方言にも第三者に偏る述部待遇表現形式があることが指摘されている[6]。このようにしてみると、第三者待遇専用形式があるということは広く日本語に認められることであるといえる。

　では、なぜ『桑名』では、Bタイプのような第三者待遇専用形式があるにも関わらず、話し相手待遇でも用いられるAタイプを用いて、その場にいない第三者を待遇することがあるのであろうか。Aタイプによって待遇される人の位置づけをみながら考えると、以下のような二つの要因が考えられそうである。

　まずひとつめとしては、形式が持つ待遇価値に関する要因が考えられる。表3をみると、Aタイプのなかでも待遇価値の高い形式であるアソバス系、御〜ナサル系、御〜＋指定によって待遇される人は、Bタイプの述部待遇表

現形式が用いられにくい人であることがわかる。表3では、Aタイプのアソバス系、御〜ナサル系、御〜＋指定が用いられる一方で、Bタイプが用いられない人の用例数を白黒反転させて示した。表3からわかるように、少将様、おとの様といった公人はアソバス系でのみ待遇され、片山おばばさま、飯村おばばさま（佐藤家の親戚）といった高年層の親戚や親戚に準ずる人は御〜ナサル系、御〜＋指定で待遇される。佐藤おじいさまと佐藤おばばさまについても他の形式で待遇されることがあるものの、用例数をみるかぎり、基本的には御〜ナサル系と御〜＋指定で待遇されるとみてよいであろう。このように、公人や親戚のなかでも高年層の人のような、より高く待遇する必要がある、いわば真に尊敬すべき人には、Bタイプの述部待遇表現形式ではなくAタイプの述部待遇表現形式が用いられる。

つまり、Bタイプの述部待遇表現形式では待遇価値が低いために、より待遇価値の高いAタイプの述部待遇表現形式が用いられるのではないかと考えられる。Bタイプのレル・ラレルは上位の者に対する上向きの第三者待遇専用形式ではあるものの、ロドリゲスの「与え得る最低の敬意を示す」という指摘からもわかるように、待遇価値はそれほど高くないものと考えられる[7]。実際、『桑名』においてわずかながらみられるレル・ラレルの話し相手待遇での例は、すべて、次のように身分の低い者に対する例である。

(24) 平太夫→縮み屋／…ちゞみやがくるとみな上り口へすわるゆへ、<u>みられる</u>とふりじやによつて御ぢんやへ<u>ゆかれたら</u>よろしくいふてたもれとたのむ。　　　　　　　　　　　　　　1-20《平太夫→武家階級以外》

そして、もうひとつの要因としては、心的な効果に関する要因が考えられる。表3によれば、Aタイプのなかでもナサル系とナル系によって待遇される人は、新屋敷の佐藤家に偏ってみられることがわかる。新屋敷の佐藤家は平太夫の孫・鐐之助が毎日のように遊びに行く鐐之助の母・おきくの実家であることから、新屋敷の佐藤家の人々は話し手である平太夫と聞き手である勝之助、おきく夫妻の双方にとって心的距離が極めて近い身内といえる。このように、話し手と聞き手の双方にとって心的距離が極めて近い身内には、Bタイプの述部待遇表現形式が用いられる一方で、Aタイプの述部待遇表現

形式についても積極的に用いられることがある。これは、話し相手待遇でも用いられる述部待遇表現形式を用いることによって、日記のなかで展開される場を話し手と聞き手のあいだで共有させ、その場にいない第三者をあたかもその場にいるようにみせる効果があったのではないかと考えられる。

このように、真に尊敬すべき人、話し手と聞き手の双方にとって心的距離が極めて近い身内は、第三者待遇専用形式であるBタイプの述部待遇表現形式ではなく、話し相手待遇でも用いられるAタイプの述部待遇表現形式によって待遇されることがある。

4.3　第三者待遇における尊敬の述部待遇表現形式の使い分け

ただし、第三者待遇におけるAタイプの述部待遇表現形式の使用で注目すべき点は、話し相手待遇でも用いられる述部待遇表現形式によって待遇するといっても、待遇される人がその場にいない話題の人物であることには変わりはないために、述部待遇表現形式の使い分けは目の前に敬意の対象がいる話し相手待遇に比べて厳格ではないということである。

たとえば平太夫は、話し相手待遇においては、(25)のように佐藤おじいさまを待遇価値のより高い御〜ナサレマシや御〜ナサレを用いて待遇する。平太夫が佐藤おじいさまに対してナサル系やナル系を用いることはない。これは、第5章で述べたように、場面を構成する聞き手である佐藤おじいさまが平太夫より9歳年上の親戚であり、礼儀を必要とする人であることによると考えられる。しかし、(26)のように第三者待遇においては、平太夫は「佐藤おじいさま」を待遇価値の低いナル系を用いて待遇することがある。

(25)　平太夫→佐藤おじいさま／しんやしきのおじいさま御出なされ、水沢七郎左ヱ門のむすめをよめニもろふつもりなり…内のものもほしがるで御そうだんニ参りましとおつしゃるゆへ、しごくよろしう御ざりましよふとおば〻ともへ〜云。御やしよく<u>あがつて御出なさへ</u>【話し相手待遇】ととめたれど、またほかへもよるところもあるとて、いそひで御かへりなさる。　　　　　　　　1-167《→親戚、高年層》

(26)　(平太夫)→佐藤おじいさま／しんやしきのおじいさじやうを<u>もつ</u>

てきてくんなつた【第三者待遇】げな。　　　　　1-64《→親戚、高年層》
このように第三者待遇では、待遇価値の低い形式によって、礼儀を必要とするような人を待遇することがある。

　もっともさきに述べたように、その場にいない第三者をあたかもその場にいるようにみせるためにナル系を用いることもあったと考えられるが、いずれにせよその場にいない第三者であるという意識が、待遇価値の低い形式によって礼儀を必要とするような人を待遇することを許容させていたのではないかと考えられる。

　また、心的距離が極めて近い身内が第三者である場合、Ｂタイプの述部待遇表現形式が用いられる一方で、Ａタイプの述部待遇表現形式についても用いられることはすでに述べたが、このＡタイプとＢタイプの使い分けにも明確な基準はみられないようである。ＡタイプとＢタイプの述部待遇表現形式は、次のようにおなじ人に対する似たような場面で用いられる。

(27)　→佐藤おじいさま／しんやしきの御じゐさま御出なされ【Ａタイプ】、二三日ぢうニ、鐐こをつれて、片山のおばゝさと、おとしさをさそつて御出なさへとおつしやつて御かへりなされた【Ａタイプ】げな。　1-158
(28)　→佐藤おじいさま／しんやしきのおじいさ、しんちへ見まひニゆかんして【Ｂタイプ】、もどりによらんした【Ｂタイプ】げな。　1-34

このようにＡタイプとＢタイプの使い分けに明確な基準はみられない。

　以上のように第三者待遇における尊敬の述部待遇表現形式の使い分けは、話し相手待遇に比べて厳格ではない。話し相手待遇にみられるような、場面や親疎、上下、近しさによる精細な使い分けを第三者待遇において把握することはできない。山崎（2004：296）に他称、すなわち第三者に対する待遇表現では「待遇表現において対称（筆者注：話し相手待遇）よりも安易に表現する傾向がある」という指摘があるが、『桑名』においても、その傾向は認められるといえよう[8]。

4.4　まとめ

　ここまでみてきた第三者待遇として用いられる尊敬の述部待遇表現形式の

運用上の特質をまとめると、次のようになる。

①『桑名』には第三者待遇専用形式（レル・ラレル、ンス、テ＋指定）があり、親疎に偏りなく、さまざまな第三者を待遇する場合に用いられる。
②真に尊敬すべき人、話し手と聞き手の双方にとって心的距離が極めて近い身内が第三者である場合、第三者によっては、話し相手待遇でも用いられる述部待遇表現形式（アソバス系、御〜ナサル系、御〜＋指定、ナサル系、ナル系）を用いて待遇することがある。
③第三者待遇における尊敬の述部待遇表現形式の使い分けは、話し相手待遇における使い分けに比べて厳格ではない。

以上みてきたように、ここまで本章では、日記の書き手（話し手）である平太夫と第三者として待遇される人との関係の分析をとおして、下級武士の家庭内の日常会話において第三者待遇として用いられる尊敬の述部待遇表現形式の運用上の特質を明らかにした。

5．第三者待遇表現からみた家庭内での会話場面における待遇表現の性格
　　―身内尊敬用法や自然物に対する敬語使用にも着目して―

　本章では、日記の書き手である平太夫が日記の読み手である養子の勝之助とおきく夫妻に日常のことばで語りかけている文を対象として、第三者待遇表現の運用実態を分析してきた。すなわち、本章でみてきた運用実態は、下級武士とその家族の家庭内、あるいは家庭内に準じる会話場面における運用実態を示すものといえる。
　ここまでみてきたように、家庭内での会話場面における第三者待遇表現の運用上の特質としては、第三者待遇における尊敬の述部待遇表現形式の使い分けは話し相手待遇における使い分けに比べて厳格ではないといった特質がある。だが、視点をかえてみれば、家庭内での会話場面では、敬意の対象がその場にはいない話題の第三者であっても、尊敬の述部待遇表現形式が敬意

の対象の属性によって使い分けられると一方ではいうことができる。真に尊敬すべき人、心的距離が極めて近い身内が第三者である場合には、アソバス系、御〜ナサル系、御〜＋指定、ナサル系、ナル系が使い分けられる。また、第三者がそのような人ではない場合でも、第三者待遇専用形式であるレル・ラレルとテ＋指定が使い分けられる。このように、第三者待遇専用形式であるかどうか（ＡタイプかＢタイプか）ということは別として、複数の形式が敬意の対象の属性によって使い分けられるという点では、家庭内における待遇表現の運用には絶対敬語的な性格がみられるといえそうである。

さて、ここで思い至るのは、加藤正信（1973）が指摘する日本語の諸方言にみられる「身内尊敬用法」の存在である。身内尊敬用法とは、話題の第三者が身内である場合にも、尊敬表現を用いて待遇するというものであり、「話題の人物に対する尊敬表現として子供たち同士で〈お父さんがオ帰リニナッタ〉のように言う」用法のことであり、絶対敬語的な性格を持つと捉えられる用法のことである。

飯豊毅一（1987）は、こうした身内尊敬用法について、「身内の中で行われる待遇表現法」、すなわち「対内身内待遇表現法」と区別して、外部の人に対して身内のことを言う場合にどういうかということに関わる待遇表現の用法を「対外身内待遇表現法」と呼んでいる。現代日本語では、外部の人に対して身内のことを言う場合、「父が申しました」「社長は出かけております」のように尊敬表現を用いないのが普通である。

ここで、こうした対外身内待遇表現法に注目して『桑名』をみわたしてみると、詳細な調査は今後の課題ではあるが、少なくとも改まった場面では、第三者である身内のことを外部の人に対してを言う場合には、次のように、いわゆる謙譲語を用いていることがわかる。たとえば、(29)では山崎欽吾が自分の父・山崎善作の「言う」という動作を、(30)では片山おてつが夫の片山均平の「言う」という動作を、それぞれ「申ました」という謙譲語を用いて述べている。

(29) 山崎欽吾→親父（山崎善作）、聞き手は平太夫／山善伜欽吾も河合小左ヱ門殿組江明日被召抱候由ニ而、欽吾見へどふぞ今晩御出被下と親

父か申ましたと云たげなが、遅く成候付、不行。　　　　　　3-竹50
（30）　片山おてつ→（夫・片山均平）、聞き手は平太夫／昨日均平高松より米頼れ用事有之、昼前見へ、おてつ夜前蛍二ツ取ましたを鐐ニ遣てくれと申ましたと紙ニ包持て来てくれる。　　　　　　　　　　　3-竹23

このように、第三者である身内のことを外部の人に対して言う場合は、少なくとも改まった場面では尊敬の述部待遇表現形式は用いない。

　ところが、ごく親しい間柄における会話文をみると、わずかながら、第三者である身内のことを尊敬の述部待遇表現形式を用いて待遇した例がみられる。たとえば（31）では、稲塚家の子ども（鉄坊、おいね）が自分の母親のことを平太夫との会話のなかで尊敬の述部待遇表現形式のナル系を用いて待遇している。また、（32）では片山家の子どもが自分の父親のことを平太夫との会話のなかで、おなじく尊敬の述部待遇表現形式のナル系を用いて待遇している。

（31）　稲塚鉄坊、おいね→おつかさ（稲塚あねさま）、聞き手は平太夫／八ツ時分ニ成共、姉さま御ざらす、鐐迎ひニ行。暫立、鉄坊とおいねをつれて来ル。おつかさハなにしてだと問へハ、おつかさハ跡から来なると云。七ツ半過ニ漸御ざる。　　　　　　　　　　　　　3-竹41

（32）　子ども→おとつさ（片山勝蔵のことか）、聞き手は平太夫／先出懸ニ須藤へ米札ヲ置ニ寄。屋根普請也。片山の前ヘ行と、子供がおとつさいふへおそく帰りなつたと言。直ニより暫ニて対面致ス。　　　　2-108

これらは、尊敬の述部待遇表現形式による対内身内待遇表現法の例であり、加藤が指摘する身内尊敬用法の例である。

　さらに、家庭内では、次のように第三者が自然物である場合にも、尊敬の述部待遇表現形式が用いられる。たとえば（33）では「四日月さま」を、（34）では「かみなりさま」を尊敬の述部待遇表現形式で待遇している。

（33）　鐐之助→四日月さま／夕かた三ほふニとうふをのせ、鐐ニもたせ四日月さまへそなへさせ、ほふそふをかるくさせて御くれなさへませといわせて御じぎをさせる。　　　　　　　　　　　　　　　　1-175

（34）　鐐之助→かみなりさま／鐐北のほうでござをひき石とりニ大こをつ

けてたゝいていたがかみなりがなるとうろたへてとびあがり、かみなり
さまが<u>なりなさる</u>おばゝ〰といふ。おばゝあれハ天でおまつりの大こ
だから鐐もまけずにたゞきやれといふたら又おりてげんきをえてめつた
ニたゞく。鐐おばゝ〰おれが大こをゑらくたゞいてかみなりさまをま
かしてやつたからもう<u>なりなさらぬ</u>といふ。しばらくすぎて二ツ三ツと
ふくでなれども平気也。　　　　　　　　　　　　　　　　　1-80

こうした自然物に対する敬語の使用は、加藤や井上史雄（1989）によって指
摘されているように、古代敬語的な用法の残存と捉えられるものである。
　以上のように、身内尊敬用法や自然物に対する敬語使用に着目して『桑名』
をみわたすと、下級武士とその家族の家庭内の会話場面や、それに準ずる会
話場面では、こうした絶対敬語的な用法がみられることがわかる。
　これらのことと、本章で明らかにした近世末期桑名藩の下級武士とその家
族の日常会話における第三者待遇表現の運用上の特質をあわせ考えると、家
庭内、あるいは家庭内に準じる会話場面における待遇表現体系は、絶対敬語
的な性格を持つものであったといえそうである。つまり、本章で明らかにし
た、敬意の対象がその場にはいない話題の第三者であっても、尊敬の述部待
遇表現形式が敬意の対象の属性によって使い分けられるという第三者待遇表
現の特質は、絶対敬語的な用法の残存であると考えられる。こうした家庭内
における絶対敬語的な用法の残存は、身内尊敬用法や自然物に対する敬語の
使用からもうかがいしれるものであり、近世末期桑名藩の下級武士とその家
族の待遇表現体系の性格の一端を示すものであると考えられる。

6．まとめ

　以上、本章では、はじめに「げな」を含む地の文にみられる尊敬の述部待
遇表現形式を対象として、第三者として用いられる尊敬の述部待遇表現形式
の運用実態を分析し、話し相手待遇との比較から第三者待遇表現の運用上の
特質を明らかにした。その結果、第三者待遇専用形式（レル・ラレル、ンス、
テ＋指定）があること、第三者によっては話し相手待遇で用いられる尊敬の

述部待遇表現形式（アソバス系、御〜ナサル系、御〜＋指定、ナサル系、ナル系）を用いて第三者を待遇することがあること、ただし、その使い分けは話し相手待遇に比べて厳格ではないことが明らかになった。

また、こうした第三者待遇表現の運用上の特質に加え、身内尊敬用法や自然物に対する敬語使用にも着目すると、家庭内、あるいは家庭内に準じる会話場面における待遇表現の体系は、絶対敬語的な性格がみられるものであるといえることが明らかになった。

注

1) 表1の「候」字の用例数は彦坂佳宣（2003）による。彦坂によれば、『桑名』では鐐之助の成長に伴って文体が変化し、候文の特徴となる「候」字が冊数を重ねるごとに増加する。なお、このことは、第4章の注3で詳しく述べた。

2) 表5によれば、御〜ナサル系、御〜＋指定、ナサル系、ナル系の藩士仲間Ⅱの欄に○や△がみられるが、これらは形式ごとの分析で述べたように、藩士仲間Ⅱのなかでも渡部家と交流がある、親戚に準ずる人に対して用いられた例である。そこで、このような○や△は親戚の用例として扱うこととし、当該形式が用いられる親疎の範囲（矢印で示した部分）には含めなかった。

3) ンスとテ＋指定の違いは、テンス・アスペクト機能の差であると思われる。村上謙（2009：3）によれば、「尊敬語化形式「テ＋指定辞」は成立初期、「尊敬語化機能」に加えて「継続性表示機能」と「現在時表示機能」を有していた」といい、『桑名』においてもテ＋指定は「継続性表示機能」と「現在時表示機能」を有していると思われる例（用例（19）〜（21）など）が多くみられる。

4) 図1の「　」で括った形式は、音便形・非音便形の区別がある形式であることを示す。

5) 「仰せ付けられまし」「罷出られまし」2例を除く、動詞未然形＋レル・ラレルの用例数。

6) 宮治（1987：39）の「面と向かって話す場合よりも第三者として待遇する場合に述部待遇表現形式が多用される」という指摘に基づき現代京都市方言にみられるハル敬語の実態を考察した辻（2001：75）によれば、「第三者待遇において使われるハルの基本的機能は本来の尊敬語の機能を希薄化し、敬意のニュートラル化をおこし「三人称指標機能」に傾いている」という。『桑名』において第三者待遇で用いられるレル・ラレル、ンス、テ＋指定（B

タイプ）は親疎に偏りなく用いられるという点では「三人称指標機能」に傾きつつあるといえるが、一方で第三者の属性によって使い分けられているという点では、尊敬語機能もなお、維持しているといえる。辻の指摘は、辻の論をふまえた日高水穂（2009）とあわせ『桑名』のＢタイプの述部待遇表現形式の特質を考えるうえで重要な示唆を与えるものであるが、Ｂタイプの各形式の詳細な機能の記述については注３で述べたンスとテ＋指定の機能の考察も含め、今後の課題である。

7）　レル・ラレルの待遇価値の低さについては、永田高志（2001）、神部宏泰（2007）にも指摘がある。
8）　山崎（2004：246-247）は段階を通じて使用する「らるる」について「用法に融通性、アイマイ性がある」としたうえで「安易待遇語（通段階性待遇語）」と仮称している。つまり、Ｂタイプの述部待遇表現形式が親疎に偏りなく用いられることも、「安易に表現する傾向」のひとつと捉えているとみられる。しかし、第三者待遇専用形式である「らるる」を含むＢタイプの述部待遇表現形式に注６で引用した「三人称指標機能」があるとすれば、親疎に偏りなく用いられるという特質が「安易に表現する傾向」にのみよるとは必ずしもいえず、慎重に検討する必要がある。

第10章　待遇表現の使い分けに関わる場面の内実
　　　——平太夫の一日の生活に着目して——

1．本章の目的

　本章の目的は、これまで明らかにしてきた『桑名日記』（以下、『桑名』とする）の待遇表現の使い分けに関わる要因のひとつである場面の内実を明らかにすることである。
　ここで、これまでの分析から明らかになった待遇表現の体系を示すと、次の図1〜図4のようになる。**図1**は、第4章で明らかにした「来ル」を意味する尊敬語の体系を、**図2**は第5章で明らかにした命令形による命令表現の体系を、**図3**は第6章で明らかにした授受補助動詞クレル類命令形による働きかけの表現の体系を、**図4**は第8章で明らかにした人称代名詞の体系をそれぞれ示したものである。なお、これらの図は第3部のはじめに示したものを再掲したものである。
　さて、これらの体系を待遇表現の使い分けに関わる要因という観点から広くみわたすと、まず、上位、同等、下位といった上下関係が待遇表現の使い分けに関わる要因のひとつとなっていることがわかる。これは、客観的な身分や年齢に応じた、いわばタテ方向の使い分けに関わる要因といえる。
　その一方で、図1〜図4からわかるように『桑名』では、【ア】礼儀を必要とするような改まった場面か、【イ】親しい間柄の打ち解けた場面かという場面についても、待遇表現の使い分けに関わる重要な要因のひとつになっている。このような要因は、上下関係によるタテ方向の使い分けに関わる要因に対していうならば、ヨコ方向の使い分けに関わる要因であるといえよう。
　だが、このヨコ方向の使い分けに関わる要因は、上下関係によるタテ方向の使い分けに関わる要因とは異なり、客観的に捉えることが難しいといわざ

図1　「来ル」を意味する尊敬語の体系

	【ア】礼儀を必要とするような改まった場面	【イ】親しい間柄の打ち解けた場面	
		近しい人	より近しい人
上位	御出ナサル	来ナサル	来ナル
同等			来ヤル
下位	ゴザラシル／ゴザル		

図2　命令形による命令表現の体系

	【ア】礼儀を必要とするような改まった場面	【イ】親しい間柄の打ち解けた場面	
		近しい人	より近しい人
上位	御～ナサレマシ系	「ナサレ」	「ナヘ」
同等	御～ナサレ系	「ナサヘ」	「ヤヘ」
下位			「ヤレ」

図3　授受補助動詞クレル類命令形による働きかけの表現の体系

	【ア】礼儀を必要とするような改まった場面	【イ】親しい間柄の打ち解けた場面	
		近しい人	より近しい人
上位	御～ナサッテクダサレマシ／御～クダサリマシ	御～ナサッテオクレ／ナサレリマシ／テオクレナサリマシ	「テクンナヘ」
同等	御～クダサレ	テオクレナサレ	「テクリヤヘ」
下位	テクダサレ	テオクレ	「テクリヤレ」

図4　人称代名詞の体系（自称／対称）

	【ア】礼儀を必要とするような改まった場面	【イ】親しい間柄の打ち解けた場面	
上位	〈私〉／φ	オレ／オマヘ	オラ／キサマ
同等			
下位			

るをえない。

　つまり、上下関係ならば身分や年齢といった客観的な属性から捉えることが可能であるが、場面は無限にあるため、一様には捉えることができない。従来、場面についてその重要性が指摘されながらも、上下関係ほど体系的には捉えられてこなかった背景には、こうした事情が関わっているものと思われる。本書でも、ここまで場面については、「礼儀を必要とする」、あるいは「打ち解けた」というように、おおまかに捉えるにとどまっている。【ア】礼儀を必要とするような改まった場面とは、また、【イ】親しい間柄の打ち解けた場面とは具体的にどのような場面であるのであろうか。

　そこで、本章では、このヨコ方向の使い分けに関わる要因ともいえる場面について、さらに掘り下げて考えてみようと思う。

　本章では、話し手が渡部平太夫である会話文を対象として分析する。第2部までは、問題とする事例に関わる形式を話し手が誰であるかに関わらず集めて量的に分析するという方法を採ってきたが、無限にある場面を捉えるには、ひとりの人物に注目して分析することが望ましい。本章でとりあげる渡部平太夫は『桑名』の筆者であることから、一日の生活を把握することができる人物であり、場面の内実を捉えるにはもっとも適した人物であると考えられる。本章では、第3章で明らかにした平太夫の一日の生活をふまえながら、場面の内実をみていくことにする。

2．場面とは何か

　ところで、本章で明らかにしようとする場面とはいかなるものであるのであろうか。ここでは、場面の内実を明らかにするにあたり、場面とは何かということについて整理しておく。

　時枝誠記（1941）は『国語学原論』のなかで、場面とは何かということに関して、次のような興味深い指摘をしている。

> 言語に於ける最も具体的な場面は聴手であって、我々は聴手に対して、常に何等かの主体的感情、例えば気安い感じ、軽蔑したい感じ等を以て相対し、それらの場面に於いて言語を行為するのである。しかしながら、場面は只単に聴手のみその内容が限定せらるべきものではなくして、聴手をも含めて、その周囲の一切の主体の志向的対象となるものを含むものである。
> 時枝（1941：44）

このように場面をどう捉えるかということは「主体」、すなわち話し手の主観によるところが大きく、「気安い感じ、軽蔑したい感じ」といった心理的な側面を多分に含んでいるのである。

　こうした心理的な側面を文献資料から把握することは難しいといわざるをえないが、『桑名』にはこうした待遇表現の使い分けに関わる心理的な側面をうかがわせる次のような記事が、わずかながらみられる。たとえば（1）は、「内々の人」ならともかく「気遣ひの御方」がいる場合には、ことばを慎重に選んで話さなければならなかったことを示唆するものといえる。また、（2）からは、渡部家に「よその人」が来たときの微妙な配慮の様相がうかがえる。平太夫と孫の鐐之助は家庭のなかで、ふだんは「おばゝが帰りなつたら寝なんか」というようにナル系を用いて話している。だが、そこに「よその人」がひとたび加わると、「御じゐさハよそへ呼れて行ました」のような丁寧なことばづかいが求められる。

（1）　昨日も均平勝蔵の来て居るニ、御客様が居なるでたこが出来んでつまらんなあ、早く帰つてくんなれバゑゝになアといふ故おばゝ気の毒がり、あのまア言事ハ皆内々の人だからゑゝが気遣ひの御方でなくてよかつたと大笑ひ也。　　　　　　　　　　　　　　　　2-33

（2）　洗湯より帰ると、おばゝ代り合行。其跡てねぶく成、鐐おばゝが帰りなつたら寝なんか、おばゝが帰りなつてもどふして寝らりやふさ、よその人が来ん様に成てから寝ルハ、よその人か来たら、おばゝが出て、御じゐさハよそへ呼れて行ましたと云なれバゑゝ。そんなら、御帰り迄待て居ましよう、と云た時どふする、そんなら泊てだと云なれバゑゝ。

左様なら泊て御出なさる処ハ何かたで御ざりますと云たらどふする。その時ハうそだつたアと云なればゑゝ。どふしてそんなうそを云と、殿様から叱られると云たら、こまつてだんまり、つまらんなアと云て、ひとりで寝て、直ニ眠。　　　　　　　　　　　　　　　　　　　　2-4

このことから、場面とは、まず、話し手が場面を構成する聞き手や会話の参加者をどう捉えるかによって決まるものであるということがいえる。

　そして、聞き手や会話の参加者をどう捉えるかということは、場所や話題によって、その時々で異なるものであると考えられる。たとえば（3）と（4）は、いずれも片山均平からおじの平太夫に対する例であり、話し手と聞き手はおなじである。だが、（3）と（4）とでは異なる形式が用いられている。すなわち、法事に関わる話題の（3）では御～クダサレ系が用いられ、茄子を置いていくという話題の（4）ではテオクレナサレ系が用いられている。

（3）　片山均平→平太夫／今朝均平見へ、今日ハ祖母の忌日ニ付久しく何も上ませなんだで鐐をつれて八ツ半頃御出被下と言て行。

4-218《甥→おじ》

（4）　片山均平→平太夫／均平茄子を十四五風呂敷ニ包持参、一寸行て参り升から明て置て御くれなされと言て行候切ニてどふしだか不見。

4-109《甥→おじ》

　以上のことからいえることは、聞き手の属性のみが場面を規定するものではないということである。つまり、場面とは、話し手が生活のなかで遭遇するさまざまな場面を聞き手や会話の参加者、あるいは場所や話題に応じて、その都度、捉えていくものであると考えられる。

　以下、本章では、話し手が生活のなかで遭遇する具体的な場面を「会話場面」とし、抽象的な意味での「場面」と区別する。本章では、どのような場所での、どのような人との、どのような話題での会話場面であるのかといった場面の内実を多角的に捉えることによって、【ア】礼儀を必要とするような改まった場面や【イ】親しい間柄の打ち解けた場面といった場面が具体的にどのような場面であるのかについて、明らかにする。

3．分析対象

本章で分析の対象とするのは、次のような話し手が平太夫である会話文（下線部）である。

(5) 〔話し手：平太夫〕あさののおじゐさが何か くんなる そふだ、御めでたふ御ざりますと御じぎを しやれ といふたら、うろたへてにこ〳〵わろふてきて、〔話し手：鐐之助〕御めでたふ御ざりますとおじぎをする。くわしを下さる。　　　　　　　　　　　　　　　　1-124

(6) 六ツ過大津留より状と紙を御届被下。矢田河原之内子ども若党ニ行居候者ニて、顔ハ知て居れど、誰の悴か二男不知、〔話し手：平太夫〕いつ 御着被成た と問へハ、〔話し手：矢田河原の誰かの次男〕今日八ツ過ニ御着て御ざりましたと云。　　　　　　　　　　　3-竹28

『桑名』全4冊を調査したところ、(5)(6)ような話し手が平太夫である会話文は625みられた。これら625の会話文について、さらに調査したところ、「くんなる」「しやれ」「御着被成た」のようなおもに尊敬をあらわすと考えられる述部待遇表現形式（上掲(5)(6)で四角で囲った形式など）は216例みられた。本章では、「来ル」を意味する尊敬語を対象とした第4章、命令形による命令表現を対象とした第5章、授受補助動詞クレル類命令形による働きかけの表現を対象とした第6章で扱った用例だけでなく、「くんなる」「御着被成た」のような、これまでの分析では対象としなかったおもに尊敬をあらわすと考えられる述部待遇表現形式（以下、「尊敬の述部待遇表現形式」とする）についても、第4章～第6章の分析結果に基づきながら対象とする。

そこで、本章でははじめに、これら216例の尊敬の述部待遇表現形式について、第4章、第5章、第6章での分析結果に基づき3つの語群に分類する。第4章、第5章、第6章での分析結果をまとめた図1、図2、図3によれば、場面と語群のあいだには相関が認められる。すなわち、【ア】礼儀を必要とするような改まった場面（以下、**A場面**とする）では、「御」を上接する御～ナサル系、御～クダサル系、および、クダサル系が用いられる。また、「来

ル」を意味する尊敬語では、御出ナサル、ゴザラシル、ゴザルが用いられる。そして、【イ】親しい間柄の打ち解けた場面のうち一定の礼節を必要とするような近しい人との場面（以下、**B場面**とする）では、ナサル系、テオクレナサル系、テオクレが用いられる。さらに、【イ】の場面のうちより近しい人との場面（以下、**C場面**とする）では、ナル系、ヤル系が用いられる。

　ここで、この場面と語群の相関をまとめると、図5のようになる。**A群**はA場面で用いられる尊敬の述部待遇表現形式であることを、**B群**はB場面で用いられる尊敬の述部待遇表現形式であることを、そして、**C群**はC場面で用いられる尊敬の述部待遇表現形式であることを、それぞれ示している。なお、第8章で扱った人称代名詞については話し手が平太夫である例が少なく、かつ、B場面とC場面の区別がはっきりしないので本章では対象としない。

図5　場面と語群の相関

場面	【ア】礼儀を必要とするような改まった場面	【イ】親しい間柄の打ち解けた場面	
		近しい人	より近しい人
	A場面	B場面	C場面
語群	A　群	B　群	C　群
	御～ナサル系（御出ナサル） 御～クダサル系 クダサル系 ゴザラシル、ゴザル	ナサル系 テオクレナサル系 テオクレ	ナル系 ヤル系

　さて、この図5に従い、話し手が平太夫である会話文にみられる尊敬の述部待遇表現形式216例について、語群ごとにまとめると次の**表1**のようになる。

　また、これら216例の尊敬の述部待遇表現形式について、どのような人との、どのような場所での、どのような話題における会話場面で用いられたものであるのかについてまとめたものが**表2**（pp. 251-254）である[1]。

　表2では、まず、語群ごとに話し手（平太夫）と聞き手の関係、つまり、聞き手の親疎（家族、親戚、藩士仲間Ⅰ、藩士仲間Ⅱ）[2]と聞き手の世代、および、敬意の対象を示した。なお、聞き手と敬意の対象が一致する場合は、敬意の対象の欄には敬意の対象（聞き手）の氏名を表示しない。また、会話

表1　話し手が平太夫である会話文にみられる尊敬の述部待遇表現形式

群	系	用例	小計	計
A群	御〜ナサル系	御着被成た、御くれなさつた、御出なさつた、御出なされたら、御出なされそうなものしや、御帰り被成候ハヽ、御出被成候、御出被成候御積なら、御出被成候節、御出なされまし、御出なされまし、御認被成まし、御遣しなされ、御出なさへ、御かへなさい、御よりなさへ、御免なさへ、対談被成、御帰り被成	19	43
	御〜クダサル系	御伝言被下まし、御［漢語語幹］被下(2)、御〜被下(2)、御免被下(2)、御覧被下(2)、御〜被下候様(3)、御相談被下候様、御相談被下ましたか、御待被下間敷	15	
	クダサル系	〜被下候様(2)、〜て下され(2)、貰ふて被下、伝言被下候様	6	
	ゴザラシル・ゴザル	御さらしる様に(2)、御ざる様に	3	
B群	テオクレナサル系	て御くれなさる様ニ、て御くれなされ	2	11
	テオクレ	て御くれ	1	
	ナサル系	泊りなされ、被成まし、出なさるように、どふなされた、いなさらんで、やりなさつた、言なさつた、言なされた	8	
C群	ナル系	〜なる(16)、〜なつた(11)、〜なん(2)、きなるまへ云ならんから、帰りなつても、かへりなつたろうから、くんなんは、しかりなつたであろう、〜てくんなへ	36	162
	ヤル系	〜てもらいやれ、〜てくりやれ(9)、〜やれ(110)、〜くりやるな(2)、〜やんな(2)、〜や(2)	126	

合計216例

の参加者が内容からはっきりわかる場合には参加者を示した。さらに、会話の場所と話題を示した。話題に関しては、そもそも分類すること自体が難しいといわざるをえないが、ひとまず南不二男（1972）にならい、「資料に出て来る限りのものをおおうことが出来そうに思われる項目をあげ」（南1972：38）て、示した[3]。具体的には、日常・身辺・家族、親戚付き合い、藩社会、個人うわさ、きまり文句、事務・用事の6つに分類し、さらにそのなかを細かく分類した。細かな分類については、表2の（　）内に示した。

　以下、本章では、A群、B群、C群の尊敬の述部待遇表現形式が、平太夫の一日の生活のなかのどのような会話場面で用いられているのかを分析し、それらの語群が用いられるA場面、B場面、C場面とは具体的にどのような場面であるのかについて分析する。

平太夫の一日の生活については第3章で明らかにしたが、ここで再び示しておこう。

《御蔵のある日》
　6：00〜7：00　起床
　　塩で歯磨き、うがい、表の掃除、朝飯、留五郎か五蔵に髪月代を剃ってもらう
　例刻（8：00か9：00）　御蔵に出役
　　日によっては勘定所へ帳面を差出に行く、弁当
　14：00〜17：00　引取（※弁当なしの日は12：00〜13：00に引取）
　　御蔵からの帰路に挨拶廻り（歓び、悔やみ、見舞い）
　帰宅
　　夜なべ（網すき、おばばの手伝いなど）
　　鎵之助の相手、洗湯（銭湯のこと。『桑名』の表記による）、夕飯、日記を書く
　就寝
《御蔵のない日》
　　畑仕事、家の修繕、内職、おばばの手伝い、孫の世話、挨拶廻りなど

　第3章で述べたように、平太夫のおもな生活空間は職場である御蔵と矢田河原庚申堂北の渡部家であった。平太夫の生活は職場と家庭を中心に営まれるが、『桑名』をみるかぎり、こうした生活スタイルが変わることは一年をとおしてほとんどない。

4．待遇表現の使い分けに関わる場面の内実

　ここでは、A群、B群、C群が用いられる会話場面を記述する。会話場面を記述するにあたっては、表2で示した聞き手、参加者、敬意の対象、あるいは場所や話題を中心として会話場面をみていくが、本章ではこうした観点

にかぎらず、広い視野から会話場面を捉えていく。さきにも述べたように、場面は無限にあることから、このような方法が適しているといえよう。

以下、話し手が平太夫である会話文にみられる尊敬の述部待遇表現形式には二重下線を引き、話し手が平太夫ではない会話文にみられる尊敬の述部待遇表現形式には下線を引いた。また、それぞれの形式の前にはA～Cの語群を示した。

4.1　A群が用いられる会話場面

はじめに、A群43例がどのような会話場面で用いられているのか、みてみよう。

まず、聞き手や敬意の対象、参加者に注目して表2をみると、A群は親戚の人、なかでも一色町の片山家と新屋敷の佐藤家の人が聞き手であるときに多く用いられていることがわかる。このうち一色町の片山家とは、平太夫の実家である。第2章で述べたように、平太夫は片山家から渡部家に養子として来た人である。たとえば、(7)は片山おばばさまに対する例であるが、この人は平太夫の兄嫁にあたる人である。また、新屋敷の佐藤家とは平太夫の養子・勝之助の妻であるおきくの実家である。たとえば、(8)は新屋敷の佐藤おばばさまに対する例であるが、この人は平太夫からみて息子の嫁の母親ということになる。

(7)　八まんへ参りニ^A御出なされたら^A御よりなさへといふておへたら、
　　　片山のおばゝさま子どもをつれてお出なさる。　　　　　1-100

(8)　新屋敷の御祖母さま六ツ過ニ御出なさる。ヲヤどふして^A御出なさつたと問ハ、おいねが一柳迄参り候付一所ニ来たが、暫咄して、帰りニ一柳へ寄つれて帰りましやうと咄て御出なさる。　　　　3-竹103

また、A群は舞台格の平太夫より身分が高い御書院格の人との会話場面で多く用いられる。たとえば、(9)は弘化3年正月3日に「小森甚五兵衛殿」と「三浦殿父子」が、それぞれ渡部家を訪ねてきた場面である。小森甚五兵衛は御書院格の人(御徒頭、100石)であり、また、「三浦殿」も御書院格の三浦武太夫(御鉄炮奉行、60俵5人)と思われる人である。

第10章　待遇表現の使い分けに関わる場面の内実　235

（9）　…飯の出来る迄ニ新矢田御長屋へ行て戻り昼飯喰て出直ス積ニ一寸御長屋へ行て戻り候処、小森甚五兵衛殿被参、今御酒を上ル処じやから座敷へ出て御くれなされとおばゝ言ゆヘ座敷へ出相手ニなり酒出し候処へ三浦殿父子被参。いつも上らずニ被帰候得共、幸ひ兄貴様も<u>A御出被成候付</u><u>A御上り被下候様</u>申候得ハ、そんなら一ふく給べて参りましやうと座敷へ被通。二三盃被飲小森殿と一同被帰。　　　　　　4-61

　さらに、敬意の対象が御書院格の人である場合も、（10）のようにA群が用いられる。（10）は、矢田河原の誰かの次男が柏崎から桑名に戻った「大津留」が状と紙、すなわち勝之助が書いた日記などを届けてくれたことを平太夫に伝えている場面である。この「大津留」とは、御書院格の大津留丹治である[4]。

（10）　六ツ過大津留より状と紙を御届被下。矢田河原之内子ども若党ニ行居候者ニて、顔ハ知て居れど、誰の悴か二男不知、いつ<u>A御着被成</u>たと問ヘハ、今日八ツ過ニ御着て御ざりましたと云。…書状の封を切。…夫より書状日記を見る。　　　　　　　　　　　　　3-竹28

　そして、A群は高年層の人が聞き手である会話場面で用いられることが多い。表2によれば、A群43例中15例が高年層の人が聞き手である例である。たとえば、（11）は高年層の浅野おじいさまに対する例である。また、前掲（7）（8）もそれぞれ高年層の片山おばばさま、佐藤おばばさまに対する例であった。

（11）　けさあさのゝおじゐさが御ざらしたでばんニむぎのおまんまができますから、<u>A御出なされまし</u>といふたら、夕方御ざらしる。　1-181

　そのほか、A群はそれほど親しくない藩士との会話場面においても用いられる。たとえば、（12）は本読みを聞きに来るようにと強引に進める中井庄右衛門に対して、「暑気ニハ甚難儀」だから自分を待つには及ばないと述べている場面である。また、前掲（9）の「三浦殿父子」も普段はほとんど交流がない藩士である。

（12）　此間中井庄右衛門被見十六日ニ鈴木長左衛門参り本読候付昼より聞参れと申聞られ猶又申上升と言て被帰候処、六ツ半時分庄右衛門被見、

どふぞ御早ふ御出被下、御同役様と清水梅沢外ニ誰不参候間是非御出被下と被申候付些腹痛夫ニ暑気ニハ甚難儀ニ付上り候も同様<u>ᴬ御待被下間敷</u>と相断候得共我点せず。其様我儘言てハならぬ、是非御出被下御待申と言て被帰。こまつたもの也。　　　　　　　　　　　　　　　　　4-112

　ここまでみてきたように、A群は、聞き手や参加者、あるいは敬意の対象が一色町の片山家や新屋敷の佐藤家といった親戚の人、御書院格の人、高年層の人である会話場面において用いられる。また、それほど親しくない間柄の藩士との会話場面においても用いられる。

　次に、場所に注目して表2をみてみると、A群は渡部家だけでなく、(13)のような親戚の家（一色町の片山家、新地の片山家、新屋敷の佐藤家、稲塚家）での会話場面において多く用いられていることがわかる。また、(14)のような藩士仲間Ⅱの家での会話場面においても用いられているほか、1例のみではあるが後掲（16）のような御蔵での例もみられる。

(13)　新屋敷の御ばゝさま此間よりすんばこのせいやら腰御いたみなされ御難儀被成候由承り候得共、兎角せ話敷故、漸今日帰りニ御見廻ニ廻ル。最早大分御快、そろ〳〵裏廻り位ハ御出来被成候由ニて、小女さの綿入を拵ふて居なされる。おきくの状ト勝之助江戸出立之節の状と日記ト持参緩々<u>ᴬ御覧被下</u>と上置て帰る。　　　　　　　　　3-45

(14)　御蔵へ出前ニ紙包頼ニ村上へ廻り頼。多葉粉一玉と鼠半切壱帖還ス。達而断差戻され候得共有合之品是非御心配なく<u>ᴬ御受納被下</u>と申候得ハ漸受納也。　　　　　　　　　　　　　　　　　　　　　　　3-竹100

　そして、A群が用いられる話題に注目してみると、縁談に関する話題での例がまとまってみられる。たとえば、(15)は平太夫が新屋敷の佐藤おすゑに、星家との縁談を持ち込んだ場面である。ここで平太夫は佐藤おばばさまに対して、星家との縁談を考えるよう、「得と御勘考御相談被下」と勧めている。

(15)　…暫過此間半太さまニ委細御咄申ました事ハ何と歟<u>ᴬ御相談被下ました</u>かとおばゝさまニ御聞申候処、ヱ何の事て御ざり升か、半太ハ何も申ません。半ヱへ・・未序か御ざりませなんだから申ません。予夫だワサ、是非おばゝさまが<u>ᴬ御出なされ</u>そうなものじやト毎晩おばゝが御待

申て居ますれど御出もなし。夫ゆえ御寄申て聞てくれと申ましたと、夫より星の御咄し申上。…高見よりも貰ひかけ御座候由なれども御袋ニ子どももあり、星ハ壱人もの外ニ何もなし、得と御勘考^A御相談被下と申候得ハ、何さま結構なる所、いつ迄も内ニ置ました迎支度の出来ルと言宛てもなし、次第ニばゝニなる、勘考いたして見ませうとおばゝさまの御答也。　　　　　　　　　　　　　　　　　　　　　　4-198

　また、仕事に関する話題でもA群が用いられる。たとえば、(16)は平太夫の職場である御蔵での会話場面である。これは、平太夫たち御蔵奉行が算用方に提出した帳簿に誤りがあり、「大不調法と面目なき仕合宜御直し被下」と訂正を求めている場面である。また、(17)は御扶持米の相談に来た新地の稲塚四郎兵衛に対し、庄屋の「土橋佐助方へ対談被成」と勧めている場面である。

(16)　夫より出役。掃除仕舞火を持て居候処、平の出役。ヲヤ今日ハ御休之筈どふして御出勤と問ハ、些ト手形調へ昨日出来上り兼候付出役致ましたと被申。夫より増減取調べ候処、些ト不合。…段々せんさく致候処、戸倉庄八八月廿六日病死之処、九月分手形有之。藤崎へ対談致候得ハ全く調へ違ひ。大不調法と面目なき仕合^A宜御直し被下と再応断也。　4-44

(17)　新地稲塚被参、御扶持米月之端之分壱斗七升相払度候間宜取斗くれ候様頼付、土橋佐助方へ^A対談被成と申暫咄て被帰る。　　　　　4-91

このように仕事に関する話題ではA群が用いられる。

　話題に関してさらに詳しくみると、次のように柏崎へ行く人に鐐之助の様子を勝之助に伝えてほしいと頼む会話場面でのA群の使用が目立つ。(18)は品川夫婦と相沢に、(19)は浜田に鐐之助を見せ、柏崎の勝之助に鐐之助の様子を見たままに話してほしいと頼んでいる場面である。

(18)　おなかゞよびニゆきつれてこよふとすれど、品川へゆくと（柏崎へ）つれてゆかれるとならぬとにげてあるきなか〳〵かへらず。よふ〳〵だましてつれてきたゆへ、きものをきかへさせつれてゆき、品川婦夫ニあわせ、この通りたつしやニ候間御見請の通りよろしくたのむと申てかへり、相沢へもつれてゆき、能見てはなし^Aして下されとたのむ。

(19) 浜田暇乞ニ被見候付鏮之助出此通リニ御座候間能々 ＡÃ御覧被下向表（柏崎）ヘＡ御出被成候節御見請之通宜Ａ御咄被下候様兎角わんハくニてこまり升からどふぞ迎ニ来ル様ニＡ御伝言被下ましと申候得ハ何か困つた顔付致ス。実者浜田委細咄し可被申也。　　　　　　　　　4-75

これらはいずれも依頼する会話場面であるが、依頼する会話場面ではこうした話題以外でもA群が用いられる。たとえば（20）は平太夫が佐藤おばばさまに近所に住む大寺八三郎の「正月着ル胴着」を作ってもらいたいと依頼している場面である。

(20) 六ツ半過新屋敷おばゝさま御見へなされ飯村へも此間中の御礼御見廻ニ御寄被成候よし。甘酒をわかして上ル。大寺八三郎正月着ル胴着ヲおばゝ被頼候をおばゝさまニＡ御拵被下候様御頼申。直ニ持て御帰りなされ候。　　　　　　　　　　　　　　　　　　　　　4-222

また、食事に来るように誘ったり、泊まりに来るように誘ったりする会話場面においてもA群が用いられる。(21)は、矢田河原の近くで十九日に執り行われる八幡祭りに来るよう新地の片山家と稲塚家に誘いに行っている場面である。(22)は、水車で「浄留り」があるから、泊まりがてら見に来るようにと小使の佐兵衛を遣って、佐藤おすゑを誘っている場面である。

(21) 昼過より新地へ片山と稲塚へ十九日ニＡ御ざらしる様ニと一寸寄。
　　　　　　　　　　　　　　　　　　　　　　　　　　　4-37

(22) 明日ハ昨年之通水車邊ニ思白キ事有之よしニ付、新屋敷本を佐兵衛ニ為持て御返し申、又別の御本借申ニ上候序ニ申て上ルとハ、明晩ハ浄留りが水車ニ御ざり升さかえ御すゑさまニ御泊かけニ明日Ａ御出なされまし申て上ル。御やかましう御ざりましやうが上りますとおつしやりましたと小使申聞。本を持てくる。　　　　　　　　　　　4-81

このようにA群は依頼したり、誘ったりする会話場面で用いられることが多い。

そのほか、A群は断りを言う会話場面でも用いられる。たとえば、(23)は昼食を食べて帰るようにという勧めを「直平御免なさへ」と断っている場

面である。また、(24)は「訳もわからぬ事」を言う祖山鉄吾の前を「御免被下髪月代致」と理由を述べて辞している場面である。

(23)　夫より新屋敷へ行。誠ニ汗汲流す様ニ出る。なすやきをするから昼支度して行様ニと御留メ成候得共、直平A御免なさへ、早く帰り裸ニ成が勝手で御ざりますと御断申て帰る。　　　　　　　　　　2-76

(24)　…祖山鉄吾見へ、是も米頼。甚筋違ひ無理成頼故出来不申旨委敷出来兼候訳柄申候て断候得共得心無之。長座ニ而回し様訳もわからぬ事を申聞。仕廻ニハ腹も立。…A御免被下髪月代致と申候得ハ漸帰候付、夫より髪月代して貰ふ。　　　　　　　　　　　　　　　　　4-95

このように、断りを言う会話場面でもA群が用いられる。

　以上、話し手が平太夫である会話文のなかでもA群がみられる会話文がどのような会話場面におけるものであるのか、用例を詳しくみながら分析してきた。

　ここで、A群が用いられる会話場面を聞き手と参加者、敬意の対象、場所、話題ごとにみてみると、次のようになる。

〔聞き手と参加者〕
　　一色町の片山家、新屋敷の佐藤家の人が聞き手である会話場面
　　聞き手や参加者に御書院格の人がいる会話場面
　　高年層の人が聞き手である会話場面
　　それほど親しくない藩士との会話場面
〔敬意の対象〕
　　敬意の対象が御書院格の人である会話場面
〔場所〕
　　渡部家での会話場面
　　親戚の家での会話場面
　　藩士仲間Ⅱの家での会話場面
　　御蔵での会話場面

〔話題〕
　　縁談に関することを話題とする会話場面
　　仕事に関することを話題とする会話場面
　　依頼をする会話場面
　　食事や泊まりに来るよう勧める会話場面
　　断りを言う会話場面

　つまり、このような会話場面が、平太夫にとってのA場面、すなわち【ア】礼儀を必要とするような改まった場面であったと考えられるが、こうしてみるとA群は一日の生活のなかでも家庭内だけでなく、親戚の家や御蔵など家庭の外でも広く用いられる尊敬の述部待遇表現形式であるといえそうである。第3章でも述べたように、平太夫は毎日のように職場である御蔵に通っている。また、御蔵への行き帰りには見舞いや所用で親戚の家を廻っているが、そのような家庭の外での場面が、A群が用いられるA場面のおもな場面であったと考えられる。

4.2　B群が用いられる会話場面

　では、次にB群が用いられる会話場面を詳しくみてみよう。
　まず、表2によれば、B群は全体の用例数が少ないものの、おもに親戚との会話場面で用いられるといえそうである。ただし、親戚のなかでもA群には少なからずみられた一色町の片山家の人との会話場面での例がみられない。また、新屋敷の佐藤家の人との会話場面における例がみられるが、このうち(25)と(26)はナサル系であることからB群とした。だが、これらの用例は実際にはA群に属するものであると思われる。すなわち、(25)は「どふ」を上接するものであるため、「どふ御なされた」という御〜ナサル系の形式にはそもそもなり得ないものであると考えられ、また、おなじ会話場面のなかにA群がみられることから、この「どふなされた」はA群に準ずるものと考えられる。(26)は「次弟に」が挟まれているものの、「御相談被成まし」というA群の御〜ナサレマシに準ずるものと考えられる。

(25)　…新屋敷へ御寄申。…米ハ[B]どふなされたと申セハ、先日石樽村より例年之通為替米弐俵付て参りましたが、甚あしき米ニ而、土壌ハどふか戻したへものて御さり升新米ハねはり強くもたれる様て困升とおつしやる故、そんなら此節十月分勘弁致相渡候様御内沙汰も御座候稽古米壱俵御請取、新米ト交て上るとよう御さり升、手形を[A]御認被成まし、明日之御蔵に頼て上ましょうと申て…　　　　　　　　　　　3-竹53

(26)　御書院格ニてハ願（虫）り日ニ婿参り、其節嫁茶を持て出るじやげな。夫より式日ニハ婿見へるじやげなが其通りニ可致哉、又者舞台格通り祝盃迄出入なしニ可致御相談申と治右衛門申聞候付其事も申候得ハ、夫ハ些迷惑被成候御様子ニ付、おばゝ御帰り被成候ハヽ何れとも御相談次第ニ[B]被成ましと言て帰る。　　　　　　　　　　　　　　4-204

これらを除けば、新屋敷の佐藤家の人に対する例も、次にあげる2例がみられるのみである。このうち（27）は、佐藤おばばさまの娘・おたきのことを話題にしている会話場面である。また、（28）は佐藤おすゑに泊まるように勧めている会話場面であるが、ここでは渡部家で談笑しているなかで勧めている。家に泊まるよう勧めるというおなじ話題であっても、使いの者を遣って勧める前掲（22）の会話場面では「御泊かけニ明日御出なされまし」のようにA群を用いている。

(27)　御蔵のひけ八ツ半時分ひけたで、しんやしきへ御よろこびニよる。…おたきさが[B]いなさらんで御さびしう御さりましよふといふたら、いゝゑおすゑがるすだとさびしう御さりますが、あれハあさからばんまてめつたニものをいわず、ねたりおきたりしてゐるから、あれがおらえでもさびしうもなんとも御さりませんと、おばゝさがおつしやる。　1-136

(28)　おすゑさいさしか振ニて御さらしたさかえ、[B]泊りなされと留たれど、おばゝさ云んすニハ、マア今夜ハ泊らずニ、九月の祭リニハ泊る積り遣しましやふ、おすゑが居らぬと、なつともならん、まんだ仕事の後れが沢山有て今夜泊てハ都合もわるし、小女壱人で内の廻らぬとも〱こまり果るとおつしやる。五ツ半時分迄御咄し、八幡へおばゝも一集ニ参詣、すぐに御帰りなさる。　　　　　　　　　　　3-竹46

そして、次の（29）も親戚の人との会話場面であるが、ここでの聞き手は平太夫より年下の大池嘉蔵の伜である。これは、使いとして来た大池嘉蔵の伜に言伝を頼んでいる場面である。おなじ依頼をする会話場面でも、前掲（18）（19）の柏崎に赴く藩士に対して柏崎に住む勝之助に鐐之助の様子を伝えてくれと頼む場面や、前掲（20）の佐藤おばばさまに対して胴着を作ってくれと頼む場面ではA群が用いられている。

(29) 四ツ過大池嘉蔵の伜使ニ見へ、明日でも明後日でもおばゝさニ鐐之助さを御つれなされ稲荷御門妙見さま御祭だから御出なさりましと言。
…鐐之助を谷崎の衆ニ御頼申て上ましやうと^B言て御くれ、おばゝハ兎角不塩梅、寝てゐる程ニもなく候得と、上り兼升と宜う御頼申升と言てやる。
4-200

このように、B群は親戚のなかでも年下の人との会話場面で用いられる。つまり、年下であっても親戚であれば、B群が用いられる。

また、藩士仲間Ⅱとの会話場面における例も4例みられるが、いずれも藩士仲間Ⅱではあるものの、平太夫と何らかの親戚関係があると思われる家の人との会話場面である。飯村、近藤鉄蔵は新屋敷の佐藤家の親戚であると思われる人であり、また、関川和尚は平太夫の親戚にあたる須藤家の親戚であると思われる人である。たとえば（30）は、平太夫が関川和尚に対して、娘を亡くし悲しみにくれる須藤おすゑのために「あねでもよこして御くれなされ」と頼んでいる場面である。

(30) 関川和尚と六ツ半過迄はなして帰る。おすゑさひしがり誰かニとまつて貰ひたいものじやがあねでも^Bよこして御くれなされと和尚ニ言。
2-58

さらに、敬意の対象に注目してみると、11例中6例がその場にいない人を待遇する場合に用いられたものであることがわかる。たとえば、（31）は遠縁の親戚と思われる近藤鉄蔵が平太夫に米を無心している場面であるが、平太夫は「御両親」が決して貸してやってくれるなと言ったから米を貸すことはできないと断っている。このなかで平太夫は、その場にはいない近藤鉄蔵の「御両親」をB群のナサル系で待遇している。

第10章　待遇表現の使い分けに関わる場面の内実　243

(31) 今朝飯の時近藤鉄蔵見へ、ヱヽ御叔父サ、此間御願申た米者どふして御くれなさる。是非御願申ます。ヱヽおぢさ。此間も言通り、…新屋敷御不幸之節御両親が御不足を^B言なさつて、已後ハ決而為ニならぬから借てやつて御くられなさるなと^B言なされたから、英助さより御頼かなくてハ決而借てやる事ハならぬ。　　　　　　　　　　3-竹63

　また、(32)は縁談に関する話題ではあるが、その場にはいない佐藤おすゑに婚礼当日婿が来たら「茶を持て出なさる様」伝えてくれと飯村に頼んでいる場面である。

(32) 昨夕治右衛門申聞候義今朝佐藤へ相廻り候てハ御蔵餘り遅くなり候付、飯村へ出かけニ寄委細お咄し、佐藤へ参り婿相見へ候節お末さん茶を^B持て出なさる様宜^A御談し被下と申て、夫より谷崎へ一寸寄…4-209

　このほか、次の(33)は鐐之助との会話場面で唯一B群が用いられた例であるが、ここでの敬意の対象である殿様はその場にはいない人である。

(33) 鐐火燵ニあたり居、おとつさおつかさどんな顔だろふねへ。鐐ハ忘れたか。鐐、わすれた、(妹と弟の)おろくも真吾もどんな顔だか見たヘナアト言。そんなら越後へ行がゑゝ。鐐、だれが、おじゐさもおばゝもおばも行ならいくシ、おれ斗誰がいくもんだ。殿様が越後へ御とつさを^Bやりなさつた、鐐ハおとつさの子だから行がゑゝ。鐐、ナンシニ、御じゐさの子ダ、おばもおじゐさの子だ。ナニサ鐐ハ越後のおつかさが^C産なつたのさ。そふでなへ〰〰と首ヲふる。　　　2-117

このようにB群は、その場にいない話題の人を待遇する場合に多く用いられる。

　また、これと関連して、B群が用いられる話題をみると、前掲(32)のような縁談に関する話題など親戚づきあいに関する話題や、前掲(33)のような殿様に関する話題であり、A群とほぼおなじ話題で用いられることがわかる。だが、B群が用いられるのはいずれもその場にいない人のことを話題にする場面である。

　さいごに、場所に注目して表2をみると、B群は渡部家と新屋敷の佐藤家での会話場面でおもに用いられていることがわかる。A群にみられたような

一色町の片山家や、御蔵での会話場面はみられない。

以上をふまえB群が用いられる会話場面をまとめなおすと、次のようになる。

〔聞き手と参加者〕
　　新屋敷の佐藤家の人との会話場面
　　年下の親戚との会話場面
〔場所〕
　　渡部家での会話場面
　　新屋敷の佐藤家での会話場面

つまり、このような会話場面が、平太夫にとってのB場面、すなわち【イ】親しい間柄の打ち解けた場面のなかでも、一定の礼節を必要とするような近しい人との場面であったと考えられるが、ここで注目すべきことは親戚との会話場面での例がA群に比べて少ないなかにあって、新屋敷の佐藤家の人との会話場面がまとまってみられることである。この新屋敷の佐藤家は、さきにも述べたように平太夫の養子・勝之助の妻・おきくの実家である。すなわち、平太夫の孫である鐐之助からみれば母方の祖父母の家ということになる。(34)のような日記の内容からは、鐐之助が「しんやしきばかりハ内とおなじ」ようにふるまっていたことがうかがえる。おなじ親戚の家でも、浅野家ではおとなしくしていたようである。

(34)　佐藤へゆくと、たのんましやうといふと、おや、鐐がきたそふだとおばゝさもおぢさもとんで出なさり、ひさしぶりできたのふよくきなさつたとみなさま御よろこび也。かへりニよるからおとなしくしていやれといふて御蔵へ出る。…佐藤へゆくと鐐なをげんきよくなり、はだかニなつてあくれる。御やしよくたべてばんまではなしておるよフニとたつて御とめなされたが、ばんまでハもちそふもなきてんきゆへ、つれてかへりニかた山へちよつとよりあさのへもよる。…杉田のむすめがいつていて、ちやを入鐐ニかきもちをやいてくれる。おれのそばニちやんとす

わつてだまつていてたべる。しんやしきばかりハ内とおなじ事（虫）也。
1-173

このように孫をとおした付き合いがあるために、新屋敷の佐藤家での会話場面は他の親戚の家での会話場面に比べて打ち解けやすく、結果として、A群だけでなくB群が用いられることもあったのではないかと考えられる。

このようにしてみると、B群は家庭の外で遭遇する会話場面のなかでも家庭内に準じる会話場面で用いられる尊敬の述部待遇表現形式であるといえそうである。逆にいえば、B群は「親しき仲にも礼儀あり」といった人との会話場面で用いられるものであるといえるのではないだろうか。つまり、新屋敷の佐藤家の人や年下の親戚の人は、家庭内に準じる会話場面を構成することができる親しい間柄の人ではあるものの、親戚であることから、少なからず礼儀を必要とするものと考えられる。

なお、B群はその場にいない話題の人を待遇する場面で用いられるが、これは第9章でみた第三者待遇表現の運用上の特質に関わる問題であると思われる。すなわち、『桑名』では敬意の対象が話題の第三者であっても尊敬の述部待遇表現形式が用いられるが、その使い分けは話し相手待遇に比べて厳格ではない。したがって、前掲（33）の「殿様」のような身分が高い人であっても、家庭の外で遭遇する場面のなかでも家庭内のような打ち解けた場面で用いられる尊敬の述部待遇表現形式によって待遇されるものと考えられる。

4.3　C群が用いられる会話場面

さいごに、C群が用いられる会話場面をみてみよう。

まず、表2によれば、C群は鐐之助との会話場面を中心に用いられる。（35）のような、平太夫と鐐之助とのいきいきとした会話文のなかには、多くのC群のナル系とヤル系がみられる。

（35）　程なく夕飯ニ成。ぶりの味噌漬をやきたべさせる。…給へて仕まふと洗場へつれて行。…かへるとじきおじゐさねんかと言。今夜ハおばゝの<u>ᶜ帰りなる</u>迄寝られんと言たれバ、なぜへといふ。あすハ御蔵だから、よその人が手形を<u>ᶜ持て来なる</u>、此間の晩の様ニ冷イベいを着ておきん

けれバならんからさ、といふて聞セたれバ、そんならひとりでねるから、おぢゐさおれのそばて日記を書なへと言故、寝どこをとつて、小ふとんを敷て寝セ、其側で日記を書のを見て居たが、おぢゐさ寝ふるぜと言てじきねふる。昼も百文銭を見て、是ハどこから来たと言故、越後のおとつさの所から、鐐ニなんぞ買ふてやつてくれと^Cよこしなつたと言たれハ、言ニ、そんなら是をおれニくんなへ、おぢゐさ百文銭がゑゝか金がゑゝかへ。金がゑゝのさ。そふかへ、そんなら是をどふしよふねへ。鐐の天神さまへ^C上て置やれと言たれバ、包の儘中床ニ有小サナ天神の宮の前へ上ケて置。 2-9

また、1例ではあるが、妻のおばばを呼ぶときにC群を用いた例がみられる。(36)は鐐之助が吐いた場面であるが、平太夫は「早く来てくりやれ」とおばばを呼んでいる。

(36) 昨夕洗湯へゆく時腹がいたひ抔と申候得共不持つれ行。湯より上り候而もげん気なく、帰りニ言ニハ、おぢゐさ内へいつて御茶給よふねへと言故、帰ると湯ヲわかし、一角丸五粒呑せ直ニ寝セる。側ニ付てゐる所が眠らずニ、あちらへころげこちらへころげ、裄ヲ懸てやるとハふミぬきもがき通す故、どふして今夜ねぶられぬと問たれハ、ねぶくなへと言てもがく。其内したゝか吐く。おばゝ湯より帰つた処ニて、それ鐐が吐たから早く^C来てくりやれと言。 2-82

そして、藩士仲間Ⅰとの会話場面でもC群が用いられている。(37)は、酔いつぶれた隣に住む稲倉鋳八郎を「寝るなら内へ帰つて寝やれ」と叱っている場面である。

(37) けふ夕方より何方へ行候而飲さがつたか、五ツ時分べろ〳〵に酔のめり込。夫より袴を取大ノ字形ニ成て寝るゆえ、そんな惰弱ものハ大らひ、寝るなら内へ帰つて^C寝やれと呵りつけ候得ハ丸首をすくめ鼠の迯る様ニコソ〳〵帰つて行。 4-11

さらに、敬意の対象が上位の人であっても、その場に家族しかいない場合はC群が用いられる。これは、さきにも述べたように、第三者待遇における使い分けは話し相手待遇に比べて厳格ではないことが関わっていると思われ

る。次に示す（38）の敬意の対象である佐藤おばばさまは、本来ならば前掲（8）や前掲（13）のようにA群が用いられる人である。（38）は、鐐之助が新屋敷の佐藤家から梅をたくさん持ち帰った場面であるが、ここでは、平太夫は話題の第三者である佐藤おばばさまを「此様ニ大造ニ落して、おばゝさ呵なつたであろふ」とC群を用いて述べている。

(38) おばゝ暮相ニ洗湯へ行迎、横村の前迄行と、（鐐之助が）寺の丁の橋を渡り走つてくる故、ひとりで帰つたかと聞たれハ、瀧沢の前迄御叔父さに送つて貰、もふゑゝといつたら、帰りなつた。夫からとんで来た処さ、と云たけな。…そして梅を風呂敷ニ壱ツ、頓而壱升程持て来る。誰が落してくんなつたおしくもなくと問へハ、おばの土産ニ帰る時、落して持てゆけとおばゝさが云なつたから、おれが落して持て来たと云。此様ニ大造ニ落して、おばゝさ[C]呵なつたであろふと云ハ、ナニサしかも嬉しかつて居なつたと云。うそでもあろふに。　　　　3-竹20

また、(39)は、鐐之助が寝ている間に親戚の稲塚四郎兵衛が土産をくれたことについて、四郎兵衛が帰った後で「しんちの鉄こふのとこのおぢさがくんなつた」と鐐之助に伝えている場面である。親戚が土産をくれたことを鐐之助に伝えるというおなじ場面でも、その場に佐藤おばばさまと片山理助、片山均平がいる(40)では、「御みやニすいくわを御くれなさつた」のようにA群を用いている。

(39) いなづかの四郎兵衛さがおひらにだんご入て鐐こニやつてくれともつてきて下さる。…鐐ながあくひるねしておきる。だんごをやる。だれがくれなつたといふ。しんちの鉄こふのとこのおぢさが[C]くんなつた。なにしにくんなつた。白川でみんながあんばいがわるひから御見まひニ[C]もつて来なつたついでに[C]くんなつたといふたらやふやくがてんしてふふんと云。　　　　1-81

(40) 鐐ひるねしてゐたがしバらくたち目がさめたところがおばゝさ理助均平がゐる。それにおばゝさが御みやニすいくわを[A]御くれなさつたといふとにこ〰とわらひながらおきてへやからとんで出てすいくわをじきたべてしまふ。　　　　1-84

このようにC群は、家族と藩士仲間Ｉとの会話場面で用いられる。家庭内であっても親戚がその場にいるとC群は用いられない。表２によれば、ほとんどが矢田河原庚申堂北の渡部家での会話場面であり、話題も「日常・身辺・家族」と分類した話題が多くをしめている。

以上をふまえ、C群が用いられる会話場面をまとめなおすと、次のようになる。

〔聞き手と参加者〕
　　家族との会話場面
　　藩士仲間Ｉとの会話場面
〔場所〕
　　渡部家での会話場面
〔話題〕
　　鐐之助に関することを話題にする会話場面
　　家族に関することを話題にする会話場面
　　藩士仲間Ｉに関することを話題にする会話場面

つまり、このような場面が平太夫にとってのC場面、すなわち【イ】親しい間柄の打ち解けた場面のなかでも、より近しい人との場面であったと考えられる。したがって、C群は、平太夫の一日の生活のなかでも家庭内や内職を共同でするなど生活を共にする藩士仲間Ｉとの会話場面で用いられる尊敬の述部待遇表現形式であるといえる。ただし、そのような会話場面であっても、親戚や藩士仲間Ⅱがいる会話場面でC群が用いられることはない。

5．まとめ

以上みてきたように、本章では、はじめに話し手が平太夫である会話文にみられる尊敬の述部待遇表現形式を第４章、第５章、第６章での分析結果に基づきA群、B群、C群の３つの語群に分けた。そのうえで、それぞれの語

群が用いられる会話場面を詳しく分析することによって、待遇表現の使い分けに関わるA場面、B場面、C場面の内実を明らかにしてきた。

　場面の内実については、それぞれの語群ごとのまとめで述べたのでここでは繰り返さないが、このようにしてみると、平太夫は一日の生活のなかで、家庭内、あるいは内職を共同で行う近隣の藩士仲間とのあいだでは基本的にはC群を用い、御蔵や親戚の家といった家庭の外ではA群とB群を用いていたといえそうである。すなわち、場所に着目してみれば、【ア】礼儀を必要とするような改まった場面と、【イ】親しい間柄の打ち解けた場面のなかでも一定の礼節を必要とするような近しい人との場面とは、家庭の外で遭遇する会話場面といえ、一方、【イ】親しい間柄の打ち解けた場面のなかでもより近しい人との場面とは、家庭内で遭遇する会話場面といえる。

　ただし、分析のなかで述べたように、家庭内であってもA群とB群が用いられることがある。また、B群は、さきにも述べたように、家庭の外で遭遇する会話場面のなかでも家庭内に準じる会話場面で用いられる尊敬の述部待遇表現形式である。つまり、はじめに述べたように、場面とは捉え方によって刻々と変わるものであるため、おなじ家庭内であっても聞き手や参加者、あるいは話題によって、家庭の外で遭遇するような場面にもなりうるのである。また逆に、家庭の外であっても、家庭内で遭遇するような場面にもなりうるのである。

　しかしながら、ここで重ねて指摘しておきたいことは、平太夫の一日の生活に即してみると、家庭内か家庭外かということが場面を規定するうえで、やはり大きな基準になっているということである。とくに、C群が家庭の外で遭遇する会話場面で用いられることはなく、もっぱら家族と内職を共に行う藩士仲間Ｉとの会話場面で用いられていることは注目すべきことである。すなわち、家庭内か家庭外かという基準は、『桑名』にみられる待遇表現体系の性格を考えるうえで重要な視点のひとつであると考えられる。

注

1) 表2の参加者のうち、※を付した人は平太夫の言伝を伝えにいった人であることを示す。したがって、これらの例は実際の発話者は言伝を伝えにいった人ということになるが、ここでは話し手が平太夫である会話文にみられることから、他の例とおなじく扱うこととする。
2) 聞き手の親疎については、親戚は白黒反転させて示し、藩士仲間Ⅰ（藩士Ⅰ）は網掛けを施して示した。
3) 国立国語研究所が昭和38年に島根県松江市で行った「二四時間調査」の結果をまとめた南（1971）では、話題を０不明、１日常・身辺・家庭、２世間・時事、３事務・用事、４個人うわさ、５感謝・賞賛、６悪口・非難・不平、７つくり話・うそ、８感覚・感情、９きまり文句、Ａ昔話のように分類している。
4) 大津留丹治は分限帳には名前がみえないが、『桑名』の弘化４年正月の御役替の記事に「大御番頭取ニ大津留丹治（4-152)」とあることから、御書院格の人であるとみられる。

表2 話し手が平太夫である会話文にみられる尊敬の述部待遇表現形式が用いられる会話場面

語群	→ 聞き手	聞き手の親疎	聞き手の世代	敬意の対象	参加者	場所	話題	用例数
A群	→ 鏻之助	家族	子ども	佐藤おばばさま	佐藤おばばさま、均平、理助	渡部家	親戚付き合い（その他）	1
A群	→ 浅野おじいさま	親戚	高年層			渡部家	親戚付き合い（食）	1
A群	→ 稲塚	親戚				渡部家	藩社会（仕事）	1
A群	→ 稲塚あねさま	親戚	中年層			稲塚家	親戚付き合い（食）	1
A群	→ 稲塚あねさま	親戚	中年層		※おなか	稲塚家	親戚付き合い（食）	1
A群	→ 片山	親戚				一色町片山家	親戚付き合い（食）	1
A群	→ 片山おてつ	親戚	中年層	田中と川瀬		新地片山家	個人うわさ（藩士仲間Ⅱ）	1
A群	→ 片山おてつ	親戚	中年層	川瀬六之助		新地片山家、稲塚家	個人うわさ（藩士仲間Ⅱ）	1
A群	→ 片山おばばさま	親戚	高年層			一色町片山家	親戚付き合い（食）	1
A群	→ 片山おばばさま	親戚	高年層			一色町片山家	親戚付き合い（食）	1
A群	→ 片山と稲塚	親戚				新地片山家、稲塚家	親戚付き合い（食）	1
A群	→ 佐藤	親戚				新屋敷佐藤家	きまり文句（断り）	1
A群	→ 佐藤おじいさま	親戚	高年層		おばば	渡部家	親戚付き合い（食）	1
A群	→ 佐藤おすゑ	親戚			※佐兵衛	新屋敷佐藤家	親戚付き合い（食）	1
A群	→ 佐藤おばばさま	親戚	高年層	佐藤半太		新屋敷佐藤家	親戚付き合い（縁談）	1
A群	→ 佐藤おばばさま	親戚	高年層	佐藤半太		新屋敷佐藤家	親戚付き合い（縁談）	1
A群	→ 佐藤おばばさま	親戚	高年層	佐藤半太		新屋敷佐藤家	親戚付き合い（縁談）	1
A群	→ 佐藤おばばさま	親戚	高年層			新屋敷佐藤家	親戚付き合い（縁談）	1
A群	→ 佐藤おばばさま	親戚	高年層			新屋敷佐藤家	親戚付き合い（その他）	1
A群	→ 佐藤おばばさま	親戚	高年層			渡部家	日常・身辺・家庭（衣）	1

A群	→	佐藤おばばさま	親戚	高年層		渡部家	日常・身辺・家庭(その他)	1
A群	→	佐藤おばばさま	親戚	高年層		新屋敷佐藤家	藩社会(仕事)	1
A群	→	佐藤留五郎	親戚	若年層		渡部家	親戚付き合い(食)	1
A群	→	佐藤半太	親戚			渡部家	きまり文句(断り)	1
A群	→	佐藤半太	親戚		佐藤おばばさま	新屋敷佐藤家	親戚付き合い(縁談)	1
A群	→	佐藤半太	親戚			渡部家	親戚付き合い(縁談)	1
A群	→	佐藤半太	親戚			渡部家	藩社会(仕事)	1
A群	→	飯村	藩士Ⅱ			飯村家	親戚付き合い(縁談)	1
A群	→	祖山鉄吾	藩士Ⅱ			渡部家	きまり文句(断り)	1
A群	→	藤崎(惣太夫)	藩士Ⅱ	高年層		御蔵	個人うわさ(藩士仲間Ⅱ)	1
A群	→	中井庄右衛門	藩士Ⅱ	高年層		渡部家	藩士付き合い	1
A群	→	大塚萬右衛門	藩士Ⅱ			大塚家	藩士付き合い	1
A群	→	誰かの伜	藩士Ⅱ		大津留	渡部家	藩士付き合い	1
A群	→	村上	藩士Ⅱ			村上家	藩士付き合い	1
A群	→	三浦殿	藩士Ⅱ		兄貴様(小森甚五兵衛)	小森甚五兵衛	渡部家	藩士付き合い	1
A群	→	岩田	藩士Ⅱ			不明	日常・身辺・家庭(住)	1
A群	→	相沢	藩士Ⅱ			相沢家	日常・身辺・家庭(鎌之助)	1
A群	→	小川玄流	藩士Ⅱ			小川家	日常・身辺・家庭(鎌之助)	1
A群	→	浜田	藩士Ⅱ			渡部家	日常・身辺・家庭(鎌之助)	1
A群	→	浜田	藩士Ⅱ			渡部家	日常・身辺・家庭(鎌之助)	1
A群	→	浜田	藩士Ⅱ			渡部家	日常・身辺・家庭(鎌之助)	1
A群	→	浜田	藩士Ⅱ			渡部家	日常・身辺・家庭(鎌之助)	1
A群	→	藤崎(惣太夫)	藩士Ⅱ	高年層		御蔵	藩社会(仕事)	1
B群	→	飯村	藩士Ⅱ		佐藤おする	飯村家	親戚付き合い(縁談)	1
B群	→	大池嘉蔵の伜	親戚			渡部家	親戚付き合い(その他)	1

第10章　待遇表現の使い分けに関わる場面の内実　253

B群	→ おばば	家族	高年層	佐藤おばばさま		渡部家	日常・身辺・家庭(鐐之助)	1
B群	→ 近藤鉄蔵	藩士Ⅱ		御両親		渡部家	個人うわさ(藩士仲間Ⅱ)	1
B群	→ 近藤鉄蔵	藩士Ⅱ		御両親		渡部家	個人うわさ(藩士仲間Ⅱ)	1
B群	→ 佐藤おすゑ	親戚			佐藤おばばさま	渡部家	親戚付き合い(その他)	1
B群	→ 佐藤おばば	親戚		佐藤おたき		新屋敷佐藤家	個人うわさ(親戚)	1
B群	→ 佐藤おばばさま	親戚				新屋敷佐藤家	藩社会(仕事)	1
B群	→ 佐藤半太	親戚				新屋敷佐藤家	親戚付き合い(縁談)	1
B群	→ 関川和尚	藩士Ⅱ				不明	親戚付き合い(その他)	1
B群	→ 鐐之助	家族		殿様		渡部家	藩社会(殿様)	1
C群	→ 稲倉鋳八郎	藩士Ⅰ	若年層			渡部家	日常・身辺・家庭(身体)	1
C群	→ 稲塚弥三郎	藩士Ⅰ		稲塚家の人		渡部家	個人うわさ(親戚)	1
C群	→ 大寺八三郎	藩士Ⅰ				渡部家	日常・身辺・家庭(遊び)	1
C群	→ 加藤官蔵	藩士Ⅰ				渡部家	日常・身辺・家庭(遊び)	1
C群	→ 稲倉熊市	藩士Ⅰ	子ども			渡部家	日常・身辺・家庭(遊び)	1
C群	→ おばば	家族	高年層			渡部家	日常・身辺・家庭(鐐之助)	1
C群	→ 鐐之助	家族	子ども	相沢金太夫		渡部家	親戚付き合い(その他)	1
C群	→ 鐐之助	家族	子ども	浅野おじいさま	浅野おじいさま	渡部家	親戚付き合い(その他)	1
C群	→ 鐐之助	家族	子ども	稲塚四郎兵衛		渡部家	個人うわさ(親戚)	3
C群	→ 鐐之助	家族	子ども	岩田のおぢさ		渡部家	藩社会(殿様)	1
C群	→ 鐐之助	家族	子ども	おかか(おきく)		渡部家	日常・身辺・家庭(食)	1
C群	→ 鐐之助	家族	子ども	おかつさ(おきく)		渡部家	個人うわさ(家族)	1
C群	→ 鐐之助	家族	子ども	おとつさ(勝之助)		渡部家	個人うわさ(家族)	1
C群	→ 鐐之助	家族	子ども	おとつさ(勝之助)		渡部家	日常・身辺・家庭(その他)	1
C群	→ 鐐之助	家族	子ども	おばば		渡部家	日常・身辺・家庭(おばば)	2

C群	→ 鐐之助	家族	子ども	おばば		渡部家	日常・身辺・家庭(身体)	10
C群	→ 鐐之助	家族	子ども	菊地武八		道端	個人うわさ(藩士仲間Ⅰ)	1
C群	→ 鐐之助	家族	子ども	五蔵さ平さ		渡部家	個人うわさ(藩士仲間Ⅰ)	1
C群	→ 鐐之助	家族	子ども	佐藤おせん		渡部家	個人うわさ(親戚)	1
C群	→ 鐐之助	家族	子ども	佐藤おばばさま		渡部家	個人うわさ(親戚)	1
C群	→ 鐐之助	家族	子ども	佐藤家の人々		渡部家	日常・身辺・家庭(その他)	1
C群	→ 鐐之助	家族	子ども	佐藤のおぢさ		渡部家	個人うわさ(親戚)	1
C群	→ 鐐之助	家族	子ども	佐藤のおぢさ		渡部家	日常・身辺・家庭(遊び)	1
C群	→ 鐐之助	家族	子ども	誰(佐藤家の人)		渡部家	個人うわさ(親戚)	2
C群	→ 鐐之助	家族	子ども	手形頼みの人		渡部家	藩社会(仕事)	3
C群	→ 鐐之助	家族	子ども			渡部家	親戚付き合い(その他)	2
C群	→ 鐐之助	家族	子ども			渡部家	日常・身辺・家庭(遊び)	20
C群	→ 鐐之助	家族	子ども			渡部家	日常・身辺・家庭(衣)	8
C群	→ 鐐之助	家族	子ども			渡部家	日常・身辺・家庭(おばば)	3
C群	→ 鐐之助	家族	子ども			渡部家	日常・身辺・家庭(食)	28
C群	→ 鐐之助	家族	子ども			渡部家	日常・身辺・家庭(身体)	45
C群	→ 鐐之助	家族	子ども			道端	日常・身辺・家庭(その他)	1
C群	→ 鐐之助	家族	子ども			渡部家	日常・身辺・家庭(その他)	9
C群	→ 鐐之助	家族	子ども			新屋敷佐藤家	日常・身辺・家庭(その他)	2
C群	→ 鐐之助	家族	子ども			渡部家	日常・身辺・家庭(手習い)	3
C群	→ 使いの男	その他				渡部家	日常・身辺・家庭(食)	1
							合計216例	

第11章　体系分化の方向性と社会構造との相関からみた待遇表現体系の性格

1．本章の目的

　第10章では、『桑名日記』(以下、『桑名』とする)における待遇表現の使い分けに関わる場面について、【ア】礼儀を必要とするような改まった場面とは、また、【イ】親しい間柄の打ち解けた場面とはいかなる場面であるのか、話し手が平太夫である会話文を対象として場面の内実を明らかにした。その結果、場所に着目してみれば、【ア】礼儀を必要とするような改まった場面と、【イ】親しい間柄の打ち解けた場面のなかでも一定の礼節を必要とするような近しい人との場面とは、おもに家庭の外で遭遇する会話場面であり、【イ】親しい間柄の打ち解けた場面のなかでもより近しい人との場面とは、おもに家庭内で遭遇する会話場面であるといえることが明らかになった。

　ただし、これらは、『桑名』に登場する多くの人物のなかでも平太夫ひとりの一日の生活をとおして場面の内実を明らかにしたものであった。場面とは、話し手が生活のなかで遭遇するさまざまな会話場面を場所や聞き手、あるいは話題などに応じて捉えていくものであると同時に、何らかの社会性を帯びるものであると考えられる。阪倉篤義(1977：222)が指摘するように、「言語なるものが、もともと文化の一つである以上、その歴史が、文化史一般とふかくつながり、これと並行する関係にあるということは、きわめて自然である。そしてまた、いうまでもなく、文化史は、政治史や社会史との関聯なしには考えることができない」のである。

　これまでの章で明らかにしてきた『桑名』にみられる待遇表現体系は、時間とともに分化していったものであると考えられるが、そのような体系の分化はどのような社会のあり方、すなわち社会構造を背景として展開していっ

たのであろうか。

　そこで、本章では、これまでとは視点をかえて、体系がどのように分化しているのかという体系分化の方向性と社会構造との相関に着目して、『桑名』における待遇表現体系の特徴を捉えなおし、そのうえで、『桑名』にみられる近世末期桑名藩の下級武士とその家族の待遇表現体系の性格について考えてみたい。

2．体系分化の方向性からみた待遇表現体系の二種

　本章では、はじめに、体系分化の方向性に注目して、『桑名』にみられる待遇表現体系の特徴を捉えることをこころみる。ここでは、これまでに明らかにした体系のなかでも、場面の違いに応じた使い分けがもっとも顕著にみられた命令形による命令表現の体系と授受補助動詞クレル類命令形による働きかけの表現の体系を対象として、体系分化の方向性をみる。

　さて、次に示す図1は第5章で明らかにした命令形による命令表現の体系を、図2は第6章で明らかにした授受補助動詞クレル類命令形による働きかけの表現の体系を示したものである（網掛けについては後述する）。これらの体系は、時間とともに、形式の使い分けの要因となる場面や上下関係に応じるかたちで分化していったものと考えられる。そこで、図1と図2について、場面ごとに形式と上下関係との対応、および新しい待遇価値を持つ形式を分化させる方法に着目して、どのように体系が分化しているかをみると、『桑名』には大きくみて二種の体系があるといえそうである。

　まず、【ア】礼儀を必要とするような改まった場面と、【イ】親しい間柄の打ち解けた場面のなかでも近しい人との場面では、御〜ナサレ系、「ナサヘ」、御〜クダサレ、テオクレナサレが上位の者だけでなく、同等や下位の者に対しても用いられる（図1・2の網掛けを施した部分）。

　たとえば、図2の【ア】の場面で用いられる御〜クダサレという形式は、（1）のような上位の者だけでなく（2）のような同等の者、あるいは（3）のような下位の者に対しても用いられる。（1）は甥からおじに対する例、（2）

図1　命令形による命令表現の体系

	【ア】礼儀を必要とするような改まった場面	【イ】親しい間柄の打ち解けた場面	
		近しい人	より近しい人
上位	御〜ナサレマシ系 ［敬語動詞連用形］＋マシ	「ナサレ」	「ナヘ」
同等	御〜ナサレ系	「ナサヘ」	「ヤヘ」
下位			「ヤレ」

図2　授受補助動詞クレル類命令形による働きかけの表現の体系

	【ア】礼儀を必要とするような改まった場面	【イ】親しい間柄の打ち解けた場面	
		近しい人	より近しい人
上位	御〜ナサッテクダサレマシ 御〜クダサリマシ	御〜ナサッテオクレナサレ／リマシ テオクレナサリマシ	「テクンナヘ」
同等	御〜クダサレ	テオクレナサレ	「テクリヤヘ」
下位	テクダサレ	テオクレ	「テクリヤレ」

は職場の同僚から平太夫に対する例、（3）は79歳の佐藤おじいさまから68歳の平太夫に対する例である[1]。

（1）　片山均平→平太夫／今朝均平見へ、今日ハ祖母の忌日ニ付久しく何も上ませなんだで鑓をつれて八ツ半頃<u>御出被下</u>と言て行。
　　　　　　　　　　　　　　　　　　　　4-218《甥→おじ》

（2）　平の（平野善右衛門）→平太夫／平の出役…今日ハ御休之筈どふして御出勤と問ハ、些卜手形調べ昨日出来上り兼候付出役致ましたと被申。夫より増減取調へ候処…全く調べ違ひ。大不調法と面目なき仕合、宜<u>御直し被下</u>と再応断也。　　　4-44《舞台格→舞台格》

（3）　佐藤おじいさま→平太夫／此間おじいさのおつしやるニハ、皆さま御よび申筈なれども行届不申、御時節柄でもあり、かた〴〵御ばゝさま

と鑷斗ニ御手伝ながらはやく御出被下とくれへの御断也。

2-55《年上→年下》

　このように、【ア】の場面と【イ】の「近しい人」との場面では、場面ごとにひとつの形式が上位の者から下位の者まで幅広い人間関係を言い表している。いいかえれば、形式と上下関係の対応は、次にみる【イ】の「より近しい人」との場面に比べ、厳格ではない。そして、このようにして幅広い人間関係を言い表すことのできる形式は、一般的にみて待遇価値が比較的高いと思われる形式である。

　さらに、新しい待遇価値、すなわち、より高い待遇価値を持つ形式をどのように分化させているかをみると、御〜ナサレ・御〜クダサレ・テオクレナサレに「マシ」を付加させることによっている（「ナサレ」「ナサヘ」は例外）。近代日本語の特徴として、いわゆる分析的傾向がみられることが田中章夫（2001）によって指摘されているが、こうした体系の分化も分析的傾向を持つものといえるのではないだろうか。つまり、この場面における体系分化の方向性を全体としてみれば、ナサレ・クダサレ・テクレに「御」や「マシ」を付加させることによって新しい待遇価値を持つ形式を分化させており、田中（2001：592）が指摘するような、「少ない種類の、単純な表現単位の組み合わせによって、複雑な表現を成立させる傾向」がみられるのである。

　一方、【イ】親しい間柄の打ち解けた場面のなかでもより近しい人との場面では、上位の者に対しては音便形「ナヘ」「テクンナヘ」が、同等の者に対しては音便形「ヤヘ」「テクリヤヘ」が、下位の者に対しては非音便形「ヤレ」「テクリヤレ」がそれぞれ用いられる。

　たとえば、（4）の「くりやへ」（音便形「ヤヘ」）は、鑷之助から同居しているおば・おなかに対する例であるが、これは同等の者に対する例といえる[2]。一方、おなじ会話内において鑷之助は、上位の者である祖父・平太夫に対しては音便形「テクンナヘ」を用いている。また、（5）では平太夫が下位の者である妻・おばばに非音便形「テクリヤレ」を用いている。

（4）　鑷之助→おなか・平太夫／おなか、ちいさなはさみと同はなばさみ
　　　をとひでくれといふと、おばおれニくりやへ《甥→おば》おじゐさとひ

第11章　体系分化の方向性と社会構造との相関からみた待遇表現体系の性格　259

　　でくんなへ《孫→祖父》とねだる。　　　　　　　　　　　　　　1-168
（5）　平太夫→おばば／（鏺之助）ねぶくなへと言てもがく。其内したゝか吐く。おばゝ湯より帰つた処ニて、それ鏺が吐たから早く来てくりやれと言。　　　　　　　　　　　　　　　　　　　　　　2-82《夫→妻》

　このように、【イ】の「より近しい人」との場面では、形式と上下関係の対応は極めて厳格である。
　また、この場面では音便形と非音便形の区別も明確であり、「御」や「マシ」の付加ではなく、語形そのものを交替させることによって新しい待遇価値を持つ形式を分化させている。すなわち、さきにみた【ア】の場面、および【イ】の「近しい人」との場面との対応からいえば、【イ】の「より近しい人」との場面では非分析的な分化がみられる。
　以上のことをまとめると、図3のような枠組みを想定することができよう。

図3　体系分化の方向性からみた待遇表現体系の二種

待遇表現の使い分けに関わる場面	【ア】礼儀を必要とするような改まった場面	【イ】親しい間柄の打ち解けた場面	
		近しい人	より近しい人
形式と上下関係の対応	ひとつの形式で幅広い人間関係を言い表す		形式と上下が即応している
新しい待遇価値を持つ形式を分化させる方法	分析的な分化		非分析的な分化
本書での枠組み	α体系		β体系

　以下、本書では、比較的待遇価値の高いひとつの形式によって幅広い人間関係を言い表すことができ、かつ、分析的な分化がみられる【ア】礼儀を必要とするような改まった場面と【イ】親しい間柄の打ち解けた場面のなかでも近しい人との場面における体系を**α体系**とし、それぞれの形式が人間関係の上下に即応し、かつ、非分析的な分化がみられる【イ】親しい間柄の打ち解けた場面のなかでもより近しい人との場面における体系を**β体系**として、これらふたつの体系の特徴をさらに詳しくみていく。

3. α体系とβ体系が運用される社会のあり方

　では、こういった異なる体系分化の方向性がみられるα体系とβ体系は、どのような社会構造を背景として発達していったのであろうか。文献資料から社会構造をみることは容易ではないが、ここでは、それぞれの体系が用いられる言語共同体の特質を捉えることによって、それぞれの体系が運用される社会のあり方を探ってみたい。ここでいう言語共同体とは、その体系を運用する成員（体系の使用者であり話し手である人）のことであり、そこにどのような人がどのくらい属するのかを明らかにすることによって、具体的な社会のあり方、すなわち社会構造を捉えることができるのではないかと考える。

　この点を明らかにするために、ここでは、命令形による命令表現の運用実態を明らかにした第5章と、授受補助動詞クレル類命令形による働きかけの表現の運用実態を明らかにした第6章で分析したデータ（105ページの表2および129ページの表2）を用いる。本章では、これらのデータを対象として、α体系とβ体系にそれぞれ属する形式の使用者について詳しくみていく。ここで、これらのデータを用いるのは、聞き手への一層の配慮を必要とする命令表現と働きかけの表現では、α体系とβ体系の使い分けがより厳密に行われると考えられるからである。

　さて、105ページの表2および129ページの表2にみられる形式のうちα体系とβ体系にそれぞれ属する形式は、次にあげるα体系253例とβ体系664例である。なお、「　」で括った形式は、音便形と非音便形の区別がある形式であることを示している。

　　　α体系…御〜ナサレマシ系、［敬語動詞連用形］＋マシ、御〜ナサレ系、「ナサレ」、「ナサヘ」、御〜ナサッテクダサレマシ、御〜クダサリマシ、御〜クダサレ、テクダサレ、御〜ナサッテオクレナサレ／ナサリマシ、テオクレナサレ、テオクレ

第11章　体系分化の方向性と社会構造との相関からみた待遇表現体系の性格

β体系…「ナヘ」「ヤヘ」「ヤレ」「テクンナヘ」「テクリヤヘ」「テクリヤレ」

　本章では、これらのα体系とβ体系にそれぞれ属する形式の使用者に注目して、言語共同体の特質を捉える。105ページの表2および129ページの表2にみられる形式のうち、α体系に属する形式253例とβ体系に属する形式664例の使用者をまとめたものが、次の**表1**と**表2**である。

　表1と表2では、α体系とβ体系ごとに使用者（話し手）と用例数を示した。使用者の氏名の横には、親疎と住所を記した。親疎は第2章に基づき、家族、親戚、藩士仲間Ⅰ、藩士仲間Ⅱ、公人、武家階級以外の人に区分した。武家階級以外の人（医者は除く）については、氏名の前に▼を付した。住所は、藩士の住所を記した『御家中町割軒列名前覚』を用いて、わかる範囲で示した。また、日記の内容から居住域がわかる場合は、（新地）のように地名を括弧で括って示した。

表1　α体系の使用者

使用者(話し手)	親疎	住所	用例数
おばば	家族	矢田河原庚申堂北	46
平太夫	家族	矢田河原庚申堂北	22
鐐之助	家族	矢田河原庚申堂北	15
おなか	家族	矢田河原庚申堂北	1
片山均平	親戚	新地北ノ丁	13
佐藤おばばさま	親戚	新屋鋪手古長屋（新屋敷）	9
片山おてつ	親戚	新地北ノ丁	6
須藤仙左衛門	親戚	矢田河原川端東	6
江川良補	親戚	赤須賀南側西	4
佐藤おじいさま	親戚	新屋鋪手古長屋（新屋敷）	4
稲塚四郎兵衛	親戚	（新地）	3
片山勝蔵	親戚	（一色町）	3
片山留雄	親戚	（一色町）	3
佐藤半太	親戚	新屋鋪手古長屋（新屋敷）	3

大池嘉蔵の伜	親戚		2
片山理助	親戚	（一色町）	2
稲塚	親戚	（新地）	1
稲塚あねさま	親戚	（新地）	1
稲塚弥三郎	親戚	（新地）	1
片山	親戚		1
片山おせい	親戚	（一色町）	1
片山繁治	親戚	新地北ノ丁	1
片山の旦那様	親戚		1
片山又男	親戚	（一色町）	1
佐藤	親戚	新屋鋪手古長屋（新屋敷）	1
佐藤（おじいさまかおばばさま）	親戚	新屋鋪手古長屋（新屋敷）	1
佐藤おすゑ	親戚	新屋鋪手古長屋（新屋敷）	1
佐藤留五郎	親戚	矢田河原川端東	1
須藤おすゑ	親戚	矢田河原川端東	1
谷崎治右衛門	親戚	矢田河原川向西	1
谷崎斧右ヱ門	親戚	矢田河原川向西	1
みんな（片山家）	親戚		1
山内又十郎	親戚	東一色町西側南	1
浅野宗五郎	親戚	矢田河原庚申堂北	1
浅野忠太夫	親戚	矢田河原庚申堂北	3
横村春蔵妻	藩士仲間Ⅰ	矢田河原庚申堂北	3
稲倉鋳八郎	藩士仲間Ⅰ	矢田河原庚申堂北	2
大嶋常次郎	藩士仲間Ⅰ	矢田河原庚申堂北	1
大寺	藩士仲間Ⅰ	矢田河原庚申堂北	1
大寺おかみさん	藩士仲間Ⅰ	矢田河原庚申堂北	1
大寺八三郎	藩士仲間Ⅰ	矢田河原庚申堂北	1
大寺春橘	藩士仲間Ⅰ	矢田河原庚申堂北	1
川嶋文三郎	藩士仲間Ⅰ		1
菊地文蔵妻	藩士仲間Ⅰ		1
郡おきん	藩士仲間Ⅰ		1
中田の娘	藩士仲間Ⅰ		1
八田ばあさん	藩士仲間Ⅰ		1
明王院	藩士仲間Ⅰ	（矢田河原庚申堂北）	1

第11章　体系分化の方向性と社会構造との相関からみた待遇表現体系の性格　263

明王院おりい	藩士仲間Ⅰ	(矢田河原庚申堂北)	1
山岡おばさ	藩士仲間Ⅰ		1
山崎欽吾	藩士仲間Ⅰ	矢田河原川端寺ノ丁南側東	1
山崎善作	藩士仲間Ⅰ	矢田河原川端寺ノ丁南側東	1
横村おかみさん	藩士仲間Ⅰ	矢田河原庚申堂北	1
わかいもの(藩士仲間Ⅰ)	藩士仲間Ⅰ		1
渡部此右ヱ門	藩士仲間Ⅰ	矢田河原庚申堂北	1
岩田おばばさ	藩士仲間Ⅰ	矢田河原庚申堂北	1
岩田のお袋	藩士仲間Ⅰ	矢田河原庚申堂北	1
飯村	藩士仲間Ⅱ	新屋鋪桃林寺ノ丁東側南	3
石塚惣兵ヱ母	藩士仲間Ⅱ	矢田河原寺ノ丁北側西	2
川崎細次郎殿隠居	藩士仲間Ⅱ		2
市川文助	藩士仲間Ⅱ		1
大塚萬右ヱ門	藩士仲間Ⅱ	寺町南	1
佐々木喜之右衛門妻	藩士仲間Ⅱ		1
柴田十右衛門	藩士仲間Ⅱ	赤須賀川端中ノ丁北側東	1
清水源太夫	藩士仲間Ⅱ	矢田河原寺ノ丁北側西	1
高木嘉太夫	藩士仲間Ⅱ	新地北ノ丁東	1
高木のじさま	藩士仲間Ⅱ	新地北ノ丁東	1
竹田惣右衛門	藩士仲間Ⅱ	新地北ノ丁東	1
千代さ	藩士仲間Ⅱ		1
中井庄右衛門母	藩士仲間Ⅱ		1
長谷梅三郎	藩士仲間Ⅱ		1
長谷おじいさま	藩士仲間Ⅱ		1
平野善右衛門	藩士仲間Ⅱ		1
保坂おかみさん	藩士仲間Ⅱ		1
松田半八	藩士仲間Ⅱ	矢田河原矢場ノ丁	1
丸山庄左衛門	藩士仲間Ⅱ	矢田河原御旗町南側東	1
柚木八兵衛	藩士仲間Ⅱ		1
横野留右衛門	藩士仲間Ⅱ	寺町南	1
渡部宗右衛門	藩士仲間Ⅱ	矢田河原寺ノ丁北側西	1
(御蔵の役人)	公人		1
▼佐兵衛	武家階級以外		3
▼仲仕	武家階級以外		3

医者	武家階級以外		3
▼肴売り	武家階級以外		2
▼湊屋の手代	武家階級以外		2
小川玄流(医者)	武家階級以外		2
▼木や市兵衛	武家階級以外		1
▼薬や	武家階級以外		1
▼御勘定処の小使	武家階級以外		1
▼米や	武家階級以外		1
▼庄屋彦四郎	武家階級以外		1
▼炭付	武家階級以外		1
▼善蔵	武家階級以外		1
▼船頭	武家階級以外		1
▼田しまやの仲仕	武家階級以外		1
▼知多や	武家階級以外		1
▼縮みや	武家階級以外		1
▼冨田の四郎治	武家階級以外		1
▼長嶋や亭主	武家階級以外		1
▼東野村藤兵ヱ	武家階級以外		1
▼坊様	武家階級以外		1
▼矢田やの仲仕	武家階級以外		1
▼善蔵	武家階級以外		1
野呂(医者)	武家階級以外		1
村田卜養(医者)	武家階級以外		1
(藩士の誰か)	不明		2
じんざ	不明		1
ばあさん	不明		1

合計253例

表2　β体系の使用者

使用者(話し手)	親疎	住所	用例数
鐐之助	家族	矢田河原庚申堂北	425
平太夫	家族	矢田河原庚申堂北	127
おばば	家族	矢田河原庚申堂北	50
おなか	家族	矢田河原庚申堂北	8

第11章　体系分化の方向性と社会構造との相関からみた待遇表現体系の性格　265

おばば・佐藤おばばさま	家族・親戚	矢田河原庚申堂北	1
おなか・明王院おりい・中田おたか	家族・藩士仲間Ⅰ	矢田河原庚申堂北	2
鐐之助・右近・勝助	家族・藩士仲間Ⅰ	矢田河原庚申堂北	1
佐藤おばばさま	親戚	新屋鋪手古長屋(新屋敷)	6
(佐藤家の人々)	親戚	新屋鋪手古長屋(新屋敷)	4
佐藤おじいさま	親戚	新屋鋪手古長屋(新屋敷)	4
片山おばばさま	親戚	(一色町)	2
佐藤おじいさま・おばばさま	親戚	新屋鋪手古長屋(新屋敷)	2
佐藤おすゑ	親戚	新屋鋪手古長屋(新屋敷)	2
(親戚の誰か)	親戚		1
稲塚かめぼう	親戚	(新地)	1
片山均平	親戚	新地北ノ丁	1
佐藤おせん	親戚	新屋鋪手古長屋(新屋敷)	1
佐藤おてう	親戚	新屋鋪手古長屋(新屋敷)	1
明王院おりい	藩士仲間Ⅰ	(矢田河原庚申堂北)	3
若いてやい(藩士仲間Ⅰ)	藩士仲間Ⅰ		3
菊地武八	藩士仲間Ⅰ	矢田河原川向中ノ丁	2
(横村家の大人)	藩士仲間Ⅰ	矢田河原庚申堂北	1
大寺おみき	藩士仲間Ⅰ	矢田河原庚申堂北	1
菊地の娘	藩士仲間Ⅰ	矢田河原川向中ノ丁	1
菊地文蔵	藩士仲間Ⅰ	矢田河原川向中ノ丁	1
菊地武八・川崎鉄右衛門	藩士仲間Ⅰ	矢田河原庚申堂北	1
近所の子ども	藩士仲間Ⅰ	矢田河原庚申堂北	1
八田紋兵衛母	藩士仲間Ⅰ	(矢田河原庚申堂北)	1
ほかのしう(藩士仲間Ⅰ)	藩士仲間Ⅰ		1
みんな(藩士仲間Ⅰ)	藩士仲間Ⅰ		1
近藤鉄蔵	藩士仲間Ⅱ	御簱町北側西	1
松平左じろうどの	藩士仲間Ⅱ		1
高崎平兵衛殿娘婿	藩士仲間Ⅱ	元御勘定所	1
渡部宗右衛門	藩士仲間Ⅱ	矢田河原寺ノ丁北側西	1
(虫)治(子ども)	(不明)		1
子ども	(不明)		2
皆々(細工所の人々)	(不明)		1

合計664例

3.1 言語共同体の規模─使用者の異なり人数と延べ人数─

はじめに、言語共同体の規模をみてみよう。言語共同体の規模とは、具体的にいえば人口であるが、文献資料から人口を把握することは容易ではない。そこで、ここでは、α体系とβ体系の使用者の異なり人数と延べ人数を明らかにすることによって、それぞれの体系が運用されていた言語共同体の規模を推定する。

さて、表1と表2をもとにして、使用者の異なり人数と延べ人数をまとめたものが**表3**である。

表3　α体系とβ体系の使用者の異なり人数と延べ人数

	α体系	β体系
異なり人数	108	37
延べ人数	253	664

はじめに、異なり人数に注目して表3をみると、α体系の異なり人数が108人であるのに対して、β体系の異なり人数は37人と少ないことがわかる。このことから考えられることは、α体系はさまざまな人が属する大きな言語共同体で用いられ、β体系はかぎられた人が属する小さな言語共同体で用いられるということである。

次に、延べ人数をみると、β体系の方がα体系に比べて多いことがわかるが、これは『桑名』の性格によるものといえる。すなわち、『桑名』は筆者・平太夫が家族や親しい人との日々の生活の様子を綴った日記であるために、【イ】親しい間柄の打ち解けた場面のなかでもより近しい人との場面、具体的には家族や藩士仲間Ⅰとの場面が必然的に多くみられ、結果としてβ体系の延べ人数が多くなっているものと考えられる。つまり、実際には潜在的なα体系の使用者が多くいるとみられる。

このことから、α体系はさまざまな人が属する大きな言語共同体において、β体系はかぎられた人が属する小さな言語共同体で用いられる体系であるといえる。

3.2 言語共同体の構成員―使用者の親疎と住所から―

次に、言語共同体の構成員について、表1と表2の使用者の親疎と住所からみる。

まず、親疎をみると、α体系の使用者は家族、親戚、藩士仲間Ⅰ、藩士仲間Ⅱと親疎さまざまな人であることがわかるが、これは、α体系が【ア】礼儀を必要とするような改まった場面と【イ】親しい間柄の打ち解けた場面の双方で用いられるものであることと関係すると思われる。α体系は、（6）のような職場での同僚どうしの会話場面でも、（7）のような家庭内での夫婦どうしの会話場面でも用いられる。

（6） 市川文助→平太夫／市川文助も相見へられ、…薩州より公邊江御届之写等持参、ゆる〳〵御覧なされと置て被帰候。
　　　　　　　　　　　　　　　　4-173《藩士仲間Ⅱ→平太夫》

（7） おばば→平太夫／おばゝ云、けふハ御帰りハ早し、三拾六文捨ると思ふて曲持を見て御出なさへまし、ナニひまざへな、御蔵が晩迄ひけぬと思ふて見て御出なされ、なか〳〵はなしで聞より妙で御ざへますと云から、そんなら見てこよふと直ニ見ニ行。　　1-110《妻→夫》

さらに、α体系の使用者には、武家階級以外の人（表中▼）も多くみられる。たとえば、（8）は渡部家に内職の網すきを斡旋している「冨田の四郎治」、（9）は「富山の薬売」が話し手である。

（8） 冨田の四郎治→平太夫／当年も手前網大流行。冨田の四郎治、苧と糸持参いたし候得ども頓とすきてなし。大困りニ而、御手前網並ニ賃差上升じやでどうぞ御せ話ニなさつて御くれなされと頼て行。
　　　　　　　　　　　　　4-176《武家階級以外の人→武家》

（9） 富山の薬売→鐐之助／…薬や、御坊さまわしと越後へ御出なさへ、御殺生なさる所ハ沢山御ざり升と言たれハ、鐐大キニ困り、行ん〳〵と言たけな。　　　　　　　3-26《武家階級以外の人→武家》

これらはいずれも武家階級以外の人から武家の人に対する例であり、桑名城下では武家階級以外の人が武家の人と接する場面では、α体系が用いられていたものと考えられる。

一方、β体系の使用者の親疎をみると、(10)のような家族、すなわち渡部家の人が使用者である例が610例と多くみられる（鐐之助425例、平太夫127例、おばば50例、おなか8例）。また、(11)のような藩士仲間Ⅰが使用者である例が17例みられるが、これは、β体系が【イ】親しい間柄の打ち解けた場面のなかでもより近しい人との場面で用いられることと関係すると思われる。「より近しい人」とは、具体的には家族と藩士仲間Ⅰのことであるが、このうち藩士仲間Ⅰとは、近隣に住み、網すきや糸ひきなどの内職を共同でする、いわば身分と生活水準をおなじくする藩士とその家族のことである。

(10) 鐐之助→おばば・平太夫／おなか、からかさはりかへができてきたところが、さあそのかさを鐐こが見つけておれがのだといふて、おばゝ佐藤へゆきなへおじいさつれてゆきなへとねだる。　1-75《孫→祖父母》

(11) 明王院おりい→おばば／おりいが三味間ニきなへと言で明王院へ行て、いつた所が酒呑どもがやかましくて、おりいが骨折てひきがたりすれど、ろく二聞へなんだ迚早く帰る。　2-126《藩士仲間Ⅰ→おばば》

そして、新屋敷の佐藤家の人が使用者である例が20例みられるが、これらの例は、いずれも聞き手が家族（佐藤家の人）である場合か、(12)のように聞き手が鐐之助である場合かにかぎられている。

(12) 佐藤おばばさま→鐐之助／今朝おばゝの咄しにきのふ新屋敷で、鐐児泊てゆきやれのとおばゝさまが御留なされたれハ、イゝエト言。ナゼヤそふ言ずと泊りやれのとおつしやると、それでも御じゐさが淋しがりなるものをと言た迚皆さま大笑なされたげな。　2-139《祖母→孫》

この新屋敷の佐藤家は、鐐之助にとっては母方の祖父母の家である。つまり、佐藤おじいさまや佐藤おばばさまにとっては、鐐之助は親戚とはいえ目に入れても痛くない孫であることから、「より近しい人」に対して用いられるβ体系が用いられるものと考えられる。

このように、α体系の使用者は武家階級以外の人も含めた親疎さまざまな人であるのに対して、β体系の使用者は家族や藩士仲間Ⅰといった、「より近しい人」に偏っている。

さて、このことを使用者の住所に注目して捉えなおすと、α体系は桑名城

第11章　体系分化の方向性と社会構造との相関からみた待遇表現体系の性格　269

下全域で用いられるのに対して、β体系は平太夫が住む矢田河原界隈で用いられるといえそうである。図4で示す桑名城下の略図をみながら、使用者の住所をみてみよう。

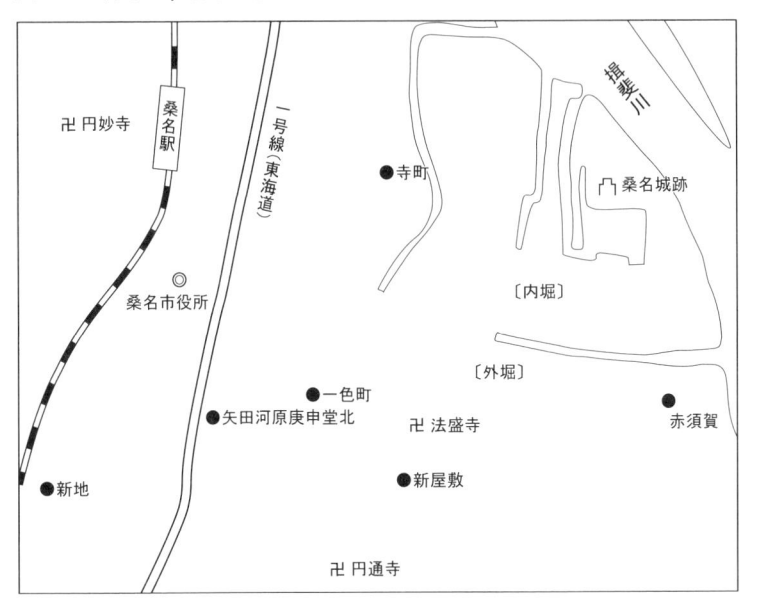

図4　α体系とβ体系の使用者の住所

『御家中町割軒列名前覚』によれば、桑名藩では身分によって居住域が決められており、舞台格の下級武士である平太夫は、下級武士が住む町のひとつである矢田河原庚申堂北に住んでいた。使用者の住所をみると、α体系は矢田河原だけでなく、一色町、寺町、新地、新屋敷、そして上級武士が多く住む赤須賀に住んでいる人も少なからず使用していることがわかる。また、前掲（9）の「富山の薬売」などの他地域の商人が用いていることなどをあわせ考えると、α体系はある程度広い範囲で用いられていたのではないかと思われる。

一方、β体系の使用者の住所をみると、ほとんどが矢田河原に住む人である。こころみに、表1と表2からα体系とβ体系の使用者のうち矢田河原の

住人がどのくらいいるのかをみると、α体系は253例中121例（49％）の使用者が矢田河原の住人であるのに対して、β体系は664例中624例（94％）の使用者が矢田河原の住人であることがわかる。

したがって、β体系は矢田河原界隈に住む、平太夫の家族と藩士仲間Ⅰのあいだで用いられていたものと考えられる。ただし、β体系は矢田河原界隈に住む人々のあいだで用いられるというのは、あくまでも『桑名』での実態である。桑名城下では、矢田河原にかぎらず、新地や新屋敷といったそれぞれの町内のそれぞれの小さな言語共同体のあいだでβ体系が用いられていたものと考えられる。

以上、言語共同体の規模と構成員に注目して、α体系とβ体系が用いられる言語共同体がどのようなものであるかをみてきた。これをまとめれば、α体系が用いられる言語共同体は不特定多数の人が属する大きな言語共同体といえ、β体系が用いられる言語共同体はかぎられた少数の人が属する小さな言語共同体といえる。

そして、こうした言語共同体の特質を社会のあり方、すなわち社会構造という観点から一般化すれば、α体系は流動的な社会において、β体系は固定的な社会において用いられる体系であるといえよう。

4．体系分化の方向性と社会構造との相関からみたα体系とβ体系

ここまで本章では、はじめに、第5章と第6章で明らかにした命令形による命令・働きかけの表現の体系の特徴を体系分化の方向性という観点から捉えなおし、つづいて、言語共同体の特質という観点から体系が運用される社会のあり方を把握した。以上をふまえ、体系分化の方向性と社会構造との相関から、『桑名』にみられるα体系とβ体系の性格について考えると、次のようなことがいえよう。

4.1　α体系

まず、α体系が用いられるのは、流動的な社会においてである。流動的で

どのような人物と出会うかわからない社会では、相手を傷つけることなく無難に待遇することが求められる。そのため、形式と上下関係の対応は必ずしも厳格ではない。たとえ同等や下位の者に対してであっても、待遇価値が比較的高いと思われる御～ナサレや御～クダサレといった形式で待遇する。

また、こうした流動的な社会では、話し手自身の品位を保つためにも、待遇価値が比較的高い形式を用いる必要があったと思われる。つまり、待遇価値が比較的高い形式によって幅広い人間関係を言い表すということは、同等や下位の者であっても上として扱うということであるが、これは α 体系が、菊地康人（1994：54）が指摘するような「社会的な規範や礼儀をわきまえるという気持ち」や「話手自身の品位を保持するという動機」から用いられるものであることによるのではないかと考えられる。たとえば、前掲（2）（6）のような職場の同僚とのあいだでは α 体系が広く用いられるが、これは、職場というところが社会的な規範や礼儀をわきまえる必要のあるところであることから、職場では同等の者に対してであっても待遇価値が比較的高い形式が用いられるものと考えられる。

さらに、家庭内であっても α 体系が用いられることがあるが、これは家庭のなかにも社会的な規範や礼儀をわきまえなければならないような場面が少なからずあることを意味するものと考えられる。たとえば、家族どうしであっても妻から夫に対しては前掲（7）のように α 体系が用いられる。また、次の（13）のような挨拶をする場面においても、α 体系が用いられる。

(13)　鐐之助→平太夫／大おとなしくなりききわけもできめつたになかず、あさ出るときハおくつて出、じぎをしていつておいでなさいましといふ也。　　　　　　　　　　　　　　　　　1-84《孫→祖父》

以上のように、α 体系は、社会的な規範や礼儀をわきまえる必要がある流動的な社会に応じるかたちで発達したものといえる。

4.2　β 体系

一方、β 体系が用いられるのは、固定的な社会においてである。固定的で相手がどのような人物であるかということをよく見知っている社会では、複

雑な人間関係を表し分けることが可能であり、また逆に、複雑な人間関係を的確に言い表さなければコミュニケーションのうえで、支障をきたすことがあったものと考えられる。そのため、β体系の形式と上下関係の対応は、「ナヘ」は上位の者に対して、「ヤヘ」は同等の者に対して、「ヤレ」は下位の者に対してというように極めて厳格である。なお、身分や生活水準をほぼおなじくする者のあいだで用いられるβ体系における上下の判断基準は、年齢であったとみられる。

　ここで、音便形の価値に注目してα体系とβ体系に属する形式をあらためてみると、たとえば、命令形による命令表現の場合、次のようにα体系では音便形「御～ナサヘ」の価値は低い。その一方で、β体系では音便形「ナヘ」の価値がもっとも高くなっており、α体系とβ体系とでは、音便形の価値が逆転しているようにみえる。

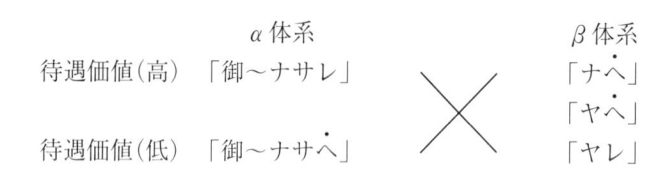

	α体系	β体系
待遇価値(高)	「御～ナサレ」	「ナヘ」
		「ヤヘ」
待遇価値(低)	「御～ナサヘ」	「ヤレ」

　これは、音便形を用いる目的がα体系は"上下"を表し分けることにあるのに対して、β体系では"親しみ"を表すことにあるためと考えられる。すなわち、β体系は相手がどのような人物であるかということをよく見知っている固定的な社会で用いられる体系であるために、上位と同等の者に対しては、"親しみ"を表すものとしての音便形が用いられる。一方、下位の者に対しては、"親しみ"を表すといった配慮を上位や同等の者ほどは必要としないので音便形は用いられず、結果として、α体系とβ体系とでは、音便形の価値が逆転しているようにみえるのだと思われる。

　以上のように、β体系は、相手がどのような人物であるかということをよく見知っている固定的な社会に応じるかたちで発達したものといえる。

5. 日本語諸方言にみられる二種の待遇表現体系

　ここまでみてきたように、『桑名』には異なる社会構造を背景とした発達したと考えられる二種の待遇表現体系が併存している。こうした実態は、文献資料を対象とした研究では、ほとんど指摘されていない。だが、現代日本語の諸方言では同一地域、あるいは隣接しあう地域において異なる二種の待遇表現体系が併存していることが、これまでの研究によって明らかにされている。ここでは、そのような研究のひとつである小森俊平（1933）と三石泰子（1977）の成果をふまえて、異なる二種の待遇表現体系が併存するということが意味することは何か、さらに考えていきたいと思う。

5.1　岐阜県西部方言にみられる社会方言と家庭敬語—小森俊平（1933）から—

　小森俊平（1933）は、「我国の会話敬語の実際的用法」について、岐阜県西部の方言を基礎として明らかにしようとしたものである。それによれば、岐阜県西部方言には、おなじ「思想内容」を言い表すのに、次のようなふたつの言い方があるという。

　（イ）　あなた昨日何処へ行きなさったな
　（ロ）　おまへ昨日何処へ行かしゃったね

このうち（イ）は「上下関係から見て上に対して尊崇の意を表す時の言方」であり、「主として外的に他人に対して談話する時の恭の表現」であるという。一方、（ロ）は「遠近関係から見て近に対して親睦の情を示す時の言方」であり、「主として内的に家族と談話する時の愛の表現」であるという。そして、（イ）にみられるような敬語を「社会の表向の用語である」ことから「社会敬語」と呼び、（ロ）にみられるような敬語を「家庭の内部の用語である」ことから「家庭敬語」と呼んでいる。

　さらに小森は、家庭内でこれらの敬語がどのように使い分けられているか

ということについて、「親子兄弟間は相互に親態を用ひ」、「妻は夫に対して恭態を用ひる」と指摘している。そして、親戚間では「真の血族間はやはり相互に親態を用ひる、伯叔父母などの長上には恭態をあわせ用ひる」といい、さらに一般社会、すなわち家族と親戚以外のあいだでは「原則として親態を用ひない」が、「極めて親密に生活してゐるものは、これを家族乃至血族と同視して、時あつて親態を用いることもあ」るという。

これは、『桑名』のα体系とβ体系の使い分けとほぼ一致する。すなわち、第5章と第6章でみたように、まず、家庭内では親から子へはβ体系の「ヤレ」が用いられ、子から親へはβ体系の「ナへ」が用いられる。一方、妻から夫へはα体系の御〜ナサレ、御〜クダサレなどが用いられる。そして、親戚間では、おじやおばに対してはα体系が用いられる。なお、おいやめいに対しては、ごく近しい間柄（平太夫→片山理助、片山均平）ではα体系とβ体系のいずれも用いられず普通動詞が用いられるが、基本的にはα体系が用いられる。さらに、家族、親戚以外のあいだでは、原則としてβ体系は用いられない。ただし、極めて親密に生活している藩士仲間Iとのあいだではβ体系が用いられることもある。

以上のことから、岐阜県西部方言にみられる「社会敬語」は『桑名』にみられるα体系に対応するものであり、「家庭敬語」はβ体系に対応するものであると考えられる。そしてこのことは、ひとつの地域にふたつの社会構造を反映した二種の待遇表現体系が武家社会にかぎらず併存することがあるということを示唆するものといえる。

5.2 長野県飯山市と新潟県新井市にみられる都市部の待遇表現と農村部の待遇表現—三石泰子（1977）から—

三石泰子（1977）は、長野県飯山市と新潟県新井市を対象として、「おめどこへ行くぃ」というような「文としての待遇表現」が、「町から来た見知らぬ男性（たとえば市役所の人）」、「自分が檀家である寺の住職」、「自分の妻・子供」などの待遇的場面ごとに地理的にどのように分布するのかを明らかにし、待遇表現の構造と地域差を明らかにしようとしたものである。それによ

れば、長野県側、新潟県側ともに伝統的な社会構造が機能している農村地帯では、「時間と共に待遇的場面に応じた表現が分化していく傾向にある」という。そして、上下の秩序が新潟県では「社会階層ことに旧地主階級か否かとか家格に基づいて」おり、長野県では「年齢という原理に基づいている」という。一方、社会構造が「固定的でなく流動的」である都市では、農村地帯に比べて「より単純な待遇表現しか用いていない」という。それは、「待遇価値の低い文・語は切り捨てて、より上位の文・語だけで簡略な待遇表現を用いている」ためであるという。そして、都市では「年齢や階層という一つの原理によって社会は秩序づけられず、多層の原理が作用する」ため、「家族以外の社会関係では等しく丁寧態の待遇表現を用いる」としている。

こうした「固定的でなく流動的」である都市と伝統的な社会構造が機能している農村における待遇表現体系の分化の方向性は、さきにみたような『桑名』にみられるα体系とβ体系の分化の方向性と一致する。さきに述べたように、α体系は待遇価値が高いひとつの形式によって幅広い人間関係を表わしており、また、より高い待遇価値を必要とするときには丁寧をあらわす「マシ」を付加させることによって、より高い待遇価値を持った形式を分化させている。そして、β体系は上下に応じて体系が分化している。なお、『桑名』では上下の秩序は年齢による。

以上のことから、長野県飯山市と新潟県新井市のなかでも都市部にみられる待遇表現体系は『桑名』にみられるα体系に対応するものであり、農村部にみられる待遇表現体系はβ体系に対応するものであると考えられる。そしてこのことは、体系分化の方向性と社会構造が密接に関わりあっていることを示唆するものであるといえる。

6．待遇表現の歴史的変遷との関わりからみた二種の待遇表現体系

前節では、現代日本語の諸方言にも二種の待遇表現体系が併存していることをみたが、こうした二種の待遇表現体系は一方で、待遇表現の歴史的変遷との関わりからみれば、それぞれ古代敬語と現代敬語の性格を持つものとい

えるのではないかと思われる。
　宮地裕（1981）は古代敬語と現代敬語について、敬語意識との関わりから、次のように述べている。なお、ここでいう「古代敬語」とは、『源氏物語』や『枕草子』などの中古仮名文学を想定したものであるという。

　　古代敬語は階層的規範性にもとづいて、敬譲の意識でつかわれる傾向がつよいものであった。これに対して現代敬語は社交的場面性にもとづいて、礼儀の意識でつかわれる傾向がつよいものである。
　　　　　　　　　　　　　　　　　　　　　　　　　宮地（1981：5）

　ここで、『桑名』の体系についてみると、『桑名』にみられる二種の体系のうちβ体系は、「階層的規範性」に基づいて用いられるものといえそうである。すなわち、β体系は古代敬語の性格を持つものと思われる。古代敬語について宮地は、玉上琢弥（1952）等による『源氏物語』の調査をふまえたうえで、「要するに、実質的な敬意をもって、客観的・固定的な上下意識から敬語をつかう傾向がつよいのが『源氏物語』の敬語であった」としている。
　さきにみたように、『桑名』にみられるβ体系は、客観的な上下関係（具体的には年齢）によって使い分けられる。さらに、このβ体系は、平太夫の一日に即して場面の内実を明らかにした第10章との関わりからみると家庭内で用いられる体系といえるが、第9章で述べたように、家庭内では身内尊敬用法や自然物に対する敬語使用といった絶対敬語的な性格がみられる。これらのことをあわせ考えると、おもに家庭内で用いられるβ体系は古代敬語の特性を内包するものといえる。
　一方、α体系は「社交的場面性」に基づいて用いられるものといえそうである。すなわち、α体系は現代敬語の性格を持つものと思われる。宮地は現代敬語について、（1）相対的社交敬語の意識と（2）場面的受恵敬語の意識というふたつの観点からまとめている。このうち、（1）相対的社交敬語の意識とは、「成人社会環境での言葉のきまり」としての意識であるという。そのうえで、「相互に対等な平等市民意識が、言語表現にあらわれると、待

遇表現上も対等なもの言いになる」と指摘している。そして、（２）場面的受恵敬語の意識とは、「それぞれの場面やあい手との関係から、どういう敬語をつかうか、話し手の責任でいちいち決めなければならないということ」であり、「受給敬語を頻用するということ」であるという。

　さきにみたように、『桑名』にみられるα体系は社会的な規範や礼儀をわきまえる必要がある場面で用いられる体系であり、たとえ同等や下位の者に対してであっても比較的待遇価値の高い形式（御〜ナサル、御〜クダサルなど）で待遇する。待遇価値が比較的高い形式によって幅広い人間関係を言い表すということは、同等や下位の者であっても上として扱うということであるが、見方をかえれば、これは聞き手への配慮のあらわれといえる。このようなことからα体系は、現代敬語にみられる「社交的場面性」に基づいて用いられるものといえる。

　そして、受給敬語の頻用という点でいえば、詳細については今後の課題であるが、図２からもわかるように、α体系においては、さまざまな授受補助動詞クレル類が用いられる[3]。さらにいえば、α体系の分化の方向性はいわゆる分析的傾向を持つものであった。これらのことをあわせ考えると、α体系は現代敬語の特性を内包するものといえる。

　以上のことから、『桑名』にみられるα体系とβ体系は、それぞれ現代敬語の性格と古代敬語の特性を内包するものであるといえる。

　ところで、宮地は「敬譲の意識」で使われる古代敬語から「礼儀の意識」で使われる現代敬語への変化の時期について、「近世幕藩体制のきびしい階級制度のもとでは、その敬語意識の基本が現代敬語意識にちかいものであったとはかんがえられない」としたうえで、「近世までを一括して古代敬語意識の時代とし、現代だけを近代敬語意識の時代とする可能性がある」と述べている。そのうえで、近世敬語の史的特徴について、松村明（1977）、小松寿雄（1971）、外山映次（1977）の近世敬語に関する論考をふまえたうえで、次のように指摘している。

　　近世敬語は二重性格を持つものだったと総括されよう。すなわち、支配

武士階層と被支配町人、その他階層とのあいだの上位・下位関係にもとづく古代敬語の性格と、都市生活町人を代表とする庶民のあいだに醸成されていった現代敬語的市民社会敬語の性格という二重性格である。

宮地（1981：21）

このように近世敬語のありようは、従来、古代敬語の性格を持つ武家に対する現代敬語の性格を持つ町人という構図で捉えられてきた。なかでも、聞き手への配慮といった現代につながる敬語を含む待遇表現の性格は、町人を中心とする都市生活において発達したとされてきた。

だが、これまで述べてきたように『桑名』からは、近世の武家社会のなかにも古代敬語の性格を持つβ体系と、現代敬語の性格を持つα体系が併存していた様相がうかがえるのである。つまり、不特定の人と接する機会が多い都市生活において「相手への慎重な配慮をはらい、聞き手への敬語を普及させて」（宮地　1981：21）いったのは、必ずしも町人階級においてのみではないと考えられる。また、階層に関しても、『桑名』にみられる待遇表現形式に反映される階層は、武家階級と町人階級とのあいだでの上下関係ではなく、武家階級内部での上下関係であった。

従来、敬語を含む待遇表現の現代につながる性格が町人階級において醸成されていったと捉えられてきた背景には、これまでにも述べたように、研究対象とされてきた文献に、位相的な偏りがあったことがあると思われるが、『桑名』にみられるα体系とβ体系という二種の待遇表現体系の併存は、古代敬語と現代敬語の関係を武家階級と町人階級の関係に単純には置き換えて捉えることができないことを示唆するものといえよう。

7．まとめ

以上みてきたように、本章では、体系分化の方向性と社会構造との相関に着目して、『桑名』にみられる近世末期桑名藩の下級武士とその家族の待遇表現体系の性格について考察した。その結果、『桑名』にはα体系とβ体系

という二種の体系が併存していることが明らかになった。これら二種の体系は、流動的な社会と固定的な社会という異なる社会構造に応じるかたちでそれぞれ発達したものと考えられる。なお、これら二種の待遇表現体系を平太夫の一日の生活に即して場面の内実を明らかにした第10章との関わりからみると、α体系はおもに家庭の外で遭遇する会話場面で用いられる体系であり、β体系は家庭内で遭遇する会話場面で用いられる体系であるといえる。

本章ではまた、こうした二種の待遇表現体系の併存が現代日本語の諸方言にもみられるものであることを指摘した。このことから、ひとつの地域社会に二種の待遇表現体系が併存するという状況は、『桑名』にかぎらずみられるものであることがわかる。

さらに、敬語を含む待遇表現の歴史的変遷との関わりからみると、α体系は現代敬語の特性を、β体系は古代敬語の特性をそれぞれ内包しているといえる。いいかえれば、家庭の外で遭遇する会話場面では現代敬語の特性を持つ体系が発達し、家庭内で遭遇する会話場面では古代敬語の特性を持つ体系が維持されているということができる。

また、このことは、聞き手への配慮といった現代につながる待遇表現の性格が町人階級によってのみ育まれたものではないことを示唆している。

注
1） ここでの年齢は、この記事が書かれた天保13年時点の年齢である。
2） 第5章で述べたように、日記の内容によれば、鑱之助はおば・おなかを同等の者として捉えていたとみられる。
3） 受給敬語の頻用という点については、本来であれば、「行ふ」「行なんか」のような間接的に命令を表す表現も含めたうえで全体的にみて、考えるべきことである。本書では間接的に命令を表す表現については扱わなかったので慎重を期する必要があるが、第6章でみたように、『桑名』には御クダサレ系87例、テクダサレ16例、御～テオクレナサレ系5例、テオクレナサレ系36例、テオクレ4例がみられ（これは、いずれもα体系に属すると考えられる形式）、その形態も多様であることから、それなりに受給敬語は用いられていたものと考えられる。

第12章　近世末期桑名藩の下級武士とその家族の武家のことばとしての待遇表現体系

1. 本章の目的

　近世武家社会における待遇表現体系について明らかにすることは、近代日本語における待遇表現体系の成立を考えるうえでも極めて重要なことである。だが、従来の研究では、町人によって書かれた文芸作品から見出される「拙者」や「申ス」といった武家特有の語彙や語法が、武家の待遇表現として指摘されるにとどまっていた。実際の武家社会の実態については、部分的な指摘があるものの、武家の口語を反映した資料が少ないこともあって、これまで体系的には捉えられてこなかった。

　このような状況をふまえて本書では、近世末期桑名藩の下級武士・渡部平太夫によって書かれた『桑名日記』（以下、『桑名』とする）を対象として、近世武家社会における待遇表現体系のありようをみてきた。具体的には、人間関係や場面、武家の生活実態や社会構造といったさまざまな外的要因と関わらせながら、多彩な待遇表現の運用実態や体系の性格を明らかにしてきた。

　ところで、文献資料はそれ自体がすでに過去のものであるため、待遇表現の使い分けに関わるこうしたさまざまな要因を把握することは難しいといわざるをえない。本書では、そうした文献資料の制限を乗り越えるべく、日記の内容や桑名藩に残る歴史史料を活用することによって、その時代をたしかに生きていた人々の生活を浮かびあがらせ、生活のなかで運用されていたものとしての待遇表現体系のすがたを捉えることをこころみてきた。

　本章では、はじめに、そのようにして展開してきた本書の内容を整理する。そのうえで、さらに視野を広げて、近世末期の桑名藩において武家のことばとして捉えられていた体系は何かという観点から『桑名』にみられる待遇表

現体系の性格を考え、本書で明らかにしてきた近世末期桑名藩の下級武士とその家族の待遇表現体系のありようが意味することを考えてみたい。

2．本書のまとめ

はじめに、ここまでの本書の内容について、まとめておこう。

本書では、まず、**第1部**において、本書の分析で用いる待遇表現の使い分けに関わるさまざまな要因について、整理した。そこでは、『桑名』の日記の内容と分限帳などの桑名藩に残る歴史史料から、登場人物の属性と近世末期桑名藩の下級武士とその家族の生活実態を明らかにした。

そのうえで、**第2部**において、『桑名』にみられる述部待遇表現形式と人称代名詞の使い分けの実態を分析した。そこでは、『桑名』にみられる多彩な形式を第1部において明らかにした登場人物の属性と日記の内容からわかる場面の性質と照らし合わせることによって、近世末期桑名藩の下級武士とその家族における待遇表現体系を明らかにした。第4章では「来ル」を意味する尊敬語の体系を、第5章では命令形による命令表現の体系を、第6章では授受補助動詞クレル類命令形による働きかけの表現の体系を、さらに、第8章では人称代名詞の体系を明らかにした。なお、第7章では、これらの体系を突き合わせることにより、体系間における待遇価値の異同などを検討した。ここで、これまでに明らかにした体系を再掲すると、次の図1～図4のようになる。

本書の分析をとおして、図1～図4のように、近世末期桑名藩の下級武士とその家族における待遇表現体系のありようが精細に明らかになった。近世末期桑名藩の下級武士とその家族は、人間関係の上下や場面の性質によって多彩な形式を複雑に使い分けている。とりわけ、人間関係だけでなく、場面の性質によっても細かく使い分けられていることは注目される。

『桑名』にみられる近世末期桑名藩の下級武士とその家族の待遇表現体系は、まず、【ア】礼儀を必要とするような改まった場面か、【イ】親しい間柄の打ち解けた場面かによって大きく分化している。さらに、【イ】の場面で

第12章　近世末期桑名藩の下級武士とその家族の武家のことばとしての待遇表現体系　283

図1　「来ル」を意味する尊敬語の体系

	【ア】礼儀を必要とするような改まった場面	【イ】親しい間柄の打ち解けた場面	
		近しい人	より近しい人
上位	御出ナサル	来ナサル	来ナル
同等			来ヤル
下位	ゴザラシル / ゴザル		

図2　命令形による命令表現の体系

	【ア】礼儀を必要とするような改まった場面	【イ】親しい間柄の打ち解けた場面	
		近しい人	より近しい人
上位	御〜ナサレマシ系	「ナサレ」	「ナヘ」
同等	御〜ナサレ系	「ナサヘ」	「ヤヘ」
下位			「ヤレ」

図3　授受補助動詞クレル類命令形による働きかけの表現の体系

	【ア】礼儀を必要とするような改まった場面	【イ】親しい間柄の打ち解けた場面	
		近しい人	より近しい人
上位	御〜ナサッテクダサレマシ / 御〜クダサリマシ	御〜ナサッテオクレナサレ/リマシ テオクレナサリマシ	「テクンナヘ」
同等	御〜クダサレ	テオクレナサレ	「テクリヤヘ」
下位	テクダサレ	テオクレ	「テクリヤレ」

図4　人称代名詞の体系（自称/対称）

	【ア】礼儀を必要とするような改まった場面	【イ】親しい間柄の打ち解けた場面	
上位	〈私〉/φ	オレ/オマヘ	オラ/キサマ
同等			
下位			

は一定の礼節を必要とするような近しい人との場面か、より近しい人との場面かによって体系が分化している。なお、親しい間柄のなかでも一定の礼節を必要とするような「近しい人」とは、具体的には親戚、および妻からみた夫のことである。一方、「より近しい人」とは、内職を共同で行うなど生活を共にする近隣の藩士仲間Ⅰ、あるいは、夫からみた妻、親子のことである。

　つづく、**第3部**では、第2部で明らかにした述部待遇表現形式と人称代名詞の体系を総合し、それらの体系を広くみわたすことによって、『桑名』にみられる近世末期桑名藩の下級武士とその家族の待遇表現体系の性格を考察した。

　まず、第9章では、第三者待遇表現の運用上の特質を明らかにした。その結果、第三者待遇専用形式（レル・ラレル、ンス、テ＋指定）があること、第三者によっては話し相手待遇で用いられる尊敬の述部待遇表現形式（アソバス系、御〜ナサル系、御〜＋指定、ナサル系、ナル系）を用いて第三者を待遇することがあること、ただし、その使い分けは話し相手待遇に比べて厳格ではないことが明らかになった。また、こうした第三者待遇表現の運用上の特質に加え、身内尊敬用法や自然物に対する敬語使用という点にも着目すると、家庭内、あるいは家庭内に準じる会話場面における待遇表現の体系には、絶対敬語的な性格がみられるといえることを指摘した。

　そして、第10章では、図1〜図4でみた【ア】礼儀を必要とするような改まった場面や【イ】親しい間柄の打ち解けた場面といった場面が、具体的にいかなる場面であるのかを考察した。第10章では、『桑名』にみられる多彩な尊敬の述部待遇表現形式が、第3章でみた平太夫の一日の生活のなかのどのような場面で用いられているのかを分析することによって、場面の内実を明らかにした。その結果、平太夫にとっては、家庭内か家庭外かということが場面を規定するうえで、大きな基準になっていることがわかった。

　さらに、第11章では、第2部において明らかにした待遇表現体系について、体系分化の方向性と社会構造との相関から近世末期桑名藩の下級武士とその家族の待遇表現体系の性格を考察した。

　ここで、ここまでの分析において明らかになった近世末期桑名藩の下級武

士とその家族の待遇表現体系の性格についてまとめると、次のようになろう。

①異なる社会構造を背景として発達した二種の待遇表現体系（以下、α体系とβ体系とする）が併存している。
②社会的な規範や礼儀をわきまえる必要がある流動的な社会に応じるかたちで発達したと考えられるα体系は、【ア】礼儀を必要とするような改まった場面、あるいは【イ】親しい間柄の打ち解けた場面のなかでも一定の礼節を必要とするような近しい人との場面で用いられる。具体的には、家庭の外で遭遇する会話場面、あるいはそれに準ずる会話場面で用いられる。体系分化の方向性に着目してみると、α体系には分析的な分化がみられる。α体系では、比較的待遇価値の高いひとつの形式が幅広い人間関係を言い表している。
③相手がどのような人物であるかということをよく見知っている固定的な社会に応じるかたちで発達したと考えられるβ体系は、【イ】親しい間柄の打ち解けた場面のなかでもより近しい人との場面で用いられる。具体的には、家庭内で遭遇する会話場面、あるいはそれに準ずる会話場面で用いられる。また、β体系は"親しみ"を表す必要がある場面で用いられる体系であるということもできる。体系分化の方向性に着目してみると、β体系には非分析的な分化がみられる。β体系では、形式と人間関係の上下が即応している。

そして、おなじく第11章では、こうした異なる社会構造を背景とした二種の待遇表現体系が併存するという状況は、現代日本語の諸方言にもみられるものであることを指摘した（小森俊平　1933、三石泰子　1977）。また、待遇表現の歴史的変遷との関わりからみると、α体系とβ体系はそれぞれ現代敬語と古代敬語の特性を内包するものといえることを指摘した。

では、このような性格を持つα体系とβ体系は、体系を使用する者の側からみた場合、どのような意味を持つものであったといえるのであろうか。また、ひとつの地域社会に二種の待遇表現体系が併存するということは、どう

いった意味を持つのであろうか。本章では、こうした点について、近世末期の桑名藩において武家のことばとして捉えられていた体系は何か、という観点から、さらに考えてみようと思う。

　第8章で述べたように、武家の言語実態を対象とした研究のなかでも比較的研究が進んでいる人称代名詞をみると、「拙者」や「其方」といった、従来、武家のことばとされてきたものは『桑名』ではほとんどみられない。そのようななかにあって、桑名藩の武家のことばの実態をうかがいしるものとして、『三重県方言』第2号（1956）の「桑名武家ことば」の特集がある。

　ここでは、これを参照し、桑名藩において武家のことばとして捉えられていた体系は何かということをみていく。それにより、ひとつの地域社会に二種の待遇表現体系が併存することの意味について、さらに深く考えてみたい。

3．近世末期桑名藩における武家のことばとしての待遇表現体系

3.1　武家のことばとしての待遇表現体系
　　　―『三重県方言』による旧桑名藩士に対する調査との対照から―

　さて、近世桑名藩には家中弁がみられることが、国語調査委員会の『音韻調査報告書』（明治38年）、『口語法調査報告書』（明治39年）によって知られている。第1章でも述べたように、彦坂佳宣（1984、2003）は、そうした桑名藩家中弁の成立と終焉について論じたものであった。それでは、こうした桑名藩家中弁と本書で明らかにしてきた待遇表現体系（前掲、図1〜図4）とを照らし合わせると、どのようなことがいえるだろうか。

　この点を探るにあたって手がかりとなるのが、『三重県方言』第2号の「桑名武家ことば」の特集である。これは、明治以降の桑名藩の武家ことばの様相について、旧桑名藩士の子孫のことばを対象として調査・報告をしたものである。

　ここでは、そのなかでも待遇表現についての記述が多くみられる堀田要治（1956）「桑名新地・矢田磧に残る語法」、および倉田正邦（1956）「桑名武家ことば語彙」にみられる述部待遇表現形式を拾い集めてみよう。

まず、堀田（1956）は、明治39年の『口語法調査報告書』の報告をふまえたうえで、明治4年矢田磧（平太夫が住んでいた矢田河原のこと）生まれの旧士族の女性と、明治18年新地生まれの男性の語法を調査したものである。それによれば、「敬語のいい方は、礼儀正しい士族間（家族でも）だけによく発達していて、またそれだけに町方とはちがって耳につくものが多い」といい、敬意の高い順に次のようなものがあるという。

　　ナスッタ（ナサル）…イイナスッタ、ノミナスッタトキニ、アソビナスッタトキニ
　　ナル…イキテイナルゼ、キキ（聞き）ナルワネ、イキテ（生きて）イナレバ

また、願望・命令の言い方として、次のようなものがあるという。

　　クンナランカ、クンナンカ（目上、くださいませんか）
　　クリャイ（目下、くれ）　　ドキャイ（目下、どきなさい）

そして、城内の元赤須賀と、舞台格以下の人が住んでいたとみられる城外の矢田磧、新地、平古に残る武家ことばを採取した倉田（1956）には、次のような述部待遇表現形式が武家のことばとして、とりあげられている。なお、倉田（1956）にはアクセントについての注記も記されているが、ここでは語形のみを示す。

　　ゴメンシクンナイ／訪問する時の挨拶言葉でごめん下さいの意
　　ハヤクシヤレイ／早くせよ（目下の者に云う）
　　ドウシテイナルカ／どうしていられるかと聞く場合に使われる、又はドウシテイナイもいわれる
　　クンナイ／それをせよという場合
　　キットカインナイエー／きっと家へ帰れよという場合で、元赤須賀では

　　　　キットカエッテキナイという
イッテクンナイ／いって来てくれ（目下の者に云う）
ワスレテキナンナェ／忘れなさるなよ（元赤須賀でのみ用いる）
ワスレナンナェ／忘れてはいけませんよ（元赤須賀のテキが抜けているだけで語彙の形体は変っていない）
シナイ／せよ（命令形）
キナッタ／来た、人が来たという場合に使う
イナライ／いなくちゃ、人がイナライという場合
イナン／いないというとき、人がイナンという
イキナッタ／行った、あの人はもうイキナッタという。キナッタはこちらへ来た
カッテキナッタ／買って来た
カリテキナッタ／借りて来た
キナッタ／来られた、キナッテ（来られたとなる）
イキナッタ／行った（目上の者に言う）
キテクンナイ／来てくれ（目下か同じ人に使う）キナンというときはこい
シナッテ／しなさる、なにをしなってという場合に使う
モウネヤシ／もう寝なさい
ドケヤイ／のきなさい
カエリナンナァエ／帰りなさい
カインナセイ／帰ったらいけないぞ
アアシヤレ／アアせよ（命令形）
コチラヘキナイ／こちらへこい
キナイゼ／来ない、チョットモデテコナイゼという（目下の者にいう）
キナンゼ／来ない（目上の者にいう）

　これらの報告からわかることは、桑名城下において武家のことばとして捉えられていたとみられる述部待遇表現形式は、「クンナイ」「クリャイ」（下

線は筆者による、以下おなじ）のような、ナル系とヤル系の述部待遇表現形式であるということである。城内の元赤須賀でのみ用いられる形式がみられるものの、これらも「ワスレテキナンナェ」のようなナル系の述部待遇表現形式である。

つまり、近世末期の桑名藩では、本書でいうところのβ体系が武家のことばとして捉えられていたとみられる。また、「クンナンカ」「イキナッタ」のようなナル系は上位の者に対して用いられ、「クリャイ」「ハヤクシヤレイ」のようなヤル系は下位の者に対して用いられるという使い分けも、『桑名』の実態とほぼ一致する。倉田によれば、「イッテクンナイ」「キナイゼ」のようなナイは下位の者に対して用いられるようであり、この点については『桑名』からは把握できなかったので、慎重に検討しなければならない。しかし、いずれにせよ、これらの旧士族に対する調査・報告からうかがえる、複数の形式が人間関係の上下に応じて使い分けられるという実態は、本書で明らかにしたようなβ体系の性格を色濃く映し出すものである。

なお、堀田が指摘しているナスッタについては、小松寿雄（1985）によって江戸の武家のことばの影響を受けたものであることが指摘されている。小松は、この堀田の指摘についてもとりあげ、「江戸の武家も、もちろんナスッタを使っていたので、桑名藩の江戸定府や勤番を通じて、桑名に持ち込まれたものだろう」（小松　1985：82）と述べている。だが、『桑名』をみると、ナスッタは次の1例しかみられなかった。したがって、ナスッタについては『桑名』からは、これ以上のことを論じることはできない。

（1）　鏴こゆきニなべ屋町よりねむりけんぽんじへゆき、ゆすれどおこせどたわいなし。しんやしき御じいさもけんぽんじにいなつて、鏴こや〰これ鏴こやとどのやふニおこしなすつてもたわひもしやふねもなくとふ〰目をさまさず。　　　　　　　　　　　　　　　　　　　1-29

以上のように、近世末期の桑名藩では、従来の文芸作品を対象とした研究において、武家のことばとして捉えられてきた「拙者」や「申ス」といった特有の語彙や語法ではなく、ナル系とヤル系による述部待遇表現形式による体系、すなわちβ体系が武家のことばとして捉えられていたものと考えられ

る。『三重県方言』第2号の「桑名武家ことば特集」にみられる堀田と倉田による報告みるかぎり、「拙者」や「申ス」といった特有の語彙や語法は、武家のことばとして報告されていない。

3.2 武家のことばとしてのβ体系

では、なぜ、近世末期の桑名藩では、α体系とβ体系という二種の異なる性格を持つ待遇表現体系のなかでも、ナル系やヤル系のようなβ体系が武家のことばとして捉えられていたのであろうか。そして、武家のことばとしてのβ体系は下級武士とその家族のあいだで、どのような意味を持つものであったのであろうか。ここでは、これらの点について、近世末期桑名藩の下級武士とその家族の生活実態を思い浮かべながら、考えてみたい。

はじめに、ここでみていくβ体系がどのような体系であるのかということをあらためて確認しておこう。本章の2節で述べたように、β体系とは次のような体系であった。

> 相手がどのような人物であるかということをよく見知っている固定的な社会に応じるかたちで発達したと考えられるβ体系は、【イ】親しい間柄の打ち解けた場面のなかでもより近しい人との場面で用いられる。具体的には、家庭内で遭遇する会話場面、あるいはそれに準ずる会話場面で用いられる。また、β体系は"親しみ"を表す必要がある場面で用いられる体系であるということもできる。体系分化の方向性に着目してみると、β体系には非分析的な分化がみられる。β体系では、形式と人間関係の上下が即応している。

こうしたβ体系が近世末期の桑名藩において武家のことばとして捉えられていたのはなぜかということについて、第3章で明らかにした平太夫ら下級武士とその家族の生活実態と関わらせながら考えてみると、その背景として、次のような下級武士ならではの生活が思い起こされる。

すなわち、平太夫ら下級武士とその家族の生活は、近隣に住む藩士仲間の

協力なしでは成り立たないものであった。彼らは、内職から味噌の仕込みに至るまで、さまざまな作業を共同で行っている。そのような生活にあっては、神木康代（1992：8-9）が指摘するように、「平太夫家に出入りする人々は、平太夫の家族とほとんど上下関係を持たない人々であり、それだけかれらの間の一種の平等感、連帯感は意識するしないにかかわらず強いものと」なっていたのではないかと考えられる。『桑名』からは、内職にかぎらず余暇においても、近隣に住む藩士仲間と極めて盛んに交流していた様子がうかがえる。β体系は、このような生活のなかで、いわゆる「仲間意識」を高めるために用いられていたのではないだろうか。

こうした仲間意識については、現代日本語の若者語について述べたものであるが、真田信治編（2006）が次のように述べている。真田によれば、「若者語は「仲間内のことば」であるから、仲間内以外には使われず、また仲間内以外には理解できない、一種の隠語的なものである（ただし、仲間内以外の人間に対して積極的に隠そうとする意識は薄い）」としたうえで、「仲間内で生まれた新しい表現、新しい用法を集団で共有することが、仲間意識・連帯意識を高めることにつながる」（真田　2006：20）という。

つまり、β体系が平太夫ら下級武士とその家族のあいだで発達している背景としては、次のようなことが考えられる。

近世末期桑名藩の下級武士とその家族の生活を振り返ってみると、彼らの生活は生活水準や家庭環境をおなじくする人々のあいだで営まれるものであった。たとえば、平太夫が住む矢田河原庚申堂北で生活する人々（家族、藩士仲間Ⅰ）は、みな平太夫とおなじ舞台格以下の下級武士であり、内職を共同で行うなど生活を共にしている親しい間柄の人々である。

たしかに、親しい間柄という点でいえば、親戚にあたる一色町の片山家や新屋敷の佐藤家の人々もまた、平太夫ら渡部家の人々にとって親しい間柄の人々である。だが、これらの人は御書院格の家の人であり、身分からみて上位の人である。したがって、親しい間柄とはいえ少なからず礼儀をわきまえる必要があることから、親戚とのあいだでは、社会的な規範や礼儀をわきまえる必要がある場面で使用されるα体系が用いられる。

一方、矢田河原庚申堂北に住む人々は、生活水準や家庭環境をおなじくする人々であるから、そうした礼儀は必ずしも必要とはされない。むしろ、家族や藩士仲間Ⅰのような生活水準や家庭環境をおなじくする人々とのあいだでは、仲間意識や連帯意識を高めることが第一に求められる。

　そのような状況において、彼らはβ体系を集団で共有することによって、仲間意識や連帯意識を高めていたのであろう。β体系とは、「ナヘ」は上位の者に対して、「ヤヘ」は同等の者に対して、「ヤレ」は下位の者に対してというように集団内の上下関係、すなわち年齢からみて上位か下位か、それとも同等かという属性によって形式を複雑に使い分ける必要のある体系である。そうした複雑な体系は、見方をかえれば、よく見知っている間柄でなければ使えない体系といえ、集団に属さない人が使うことは難しい体系といえる。

　このように仲間意識を高めるためにβ体系が用いられていたと考えられるが、その一方で、近世末期の武家が置かれた抜き差しならぬ状況も、β体系を維持する要因となっていたのではないかと考えられる。

　口絵で示した東北大学附属図書館狩野文庫蔵『桑名御城下之圖』からわかるように、桑名藩では武家と町方の居住域が厳密に定められていた。しかし、第3章で述べたように、『桑名』をみるかぎり、近世末期桑名藩の下級武士が置かれた状況は、必ずしも安定したものではなかった。糸引きや網すきなどの内職をしなければならないほど家計は逼迫しており、また内湯のない下級武士は町のものとおなじ銭湯に入らなければならなかった。なかには、百姓の娘を嫁として迎える武士もいた。

　たとえば、次の（2）は、鐐之助が町のものである長吉の真似をしようとしたところを、（3）は火消の真似をしようとしたところをおばばが叱っている場面であるが、ここからは町のものと近い生活にありながら、武士としての誇りを持って生きていた下級武士のすがたがみえる。とくに（3）の「紋の付たべゝも大小もかみしもやることハならぬが」というおばばのことばは、下級武士の切迫した状況を示しているといえよう。

（2）　ひるじぶんニおばゝをねだるニハ、長吉のまねをするからどうぞかみにすじひいてくんなへ、石をぜんぜニして長吉のまねするからどふぞ

といふゆへ、かちうのものハ町のもののまねなんぞするものでなへ、鐐それでも金山のてつさがしなつたもの、おばゝそふおばゝのいふことをきかねと、御馬ニのせてゑちごへやつておろくをつれてきておばゝがだいてねるハといふたら、おつなかほしてゐたが、わあゝとなき出したげなが、うそだ〳〵鐐ハおとなしいもの、ゑちごへやりハせぬニなきやるなといふたら、じきニきげんをなをしたげな。　　　　　　　　1-102

（3）表より飛込ひけしのまねするから、ちいさなはしごをたつた今こしろふてくれと云て二階へ上る。おばゝにこしろふて貰へと云。又おばゝの所へ行ねだる。おばゝが云ニハ、どふして其様ニじきにできるものか、はしごがなんニ成。それでも御代田の平さが持て居なるから、たつた今拵ふてくんなへと云。ヲゝそんならこしろふてやるからな、そのはしごを以て馬道へいつてしまへ、家中のものが火消の真似なんぞするものでなへ、紋の付たべへも大小もかみしもやることハならぬが、それでもゑゝか、はしごがほしくバこしろふてやるがどふだと云れて大ニこまり、泣しやつくりしながらねふる。　　　　　　　　　　　　1-108

このようななかにあって、下級武士たちが武家であることを指標するものは、他ならぬことばであったと考えられる。彦坂（1984：25）は、上掲（2）（3）をあげたうえで、「ことばが単なる伝達の道具ではなく、藩という強固な社会集団への帰属のしるしであり、自己の立脚点でもあったのであろう」と述べている。とくに待遇表現体系では、こうした意識が強く働いたのであろう。

『桑名』にみられる二種の待遇表現体系のなかでも、β体系は、集団内の人間関係（具体的には年齢）に応じて使い分けなければならないものであった。そして、そのような体系は、堀田が指摘するように「礼儀正しい士族間（家族）だけによく発達して」いたものと考えられる。そのために、結果として、桑名城下に住む武家階級以外の人に対して、武家であることを指標するものになっていたのではないだろうか。

さきにみた『三重県方言』の「桑名武家ことば」の特集のなかには、「武家ことばと背中合せに住んでいた私」と題した、商家出身の松岡義一氏による回顧録ともいうべき短編が収められている。戦後に書かれたものではある

が、「町のもの」が「家中のもの」のことばをどのようにみていたのかを知るうえでたいへん興味深いので、ここで紹介しよう。なお、松岡氏は、『桑名』に度々登場する平太夫の甥・片山均平が住んでいた新地と「1間幅ぐらいの川一筋をへだてて、南北に旧東海道の商家の並んだ町筋に生れた」という。

> …又杉垣の実を杉鉄砲のたまにするために、採りに行って聞いたことば、それは小川一つを中にしたへだたりではあるが、商家で使われているいわゆる桑名ことばという丸味のある語調に対して、かなりきつい抑揚をもった言葉であった。…真黒に日焼けした顔、たくましい体軀に網をかついで、大声で武家ことばを使いながら通っていく人々の言葉が、子供心にはいちばん強い印象となって残っている。私達商家の者はここ（筆者注：新地のこと）を「お屋敷」といい「お屋敷ことば」などといった。…私達の町筋にも新地出身の床屋さんがあり、顔をそってもらいながら、この言葉でいろいろな話を聞いたものだ。…　　　松岡（1956：6-7）

ここで述べられている「かなりきつい抑揚をもった言葉」が本書でいうところのβ体系の待遇表現形式のみを指しているとはいえないが、さきにみたように、堀田や倉田がナル系やヤル系による述部待遇表現形式を桑名の武家ことばとして多く報告していることをふまえると、『桑名』にみられるβ体系の「ナヘ」「ヤヘ」「ヤレ」という形式は、「お屋敷ことば」、すなわち武家ことばの重要な一角を担っていたものであったと考えられる。

以上のことから、β体系は平太夫ら近世末期桑名藩の下級武士とその家族にとって、仲間意識や連帯意識を高めることを目的のひとつとして用いる体系であり、また、武家であることを指標する体系であったといえる。

4．従来の研究において武家のことばとされてきた待遇表現の位置づけ

以上みてきたように、近世末期桑名藩の下級武士とその家族は、二種の待遇表現体系（α体系、β体系）をあわせ持っていた。そして、旧士族を対象

とした言語調査の結果をふまえると、そのなかでも「ナヘ」「ヤヘ」「ヤレ」といった形式が属するβ体系が武家のことばとして捉えられていたとみられる。

さて、そうなると、従来の町人階級をおもな対象とした研究（山崎久之2004、小島俊夫　1974）において武家のことばとしてとりあげられてきた「拙者」や「其方」、あるいは「申ス」といった特有の語彙や語法の位置づけが問題となるが、これらは極めて公的な場面において用いられる武家のことばであったのではないかと思われる。

ここで、この点について考えるために、武家社会における待遇表現を場面との関わりから捉えた金田弘（1987）による『よしの冊子』の体系をあらためてみてみよう。『よしの冊子』は、『桑名』成立のおよそ40年前に松平定信の側近であった水野為長によって書かれたものであり、武家の言語実態を知る資料のなかでも江戸城内や幕府の役所における幕臣の言語を知りうる資料である（諸星美智直　2004：11）。第8章において示したように、金田による『よしの冊子』の体系をまとめなおすと、次の図のようになる。

場面	文末辞		代名詞		尊敬表現
	常体	敬体	自称	対称	
公的		ゴザル	拙者	其方・其元 オ手前（様）	〈オ～ニナル〉
私的	ダ ジャ		オレ	貴様 オマエ	
共用	ダ ジャ	マス ゴザイマス	私	アナタ（様）	ルル・ラルル オ～ナサル（ル）

第8章では、人称代名詞の分析に基づき、金田が指摘する「私的」場面が『桑名』の【イ】親しい間柄の打ち解けた場面に対応し、「共用」場面が『桑名』の【ア】礼儀を必要とするような改まった場面に対応すると述べた。そして、「公的」場面については、『桑名』の筆者である渡部平太夫が下級武士であるために、そのような場面に遭遇することがほとんどなく、したがって『桑名』にはみられないとした。

しかし、人称代名詞にかぎらず、本書のこれまでの分析を広くみわたすと、金田による『よしの冊子』の体系と、本書で明らかにした『桑名』の体系は次のように対応するのではないかと考えられる。なお、金田は公的・私的・共用という場面について、代名詞と尊敬表現がどのような文末辞と対応するかということと、それらがどのような間柄で用いられるのかということから判断している。そして、自称代名詞の「「おれ」「私」「拙者」の三者は、いわば普段着・外出着・礼服着用の使い分けに応ずる」(金田 1987：344)と述べている。

『よしの冊子』		『桑名日記』
「公的」場面(礼服着)	……	X体系が用いられる場面
「私的」場面(普段着)	……	β体系が用いられる場面
「共用」場面(外出着)	……	α体系が用いられる場面

このように、金田がいうところの「私的」場面とは、『桑名』のβ体系が用いられる場面、すなわち【イ】親しい間柄の打ち解けた場面のなかでもより近しい人(藩士仲間Ⅰ、夫からみた妻、親子)との場面であると考えられる。また、「共用」場面とは、α体系が用いられる場面、すなわち【ア】礼儀を必要とするような改まった場面と、【イ】親しい間柄の打ち解けた場面のなかでも一定の礼節を必要とするような近しい人(親戚、および妻からみた夫)との場面といえるのではないかと考えられる。

そして、「公的」場面とは、『桑名』ではほとんどみられない「拙者」や「其方」などが用いられる場面であると考えられる。ここで、これらの人称代名詞が『桑名』において用いられる場面をあらためてみると、いずれも候文中で用いられていることがわかる。また、武士の威信に関わるような場面や、極めて身分が高い人々のあいだで用いられていることがわかる。

たとえば、次の(4)は、作りが悪く一両にもならない「先祖拝領脇差」を人にやろうとする松平伊賀守様家老の久松勘解由殿に対して、そのような脇差を出すのはみっともないからやめるよう説得してほしいと依頼された酒

第12章　近世末期桑名藩の下級武士とその家族の武家のことばとしての待遇表現体系　297

井三右衛門殿が話し手である。ここで勘解由の従弟にあたる三右衛門は、自分が勘解由に脇差を出すのをやめるように勧めようと、説得を依頼してきた十郎左衛門殿に約束している。また、（5）は夜回り勤務の時に「あぶられ」たと役所に届け出た鳥飼三蔵に対して、御横目の馬場甚八郎殿が三蔵の言うことはよくわからないから、よく調べようと述べている場面である。なお、波線部については、後述する。

（4）　江川にて松平伊賀守様家老の事得と承り候…酒井三右衛門殿ハ勘解由殿ト従弟之続ニ付、十郎左衛門殿三右衛門殿へ委細之訳柄被相咄候処、三右衛門殿ニもあきれ果埒ツチもなき事を勘解由申聞候、如何様上之御外聞ニも相成候事ニ付、拙者より尚又差留可申と殊細カニ勘解由へ談合有之漸右脇差被遣候相談相止候由。　　　　　　　　　　4-19

（5）　夜分若手相見へ咄シニ、鳥海三蔵御横目役所へ相届候処、御横目御当番馬場甚八郎殿被申聞候ハ、其方申処一向不分ニ付得と取調申聞候様可致。何れ今日同役出役之上評儀可致旨被申聞候由。　　　4-211

このように、「拙者」や「其方」といった人称代名詞は極めて公的な場面で用いられる。

以上のことから、ここまでの分析では判然としなかったものの、α体系とβ体系とは別に極めて公的な場面で用いられる体系があったのではないかと考えられる。以下、本書では、こうした体系を**X体系**と呼ぶこととする。

X体系の内実については今後の課題であるが、X体系には「拙者」や「其方」などの人称代名詞の他、前掲（4）（5）にもみえる「申ス」「致ス」、そして、「レル・ラレル（被）」などの文章語で用いられる形式（波線部）が属していたのではないかと考えられる。なお、金田はルル・ラルル（レル・ラレル）を「共用」場面で用いられるものとするが、『桑名』をみるかぎり、α体系（すなわち『よしの冊子』における「共用」場面で用いられる体系）にレル・ラレルは属さない。『桑名』では、レル・ラレルは話し相手待遇ではほとんどみられず、第三者待遇専用形式として用いられる（第9章）。

以上のように、従来の町人階級をおもな対象とした研究において武家のことばとして捉えられてきたものは、こうした極めて公的な場面で用いられる

X体系に属する形式であったと思われる。しかし、桑名城下に住む武家階級以外の人々にとっては、そもそもこのようなX体系を耳にする機会がなかったのであろう。そのようなこともあり、桑名城下ではX体系ではなくβ体系が武家のことばとして捉えられていたものと考えられる。なお、X体系は、成人男性がおもに御城での勤めのなかで用いる体系であったと考えられることから、武家といっても女性や子どもがこのようなX体系を用いることはなかったものと考えられる。

5．使用者からみたX体系・α体系・β体系の位置づけ

　ここまで本章では、本書のこれまでの内容を整理するとともに、さらに視野を広げて、近世末期の桑名藩において武家のことばとして捉えられていた体系は何かという観点を糸口として、『桑名』にみられる待遇表現体系の性格を考えてきた。

　以上みてきたように、近世末期の桑名藩では、「ナヘ」「ヤヘ」「ヤレ」といった形式が属するβ体系が武家のことばとして捉えられていたとみられる。また、従来の町人階級をおもな対象とした研究において武家のことばとして捉えられてきた「拙者」や「申ス」などの特有の語彙や語法は、極めて公的な場面で用いられる武家のことばであったと考えられる。なお、本書では、こうした語彙や語法が属する体系をX体系とした。

　以上をふまえて本節では、武家のことばとして捉えられていたとみられるβ体系とX体系、そして、そのような体系ではないところのα体系の位置づけについて、あらためて考えたい。それぞれの体系は、それらの体系を使用する者にとって、どのような意味を持つものであったのであろうか。β体系については本章の3節において詳しくみたが、ここでは、第2部で対象とした「来ル」を意味する尊敬語、命令形による命令表現と授受補助動詞クレル類による働きかけの表現にみられる述部待遇表現形式、および人称代名詞だけでなく、各活用形の形式にも視野を広げて、それぞれの体系が使用者にとってどのような意味を持つものであったのかを考える。不十分な点があるこ

とは否めないが、そうすることによって、それぞれの体系の本質にいくらか迫ることができるのではないかと思う。

5.1 使用者の側からみたX体系

　極めて公的な場面、具体的には、おもに桑名城内での会話場面や藩士どうしでの会話場面であると思われるが、そこでは、X体系が用いられる。このX体系については、本書ではほとんど扱うことができなかったため、その内実については不明なところが多い。だが、おそらく、（6）のような文章語と深い関わりを持つ体系であったと思われる。（6）は、役所へ届いた異国船に関する届け出を書き写したところであるが、そのなかには、『よしの冊子』で「公的」場面（本書でいうところのX体系が用いられる極めて公的な場面）において用いられるとされているオ～ニナル（御引留ニ相成）がみえる。

（6）…又先日紀州沖異国船相見へ、夫より遠州沖ニも見へ此節浦賀江着船之よし。町会所より御町役所へ書付を以相届候写左之通也。鍋嶋様も近日御登り被成候よし。噂も有之。…尾州知多郡中津村天野兵左衛門船沖乗船船頭長吉と申者、先月廿一日当所出帆、…風並悪敷、参州横須賀白尾近邊にて日暮ニ及び、翌廿五日朝御前崎沖ニ而右異国船見失ひ、翌廿六日長吉船浦賀江入着。尤乗抜候故同所御番所へ御届傍御注進奉申上候処、御出役御役人衆近く御出座御尋ニ付前条御答申上。翌廿七日右異国船九里浜近邊へ入着ニ付直様出帆御免相成江戸表へ其日ニ入津仕。猶又当月二日江戸表出帆翌日浦賀江入津。同夜より翌朝向ケ諸国之大船十八艘御手当として<u>御引留ニ相成</u>、小船にて湊岸より引出し右御用意専ニ御座候。
　　　　　　　　　　　　　　　　　　　　　　　　　　　　4-102

　さらに、次の（7）は、戸倉惣左衛門殿（23石3人扶持の御書院格）の嫡子が佐藤官左衛門（身分不詳、舞台格以下か[1]）の倅に怪我をさせられたという一件を記したところである。「ケ様ニ怪我為致、時宜ニよつてハ<u>其元</u>倅を手打ニする」といわれ当惑する官左衛門であったが、実際に先に手を出したのは惣左衛門の嫡子の方だったので、竹光同様の刀しか持たない官左衛門の心配は杞憂に終わったという場面である。漢語を基調とするなかに、「御

内事ニ被成」のようなオ〜ニナル（ナサル）とみられる表現や、「面目なき仕合」「御心配懸気の毒千萬御用捨ニ願たし」のようないかにも武士らしい表現がみられる。

（７）　今朝均平鐐の見舞ニ時雨餅五ツト大様三本持て見へ咄しニ、先達戸倉惣左衛門殿嫡子の手をバ佐藤官左衛門伜新屋敷邊ニ若党ニ参り居、使先楊柳寺脇邊ニて右嫡子ニ喧嘩仕懸ケられ、官左衛門伜ハ年増故惣左衛門嫡子の手をねぢり、其上踏たとか肱の骨突込大変ナ出入ニなり、官左衛門断ニ戸倉へ行候処、惣左衛門殿挨拶ニハ、ケ様ニ怪我為致、時宜ニよつてハ<u>其元</u>伜を手打ニする抔と被申候由。夫より浅井の医師ニ療治相頼、突込候骨も引出し、手も利様ニ相成候処、其後戸倉より官左衛門方へ使参り申ニハ、親類同道被相越候様ニとの口上故デ官左衛門察し候にハ、弥手の痛強存命之程も無覚束、定而伜を手打ニする積ならんと…同役伊藤善内ニ相談、官左衛門申ニハ譬ひ手打ニ相成候ハ是非もなし。併此方ニてもムデ〳〵見て居まじ。夫ニ付てハ大小甚見苦敷恥敷事ながら竹光岡様如何致たものと善内へ相談之処、善内も同様のものにて、何共御相談致方なしと互ニ顔見合大当惑なれとも行かねハならず、何ニしても行て見べしと戸倉へ相越し候処、案ニ相違、戸倉殿被申候ニハ拠伜療治相加へ候処此程至極宜手も利候様ニ相成大安心致ましたが夫ニ付、先日ハ餘り腹立まぎれ前後忘脚致候哉、忽なる義を申懸今更<u>面目なき仕合</u>、其様ニも御心配懸気の毒千萬御用捨ニ願たし。名ニ付先日御挨拶申候義者必御他言下されまじく（波線部については後述）何卒<u>御内事ニ被成御聞捨被下度</u>とキツイ断ニて官左衛門大安堵して帰宅大笑いたし候よし。戸倉親類中にて段々評義被致候処、実ニ惣左衛門殿嫡子の方より手出し致候故…其健ニ捨置候而ハ宜有間敷とか相談之上ニての挨拶ならんと申事なり。

4-53

このようにしてみると、極めて公的な場面で用いられるＸ体系とは、武家社会の内部で武家であることを指標する武家のことばであったのではないかと思われる。

第１部で紹介したように、桑名藩には「敬礼御定」という身分と状況に応

じた敬礼の細かな規則があった（磯田道史　2003）。その規則に反すると直ちに罰せられるといい、実際、『桑名』にも、舞台格の谷崎治右衛門（禄高8石3人）が御書院格の森一弥左衛門（禄高300石）に立ったまま会釈したために罰せられたという記事がみえる（第3章：3.4）。このような規則は、おそらくことばの面にも適用されるものであったであろうし、桑名藩士は藩士である以上、文章語と深い関わりを持つと思われるX体系を身に着けておかなければならなかったのであろう。

　以上のように、平太夫ら桑名藩士にとって、X体系は武家社会を生きていくうえで欠かせない体系であったと考えられる。ただし、繰り返し述べてきたように、本書ではX体系の内実についてはほとんど明らかにすることができなかった。今後、文章語との関わりを視野に入れつつ、その実態を明らかにしたい。

5.2　使用者の側からみた α 体系

　【ア】礼儀を必要とするような改まった場面と【イ】親しい間柄の打ち解けた場面のなかでも近しい人（親戚、および妻からみた夫）との場面、具体的にはおもに家庭の外で遭遇する会話場面では、α 体系が用いられる。本章の2節で述べたように、α 体系は、社会的な規範や礼儀をわきまえる必要がある流動的な社会に応じるかたちで発達したと考えられる。そして、御～ナサルや御～クダサルのような、比較的待遇価値の高いひとつの形式で幅広い人間関係を言い表すことができるものである。

　では、こうした α 体系は使用者の側からみて、どのような体系であったのであろうか。あらためて考えてみると、比較的待遇価値の高いひとつの形式によって上位の者から下位の者までを等しく上として扱うことのできる α 体系は、使用者の側からみれば、無難かつ、単純な体系であったといえるのではないだろうか。とりわけ、聞き手への配慮を必要とするような場面においては、α 体系は使い勝手の良い体系であったのではないかと思われる。また、同時に、比較的待遇価値の高い形式を使用するということは、使用者自身の品位を高めることにもつながるものであったと考えられる。

なお、このα体系は、X体系と重なる部分が少なからずあるように思われる。前掲（7）には、α体系の御〜クダサルがみえる（波線部）。また、次にあげる（8）の「御直し被下」は、第6章において【ア】礼儀を必要とするような改まった場面における同等の者に対する例として分析したものであるが、「御直し被下」を含む文中には、前掲（7）とおなじ「面目なき仕合」という表現がみえる。このようにα体系とX体系には重なる部分が少なからずあると思われるが、このことについてはX体系の内実を明らかにしてからでなければ論じることができないので、ひとまず今後の課題としたい。

（8）　夫より出役。持除仕舞火を持て居候処、平の出役。ヲヤ今日ハ御休之筈とふして御出勤と問ハ、些ト手形調へ昨日出来上り兼候付出役致しましたと被申。夫より増減取調へ候処、些ト不合。…段々せんさく致候処、戸倉庄八八月廿六日病死之処、九月分手形有之。藤崎へ対談致候得ハ全く調へ違ひ。大不調法と<u>面目なき仕合宜御直し被下</u>と再応断也。　　4-44

さて、流動的でどのような人物と出会うかわからない社会では、さまざまな背景を持った人といやがうえにも交流しなければならない。こうした社会は見方をかえれば成熟した社会といえ、そのような社会を生きていくためには、社会的な規範や礼儀をわきまえることが必要となる。

そして、このことは武家にかぎったことではなく、次のような富山の薬売、木や市兵衛、たばこやのかみさまといった、武家からみて周縁に生きる人々にも必要とされる能力であったと思われる。

（9）　けふ富山の薬売見候由。鐐之助其所へ殺生より帰り、着ものも何もかも泥たらけニして帰る故、おばゝイヤモウせ話だぞ〰、最早鐐のせ話が出来ぬから越後へいつてくりやれや、此人が越後へ連ていつてやると言ハれるから、どふぞいつてくりやれ。薬や、御坊さまわしと越後へ<u>御出なさへ</u>、御殺生なさる所ハ沢山御ざり升と言たれハ、鐐大キニ困り、行ん〰と言たけな。　　3-26

（10）　此間木や市兵衛見へ、能キ眞木がさんしましたで御序ニ<u>御寄被下</u>、<u>御覧被下</u>ましと申置候由ニ付、帰り廻り弐分分約束致。　　4-206

（11）　くれあいにおばゝとせんとふいつたれバ、たばこやのかみさまがい

ふ。おぼうさんさつきハゑらい口を<u>きゝ</u>なされたなどいふたげな。1-69

　ところで、このようにしてみると、α体系は汎用的な体系であるといえそうである。流動的な社会で発達したものであること、（9）〜（11）からわかるように階層の違いに関わらず広く用いられることをあわせ考えると、α体系は、いわば、「スタンダード言語」であったといえるのではないだろうか。

　野村剛史（2011：186）は、「江戸山の手にはブケを中心とした言語の島ができたはずである。その島の言語は、各藩の藩邸ごとには異なった方言であったかもしれないが、交際言語は、抄物やキリシタン資料や狂言に現れる上方由来の規範言語（スタンダード言語）であったと考えられる」と述べ、近世スタンダードの存在を想定する。そして、「東京山の手の言語が標準語として選ばれて近代標準語を作ったのではない。江戸期以来の標準言語が、明治期に新たに東京山の手の言語を作った。ところが、それは標準言語として人々に意識され、誰かが「全国統一話し言葉」を定めなくとも、おおむね標準語の輪郭が定まった」（野村　2011：202）とする。

　ここで、こうした野村の指摘をふまえて、あらためて本書においてα体系に属するとした形式が歴史的にみてどのような形式であるかをわずかながらみると、まず、たとえば、ロドリゲスの『日本大文典』のナサルルの項には次のような記述がみられ、室町時代には御〜ナサル（オ〜ナサルル）が広く用いられていたことがわかる。

　　動詞Nasu（なす）と助辞Ruru（るる）との複合語であって、その敬意の度合は話し言葉で与へ得る最高のものである。助辞Vo（お）を冠した動詞語根の後に添へられる。例へば、Voagenasaruru（お上げなさるる）、voquiqui nasaruru（お聞きなさるる）、voide nasaruru（お出でなさるる）。　　　　　　　　　　　　　　　　　（土井忠生訳　1955：584）

　また、江戸時代の心学の講義の聞書である心学道話の語法に、「中立的な口語」を求めた森岡健二（1980）によれば、心学道話のなかに、「（聞いて）下さりませ」「（御書）なされた」「御（笑ひ）下された」という形式語がみ

られるという。これらは、本書においてα体系とした体系に属する形式と思われるものである。

　さらに、第8章で述べたように、α体系の人称代名詞にみられる〈私〉に対する対称がみられないという体系は、永田高志（2009）によれば『捷解新語』にもみられ、近世前期にはできあがっていたという。

　詳細については今後の課題であるが、このようなことからも、α体系は野村が指摘するような「上方由来の規範言語（スタンダード言語）」であり、「江戸期以来の標準言語」であったのではないかと思われる。

　なお、上方由来の規範言語を土台とするとはいえ、『桑名』のα体系には、後期江戸語の特徴が少なからずみられる。たとえば、より高い待遇価値を持つ形式を分化させるときに付加する「マシ」は、後期江戸語の特色のひとつとされるものである（小松寿雄　1971）。『桑名』では、(12)のようなマシが41例みられるのに対して、上方語に多くみられるマセは(13)の1例しかみられない。

(12) きのふ均平が来て、明日母の七ねんきニ付、御やしよくあがりニ御出なさへましといふたで、御くらよりかへるとすぐニゆく。　1-102

(13) 夕かた三ほふニとうふをのせ、鐐ニもたせ四日月さまへそなへさせ、ほふそふをかるくさせて御くれなさへませといわせて御じぎをさせる。
　　　　　　　　　　　　　　　　　　　　　　　　　　　　　1-177

　桑名藩の武家にみられるマシについては小松（1985：82）にも指摘があるが、それによれば、マシはナスッタとおなじく桑名藩の江戸定府や勤番を通じて、江戸の武家から取り入れられたものであると考えられるという（ナスッタについては、本章の3.1を参照）。桑名は西部方言地域に属するが、汎用的な体系であるからこそ、α体系には、上方由来の形式を基盤とする形式のなかにも江戸語の特徴が取り入れられたのであろう。

　以上のように、平太夫ら下級武士とその家族、そして、桑名城下に住む人々にとって、α体系は成熟した社会を生きていくうえで欠かせない体系であったと考えられる。田中章夫（2001：592）によれば、近代日本語にみられる分析的傾向とは、「種類の少ない、単純な表現単位のコンビネーションによ

って、複雑、微妙な表現を成立させようとする傾向」であるという。複雑で、聞き手への配慮を一層必要とするような成熟した社会では、こうした傾向を持つα体系が必要であったのであろう。そして、そうしたα体系は、汎用的な、いわば、スタンダードともいえる体系であったと考えられる。

5.3 使用者の側からみたβ体系

【イ】親しい間柄の打ち解けた場面のなかでもより近しい人（藩士仲間Ⅰ、あるいは、夫からみた妻、親子のこと）との場面、具体的には家庭内、および、生活水準と家庭環境をおなじくする藩士仲間のあいだでは、β体系が用いられる。本章の2節で述べたように、β体系は、相手がどのような人物であるかということをよく見知っている固定的な社会に応じるかたちで発達したと考えられる。

そして、おなじく本章の3節でみたように、β体系は使用者の側からみれば、仲間意識や連帯意識を高めることを目的のひとつとして用いられる体系であり、また、武家であることを指標する体系であったと考えられる。ただし、さきにみたX体系が武家社会の内部で武家であることを指標するものであったのに対して、β体系は『三重県方言』第2号の報告からもわかるように、武家階級以外の人に対して武家であることを指標するものであったと思われる。

家庭内のことばが武家のことばと捉えられていたということは、常識的には考えにくいことであるようにも思えるが、よく見知っている間柄でなければ使い分けることが難しい複雑な体系を使用できるということが、武家という他とは違う集団に帰属しているということを示していたのであろう。さきにも述べたように、彼らの生活は、武家とはいえ、内職をしなければならないほど逼迫しており、武家階級以外の人と接触する機会も多かった。だからこそ、外に対して武家であることを指標する体系が、一方では必要であったのではないかと考えられる。

いずれにせよ、平太夫と孫・鐐之助の日々の生活の様子を中心として綴られた『桑名』にみられる日常の会話を、次のようにいきいきとした豊かなも

のにしているのは、このβ体系である。

(14) 御ぜんをたべぬときハ鐐やどふぞ御ぜんを<u>たべてくりやるなや</u>。御ぜんをたべるとどふもおもくなつてしかたがなへからどふぞ<u>たべてくりやるなや</u>といふ（虫）ろしてさらへこミごぜんといふ、かへる。まあそふたべられてハおもくなつてどふもならぬといふと、いそひでたべてハかへる也。そふしてあとでおじいさだへて<u>見なへ</u>といふから、どふもおもくてあがらぬ。もふこれから御ぜんをすこしづつ<u>たべてくりやれ</u>こふおもくなつてハこまるといふとうれしがる。　　　　　　1-71

　以上のように、平太夫ら下級武士とその家族にとって、β体系は仲間意識や連帯意識を高めるために用いられる、生活に根差した体系であったと考えられる。こうしたβ体系は、おなじ武家のことばであっても極めて公的な場面で用いられるX体系とは違って、意識的に習得するものではない。β体系は、生活水準や家庭環境をおなじくする人々との生活のなかで、自然と身につくものであったと考えられる。

6．ひとつの地域社会に複数の体系が併存していることの意味

　以上のことから、ひとつの地域社会に異なる複数の体系が併存しているということは、使用者の側からみれば、場面や生活空間の違いに応じて、それらの体系を使い分けながら生活しているということであるといえよう。

　ここで、本書のここまでの分析をふまえ、桑名城下において運用されていたと考えられる待遇表現体系を概念的に示すと図1のようになる。外枠は桑名藩の城下町全域、すなわち大きな言語共同体であることを示す。そして、そのなかの四角で囲った部分は桑名城内であることを示す。平太夫が勤める御蔵はこのなかにある。また、楕円で囲った部分は、矢田河原庚申堂北のような生活を共にする藩士どうしの小さな言語共同体であることを示す。なお、桑名城下の略図については、第11章の図4（p. 269）で示した。

　図1からわかるように桑名城下には、X体系がおもに用いられる桑名城内、α体系がおもに用いられる桑名城下全域、β体系がおもに用いられる家族お

図1　桑名城下において運用されていたと考えられる待遇表現体系（概念図）

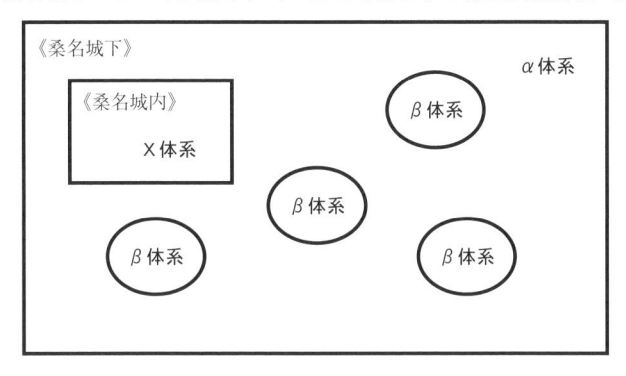

```
《桑名城下》                           α体系
  ┌─────────────────────────────────┐
  │ ┌─────────────┐      ╭───╮      │
  │ │《桑名城内》  │      │β体系│      │
  │ │  X体系       │      ╰───╯      │
  │ └─────────────┘                  │
  │              ╭────╮              │
  │              │β体系│              │
  │              ╰────╯              │
  │  ╭────╮              ╭────╮     │
  │  │β体系│              │β体系│     │
  │  ╰────╯              ╰────╯     │
  └─────────────────────────────────┘
```

および生活水準や家庭環境をおなじにする藩士が住む町内という、少なくとも3つの生活空間があったと考えられる。口絵で示した東北大学附属図書館狩野文庫蔵『桑名御城下之圖』からもわかるように、桑名藩では居住域が厳密に定められていた。このことをあわせ考えると、こうした生活空間の違いは、桑名城下に住む人々にとって、強く意識されるものであったと思われる。

　つまり、平太夫ら近世末期桑名藩の下級武士とその家族は、それぞれの生活空間に応じて異なる3つの体系を使い分けていたものと考えられる。桑名城下を鳥瞰すると、まず、成人男子が勤める桑名城内では、文章語と深い関わりを持つと思われるX体系が用いられる。そして、社会的な規範や礼儀をわきまえる必要のある成熟した社会、具体的には家庭の外である桑名城下全域ではα体系が用いられる。さらに、相手がどのような人物であるかということをよく見知っている社会、具体的には家族および生活水準や家庭環境をおなじにする藩士が住む町内ではβ体系が用いられる。

　ただし、注意しなければならないことは、図1はあくまでもそれぞれの体系が用いられる"場所"を概念的に示したものにすぎないということである。実際には、これまで本書でみてきたように、たとえば、β体系が用いられる矢田河原庚申堂北のような家庭内や近隣に住む生活水準や家庭環境をおなじくする藩士のあいだであっても、妻から夫に対する会話場面、挨拶や謝罪をする会話場面、親戚がその場にいる会話場面といった、礼儀を必要とするよ

うな改まった場面や親しい間柄のなかでも一定の礼節を必要とする近しい人との場面では α 体系が用いられる。このように、その場をどう捉えるかということは刻々と変わるものであり、生活のなかでは、時と場合に応じた待遇表現の運用が求められていたものと思われる。

このように、『桑名』を対象とした本書の分析をとおして、近世末期の桑名藩では異なる社会構造を背景として複数の体系が発達していたこと、そして、平太夫ら近世末期桑名藩の下級武士とその家族は、それらの体系を場面や生活空間の違いに応じて使い分けながら生活していたことが明らかになった。さきにみたように、江戸城内や幕府の役所における幕臣の言語を知りうる資料である『よしの冊子』にも、『桑名』にみられるような場面による使い分けがみられることから（金田　1987）、こうした場面や生活空間の違いに応じた体系の使い分けは、近世武家社会において広くみられるものであったのではないかと思われる。

7．おわりに

以上みてきたように、平太夫ら近世末期桑名藩の下級武士とその家族は、異なる社会構造を背景として発達した多彩な待遇表現体系を使い分けながら、ある時代、そして、ある社会を生きていた。

本章のおわりに、ここまで明らかにしてきた『桑名』にみられる待遇表現体系のありようを、平太夫ら近世末期桑名藩の下級武士とその家族の側に立って、やや抽象的な言い方でまとめるとすれば、彼らは、ことばを通じて、開かれた社会とも閉じられた社会ともつながっていたということができよう。

日本語の歴史的変遷の意味を社会や精神文化といった言語外の要因との関わりから解釈することの重要性を説いた阪倉篤義（1977：230）は、「具体的な言語事実に即して考えられる日本語の変遷を、一つの精神史または文化史の展開としてながめるとき、そこにはじめて日本語の「歴史」が構想されることにな」るとするが、その時代をたしかに生きていた人々の生活を浮かびあがらせ、生活のなかで運用されていたものとしての待遇表現体系のすがた

第12章　近世末期桑名藩の下級武士とその家族の武家のことばとしての待遇表現体系　309

を捉えることをこころみてきた本書は、不十分なところがあるものの、そうした観点から、『桑名』にみられる待遇表現体系のありようを具体的にながめてきたものであるということができる。

　阪倉は、日本語の変遷を「スタイルの変移ないし更改」と捉え、その背景を「時代の精神文化のあり方」に求めているが、たとえば阪倉（1975）では、具体的な言語事実として「活用語の連体形で文をむすぶ形式」をとりあげて、そうした連体終止が多用されるに至った背景について、次のように述べている。

　　すなわち、心情的な連帯感によってむすばれていた、閉じられた社会から、さらに開かれた社会へと、コミュニケーションの場が拡大するなかで、事実の正確な伝達を行うと同時に、また、意志的・行動的な時代の能動的思惟をも表現するためには、こうした形式が、もっとも適合するものになってきたのである。　　　　　　　　　阪倉（1975：291）

これは、連体終止の一般化について述べたものであるが、『桑名』にみられる α 体系と β 体系という待遇表現体系もまた、広い視野に立ってみれば、それぞれ「開かれた社会」と「閉じられた社会」の上に成り立つものであった。「コミュニケーションの場が拡大」した流動的な社会、すなわち開かれた社会では、α 体系が用いられる。外へ外へと広がる開かれた社会では、分析的、かつ単純な体系が発達している。いわば、スタンダードともいえる体系である。その一方で、「心情的な連帯感によってむずばれてい」る固定的な社会、すなわち閉じられた社会では、β 体系が用いられる。家族や生活水準をおなじくする藩士仲間との閉じられた社会では、非分析的、かつ複雑な体系が維持されている。

　なお、日本語の歴史的変遷を「閉じられた社会」から「開かれた社会」へという社会構造の変化との関わりからみようとする、こうした阪倉の一連の言説は、近年、言語行動全般の歴史や地域差に対する関心が高まるなかで、注目されている（小林隆・澤村美幸　2010、高山善行　2012など）。

たとえば、配慮表現の歴史を明らかにしようとした高山（2012）は、阪倉が指摘する「閉じられた社会」から「開かれた社会」へという社会構造の変化と配慮表現の発達との関係を素描することをこころみている。そして、「配慮表現の発達過程から、歴史の時間性を捨象すれば、「閉じられた社会」と「開かれた社会」という社会構造の対立の問題となる。これは、「都市部―農村部」などの地域差と平行して扱えるか」（高山　2012：126）という課題をあげている。また、高山はこの引用部分の脚注において、「「閉じた社会」と「開いた社会」とを直接的に対比することは、資料の制約もあり、日本語史研究の範囲内では困難である」と述べている。本書は配慮表現という観点からはみていないので一概に論じることはできないが、本書はそうした資料の制約を克服して、『桑名』にみられる待遇表現体系と社会構造との関係を具体的、かつ、実証的に明らかにしてきたものということができるのではないだろうか。

注
1）　佐藤官左衛門が相談した相手である同役の伊藤善内が4石2人の舞台格以下であることを考えると、佐藤官左衛門も舞台格以下であると考えられる。

終章　近世語研究への展望

　近世末期桑名藩の下級武士・渡部平太夫によって書かれた『桑名日記』を対象として、近世武家社会における待遇表現体系の一端を明らかにしようとしてきた本書を以上で終えることとする。
　本書では、はじめに第1部において、日記の内容や桑名藩に残る歴史史料を活用することにより、その時代をたしかに生きていた人々の生活を浮かびあがらせ、そのうえで、第2部と第3部において、生活のなかで運用されていたものとしての待遇表現体系のすがたを捉えることをこころみた。第2部では、述部待遇表現形式や人称代名詞といった具体的な事象を対象として、待遇表現の運用実態を量的に分析した。第3部では、第2部でそのようにして明らかにした待遇表現体系の性格について、さまざまな視点から質的に考察した。
　江戸時代の敬語を含む待遇表現については、その実態を捉えることが容易ではないことが田中章夫（1973）によって指摘されている。田中によれば、江戸時代の日本語を記述しようとすると、まず、前半は上方語を中心に、後半は江戸語を中心にというように、地域的に連続しない。また、階層からみると、町人階級や遊里での資料に偏り、「現代敬語体系の源流と推定される、江戸の武家社会の敬語表現の実態を物語るものは、ほとんどないと言ってよい」といい、「多くの敬語現象が、江戸語から、明治の東京語に、すなおにつながっていかないの」はそのためであるという。
　本書が対象とした『桑名日記』（以下、『桑名』とする）は、武家といっても桑名という地方の、しかも下級の武士である渡部平太夫によって書かれたものである。したがって、本書で明らかにした近世末期桑名藩の下級武士とその家族の待遇表現体系が、そのまま「江戸の武家社会の敬語表現の実態」を示すものとはいえない。しかし、武家によって書かれた口語的な文献資料

が少ないことを考えると、本書の結果は、近世武家社会における待遇表現体系のありようを少なからずうかがいしるものといえよう。また、武家かどうかは別として、複数の文献資料によらず、ひとつの文献資料から近世のある社会における待遇表現体系のありようを体系的に描き出したところに、本書の特色があると考える。

近年、現代語につながる近世語研究の役割が再認識されつつあるが（金澤裕之・矢島正浩 2011など）、近世末期桑名藩の下級武士とその家族の生活を思い描きながら進めてきた本書の分析・考察が、そうした近世語研究の発展に何らかのかたちで貢献できるものであれば、幸いである。

そこで、本書のさいごに、『桑名』を対象として近世武家社会における待遇表現体系のありようを明らかにしてきた本書の意義を整理しつつ、近世語研究への展望をわずかながら述べておきたい。

まず、方法についてみると、本書では、一次資料だけでなく周辺の歴史史料などを活用することにより、登場人物の属性や場面といった待遇表現の使い分けに関わる要因を客観的に把握することができた。分限帳や親類書といった歴史史料から客観的に把握した身分や親疎と関わらせることにより、近世末期の桑名藩において、たしかに運用されていたものとしての待遇表現の実態を明らかにすることができた。

また、10年にもおよぶ日記の内容から武家の生活実態や社会のありようを明らかにすることにより、待遇表現の豊かな運用の実態を描き出すことができた。二種の体系が異なる社会構造を背景として発達していることが明らかになったのも、『桑名』の筆者である平太夫ら下級武士とその家族の日々の生活のありようを具体的に捉えることができたからである。たとえば、日々の日記の内容からは、彼らが糸引きや網すきといった内職に精を出していたことがわかるが、こうした内職寄合の仲間との場面かどうかということは、待遇表現の使い分けにおいて重要なことであった。さらにはそこから、仲間意識や連帯意識を高めることを目的のひとつとするというβ体系の特徴が浮かびあがった。

本書においてこのような方法を採ることができたのは、『桑名』が持つ資

料の良さによるところが大きく、どの文献資料においても同様の方法を採用できるというわけではない。だが、本書の分析をとおして示してきた方法は、「日本語史研究の中の一領域として、近世語であるがゆえに可能となる接近法、あるいは近世語を対象とするからこそ外せない視点」（金澤・矢島　2011：1）を取り入れたものといえるのではないだろうか。

　すなわち、とくに待遇表現の研究においては形式そのものだけでなく、人間関係や場面、あるいは生活実態や社会のありようをできうるかぎり押さえることが重要になってくるが、多種多様な資・史料が残る近世では、そうした方法を積極的に採ることが可能となる場合がある。また、「それ以前の時代の言語研究に比べれば、相対的に多様な発話者や発話場面を反映した資料に恵まれている」（福島直恭　2011：134、金澤・矢島　2011所収）と考えられる近世語を扱う場合、そうした人間関係や場面ひとつひとつへのまなざしは、欠かせないものであるといえよう。本書の分析をとおして、多様な発話者や発話場面を反映した資・史料が残る近世を扱うからこそできる研究というものがたしかにある、ということを示すことができたのではないかと思う。

　次に、そのようにして明らかにしてきた本書の内容をみると、第2部でみたような個々の事象の運用実態のみならず、あるひとつの地域社会における待遇表現体系の全体像が明らかになったことの意義は大きいように思う。本書の第3部では、『桑名』には異なる社会構造を背景として発達したと考えられる二種の待遇表現体系（X体系を含めば三種の体系）が併存していること、また、平太夫ら近世末期桑名藩の下級武士とその家族は、日々の生活のなかでこれらの体系を場面や生活空間の違いに応じて使い分けていることを指摘した。そして、このような二種の体系が併存するという状況は、現代日本語の諸方言にもみられるものである（第11章：5節）。

　言語変化の側面を言語使用者の「スタイル切換え行動」という点から整理した渋谷勝己（2008：179）は、「現代日本語社会に生きるわれわれは（またおそらく有史以来の日本語使用者たちも同じように）、日常生活において運用できる日本語のレパートリーとして、さまざまな変種をもって」おり、「われわれは、だれもがその複数の変種を操ることができる多変種使用者である」

とするが、思い切って本書の内容を概括とするとすれば、本書は、こうした多変種使用の実態を過去の文献資料から具体的に明らかにしたものといえるのではないだろうか。第12章のおわりに述べたように、『桑名』に登場する平太夫ら近世末期桑名藩の下級武士とその家族は、ことばを通じて、開かれた社会とも閉じられた社会ともつながっていたということができる。本書の分析をとおして、現代日本語にもみられるような多変種使用の実態を過去のものである『桑名』から明らかにすることができたとすれば、その時代をたしかに生きていた人々の生活を浮かびあがらせ、生活のなかで運用されていたものとしての待遇表現体系のありようを分析するという本書のこころみは、ひとまず成功したといえよう。

ただし、課題もある。場面による使い分けということからいえば、文芸作品にみられる武士のことばにも、そうした使い分けがあることが指摘されている（小松寿雄 1985）。本書では、『桑名』にみられる待遇表現の運用実態を精細に記述することに重きを置いてきたため、全体をとおして、従来の文芸作品を対象とした研究との比較・対照が不十分であったということは否めない。今後は、武家のことばを対象とした従来のさまざまな研究成果についてもふまえつつ、近世武家社会における言語実態を広く捉えていく必要がある。

ところで、近世語を対象として研究するとき、われわれは常に、現代日本語、とくに共通語へのつながりを意識する。たとえば、敬語・待遇表現についていえば、現代日本語につながるような聞き手への配慮はおもに町人階級で発達したとされてきた（宮地裕 1981、小松 1971など）[1]。また、武家の資料に見いだされてきたオ〜ニナルなど（原口裕 1974、諸星美智直 1997）は、支配者階級であった武家のことばのなかに現代日本語、とくに共通語において用いられる表現を探し求めたものといえる。

このような視点はたしかに重要なものであり、本書でも、折にふれて現代日本語につながるような特徴を求めてきた。とくに、本書で α 体系とした体系は分析的傾向を持つものであり、現代日本語へのつながりを強く感じさせるものであった。また、桑名城下全域で用いられること、武家階級以外の人

も用いることなどをあわせ考えると、α体系は汎用的な体系といえ、共通語につながる体系ということもできる。

　しかしながら、体系の使用者である平太夫ら下級武士とその家族からみれば、生活のなかで必要となる体系はこうしたα体系のみではない。近世語研究においては、現代日本語や共通語とのつながりを必ずしも持たないβ体系のような体系は注目されることが少ないように思われるが、彼らにとってはβ体系もまた、生活していくうえで欠かせない体系のひとつなのである。つまり、全体として捉えれば、彼らは多様な体系を持ち、生活のなかでそれらの体系を繊細かつ有機的に使い分けていたといえる。

　近世語研究において、こうした言語の多様性を認識することの重要性を説いたものとして、福島直恭（2011）がある。福島が強調する「言語の多様性」とは「ある特定の地域に、複数の言語変種が混在している状態」ではなく、「同じ機能を果たす言語形式にも複数の音や形態が存在するということ、言い換えれば言語的変異形が数多く存在する」という状態であり、本書でみたような体系そのものの使い分けではなく、「言語体系」を成す形式の使い分けをみたものではあるが、本書の意義を考えるうえでも学ぶことが多い。福島はこのような言語的変異形について、次のように述べている。

　　人間は言語的変異形の使い分けを通して、自分がどのような人間であるかを示しながら——別の言い方をすると、ある特定の社会空間における自分のポジションを確認しながら——生きているということができる。自分がどのような人間であるかを示すことは、人間にとって非常に重要な行為であり、誰にとっても言語生活の上での最も重要な目的と言えるものである。
　　　　　　　　　　　　　　　　　　　　福島（2011：129-130）

まさに、『桑名』にみられるβ体系は、「自分がどのような人間であるか」を示す重要な体系であったといえよう。おそらく、このことは、本書ではその内実をみることができなかった「拙者」や「申ス」、あるいは「レル・ラレル」が属すると思われるX体系、そして、話し手自身の品位を高めるために用い

られることがあると考えられるα体系においても同様のことである。

　たしかに、本書の出発点がそうであったように、近代日本語の成立を探ることは近世語研究の大きな目的のひとつといえる。だが、その一方で、言語の多様性を捉えるためにも、ある時代・地域・位相の言語体系を多様な発話者や発話場面に着目して丹念に記述するということも重要なことであるといえよう。そのような点において、山崎久之（2004）・小島俊夫（1974）の研究は文芸作品を対象としたものとはいえ、非常に優れたものであるとあらためて思うのである。

　以上のように、本書では、近世末期の桑名藩をたしかに生きていた人々によって運用されていたものとしての待遇表現体系のありようを描き出してきた。平太夫ら下級武士とその家族は、いまを生きる私たちがそうであるように、場面や生活空間の違いに応じて、さまざまな待遇表現を精細かつ有機的に使い分けながら生きていた。こうした多変種使用の実態は、渋谷が指摘するように、過去においても、また、現在においても見出されるものである。

　そのように考えると、新たな課題もみえてくる。α体系とβ体系（そしてΧ体系）のあいだの関係はどのようであるのか（重複するところはあるのかないのか）、彼らはこれらの体系をどのように習得するのか（たとえば子どもである鑠之助は、α体系とβ体系をどのように用いているのか）、武家社会が崩壊したのち集団によって維持されているβ体系はどうなるのかなど、さまざまな観点からのさらなる分析が望まれる。

　また、α体系とβ体系を成す個々の形式の出自も気になるところである。α体系についていえば、他の文献資料にも視野を広げてみていく必要があるだろう。人称代名詞の〈私〉に対する対称がみられないという体系は、永田高志（2009）によれば『捷解新語』にもみられ、近世前期にはできあがっていたというが、それでは、α体系の述部待遇表現形式のひとつである御～ナサルや御～クダサルの変遷はどのようであったのであろうか。また、β体系の「ナヘ」「ヤヘ」「ヤレ」は、どこから来たものであるのであろうか。他の時代・地域・位相を扱う文献資料や、本書ではほとんどふれることのできなかった桑名藩の転封先の藩地方言との関わりも含めて、それぞれの体系を成

す個々の形式の出自がわかれば、α体系とβ体系の特性がより際立ち、それにより、過去のあるひとつの社会における多変種使用の実態をより詳しく捉えることができるであろう。

　さらにいえば、こうした社会構造の違いを背景とした体系の発達と、そうした複数の体系の使い分けは、『桑名』にみられる他の事象にもみられるのではないかと思われる。本書では扱わなかった謙譲語や丁寧語、あるいは条件表現などの文法事項ではどうであろうか。

　そうした分析を積み重ねることにより、『桑名』における多変種使用の実態がより精細に明らかになるばかりでなく、本書ではふみ込んで論じることのできなかったこと、すなわち、阪倉篤義（1975、1977、1993など）が指摘する社会構造や精神文化の変化を背景とした「総合的表現から分析的表現へ」というような日本語の歴史の大きな流れのなかに『桑名』における待遇表現体系のありようを位置づけてみる、というようなことも可能になるのではないかと思う。

　このように、残された課題は少なくない。しかし、それだけに、渡部平太夫著『桑名日記』（全4冊）、そして本書では対象としなかった『桑名』の返信にあたる渡部勝之助著『柏崎日記』（全3冊）は、桑名という地方の、下級武士によって書かれたものとはいえ、さまざまな研究の可能性を秘めたものであると思うのである。

　『桑名日記』を対象として近世武家社会における待遇表現体系の一端を明らかにしてきたこの研究が、近世語研究の発展に寄与するものであるだけでなく、他の時代を扱う日本語史の研究や日本語学の研究、さらには周辺領域の研究に少しでも有益な示唆を与えるものであることを願いつつ、本書を終えたい。

注
1） なお、武家によって書かれた『桑名』にも現代敬語の特性がみられ、こうした現代日本語につながるような特徴が町人階級によってのみ育まれたものではないことは、第11章で述べたとおりである。

既出論文との関係

第4章　佐藤志帆子（2008）「『桑名日記』にみる近世末期下級武士の待遇表現」
　　　　『日本語の研究』4-2　日本語学会
第5章　山本志帆子（2010a）「『桑名日記』にみる近世末期下級武士の命令表現」
　　　　『社会言語科学』13-1　社会言語科学会
第6章　山本志帆子（2010b）「『桑名日記』にみる近世末期下級武士の働きかけの表現―授受補助動詞クレル類命令形を中心として―」
　　　　『国語国文』79-6　京都大学文学部国語学国文学研究室
第7章　山本志帆子（2012）「『桑名日記』にみられる述部待遇表現形式の体系間の待遇価値の異同―授受補助動詞クレル類を含む形式と含まない形式の体系に着目して―」
　　　　『国語学研究』51　東北大学大学院文学研究科「国語学研究」刊行会
第8章　山本志帆子（2010c）「『桑名日記』にみる近世末期下級武士の人称代名詞」
　　　　『近代語研究　第15集』近代語学会
第9章　山本志帆子（2010d）「『桑名日記』にみる近世末期下級武士の第三者待遇表現」
　　　　『国語学研究』49　東北大学大学院文学研究科「国語学研究」刊行会
第10章　山本志帆子（2011）「『桑名日記』にみる近世末期下級武士の待遇表現の使い分けにかかわる場面の内実」
　　　　『佐賀大国文』40　佐賀大学国語国文学会

上記の他は新稿。

本書において用いた資料／史料一覧（所蔵先、出典順）

桑名市教育委員会（1989）『桑名藩分限帳』
　　『嘉永元二月二十八日改御家中分限帳』
　　『嘉永四亥年舞臺格已下分限帳』
　　『萬延元庚申年分限帳』
　　『御家中町割軒列名前覚』
桑名市教育委員会（1990）『桑名藩資料集成Ⅱ』
　　『文政八年城下絵図』
桑名市博物館蔵
　　自筆本『桑名日記』
　　自筆本『柏崎日記』
澤下春男・澤下能親校訂（1983）
　　『桑名日記』（全4冊）
　　『柏崎日記』（全3冊）
　　『桑名日記　柏崎日記　解題』
東北大学附属図書館狩野文庫蔵
　　『桑名御城下之圖　折一枚』
堀田吉雄（1969）『桑柏日記民俗抄』伊勢民俗学会
渡邉夸任子氏所蔵
　　『渡部平太夫親類書』のコピー
　　『渡部勝之助親類書』のコピー
　　『渡邉氏系圖』のコピー
渡部平太夫・渡部勝之助、堀田吉雄解題（1971）「桑名日記・柏崎日記（抄）」
　　（『日本庶民生活史料集成　第15巻　都市風俗』三一書房）

参考文献

飯豊毅一（1987）「対外身内待遇表現の調査」『学苑』565
磯田道史（2003）『近世大名家臣団の社会構造』東京大学出版会
井出祥子（2006）『わきまえの語用論』大修館書店
井上史雄（1989）『言葉づかいの新風景（敬語と方言）』秋山書店
加藤正信（1973）「全国方言の敬語概観」『敬語講座6　現代の敬語』明治書院
金澤裕之・矢島正浩（2011）『近世語研究のパースペクティブ　言語文化をどう捉えるか』笠間書院
金田弘（1987）「『よしの冊子』と武士の言葉—オレ・貴様、シャル・サッシャル、オ〜ニナルなど—」『近代語研究　第7集』武蔵野書院
神木康代（1992）「江戸後期・都市生活の諸相—桑名藩士・渡部平太夫の「桑名日記」を素材に—」『四条畷学園女子短期大学研究論集』26
神部宏泰（2007）『方言の論理—方言にひもとく日本語史—』和泉書院
菊地康人（1994）『敬語』角川書店
岸田浩子（1974）「近世後期上方語の待遇表現—命令表現を中心に—」『国語国文』4-3
金田一京助（1941）「女性語と敬語」『婦人公論』中央公論社
工藤真由美（1979）「依頼表現の発達」『国語と国文学』56-1
倉田正邦（1956）「桑名武家ことば語彙」『三重県方言』2
桑名市教育委員会（1959）『桑名市史本編』（近藤杢・平岡潤編纂）桑名市教育委員会
桑名市教育委員会（1960）『桑名市史補編』（近藤杢・平岡潤編纂）桑名市教育委員会
国語調査委員会編（1905）『音韻調査報告書』日本書籍
国語調査委員会編（1906）『口語法調査報告書』国定教科書共同販売所
小島俊夫（1974）『後期江戸ことばの敬語体系』笠間書院
小林隆・澤村美幸（2010）「言語的発想法の地域差と歴史」『国語学研究』49
小松寿雄（1961）「人情本の待遇表現」『国語と国文学』38-4
小松寿雄（1971）「近代の敬語Ⅱ」『講座国語史5　敬語史』大修館書店
小松寿雄（1985）『江戸時代の国語　江戸語』東京堂出版
小松寿雄（2007）「幕末江戸語の一・二人称代名詞」『学苑』802
小森俊平（1933）「方言より考察したる敬語の用法」『国語と国文学』10-9
阪倉篤義（1975）「「開いた表現」から「閉じた表現」へ—国語史のありかた試論」

『文章と表現』角川書店
阪倉篤義（1977）「国語史の時代区分」『講座国語史1　国語史総論』大修館書店
阪倉篤義（1993）『日本語表現の流れ』岩波書店
佐藤志帆子（2008）「『桑名日記』にみる近世末期下級武士の待遇表現」『日本語の研究』4-2
真田信治編（2006）『社会言語学の展望』くろしお出版
渋谷勝己（2008）「言語変化のなかに生きる人々」『シリーズ日本語史4　日本語史のインタフェース』岩波書店
高山善行（2012）「日本語の配慮言語行動の歴史的研究」『「配慮」はどのように示されるか』ひつじ書房
田中章夫（1957）「近代東京語命令表現の通時的考察」『国語と国文学』34-5
田中章夫（1973）「近世敬語の概観」『敬語講座4　近世の敬語』明治書院
田中章夫（2001）『近代日本語の文法と表現』明治書院
玉上琢弥（1952）「敬語の文学的考察—源氏物語の本性（其二）—」『国語国文』21-2
辻加代子（2001）「京都市方言・女性話者の「ハル敬語」—自然談話資料を用いた事例研究—」『日本語科学』10
辻加代子（2002）「京都市方言・女性話者の談話における「ハル敬語」の通時的考察—第三者待遇表現に注目して—」『社会言語科学』5-1
辻村敏樹（1968）「「貴様」の変遷」『敬語の史的研究』東京堂出版
辻村敏樹（1971）「敬語史の方法と問題」『講座国語史5　敬語史』大修館書店
土井忠生訳（1955）『ロドリゲス日本大文典』三省堂出版
時枝誠記（1941）『国語学原論』岩波書店
外山映次（1977）「敬語の変遷（2）」『岩波講座日本語4　敬語』岩波書店
永田高志（2001）『第三者待遇表現史の研究』和泉書院
永田高志（2005）「待遇表現の歴史」『日本語学』24-11
永田高志（2009）「「捷解新語」の対称詞」『日本近代語研究5』ひつじ書房
中村通夫（1948）「夢酔独言の語学的価値」『東京語の性格』川田書房
野村剛史（2011）『話し言葉の日本史』吉川弘文館
速水博司（2007）「『夢酔独言』における人称代名詞と準人称代名詞の考察」『目白短期大学部紀要』43
原口裕（1974）「「『お―になる』考」続貂」『国語学』96
彦坂佳宣（1984）「幕末期における転封藩士の言語生活—桑名家中弁の成立と様相の一斑—」『国語学』139
彦坂佳宣（2003）「桑名藩家中弁の成立と終焉—原因・理由表現の考察から—」『国

語学』214
久徳高文（1956）「桑名藩史略」『三重県方言』
日高水穂（2009）「敬語と授与動詞の運用に関わる現場制約性―日本語諸方言の対照研究の観点から―」『日本語文法』9-2
飛田良文（1977）「英米人の習得した江戸語の性格」『国語学』108
広瀬満希子（1991）「『浮世風呂』における命令法について―位相を視点として―」『国文鶴見』26
広瀬満希子（1992）「『浮世床』における命令法について―話者とその使用形式との関係を視点として―」『国文鶴見』27
福島直恭（2011）「日本語の歴史的研究と変異形」『近世語研究のパースペクティブ　言語文化をどう捉えるか』笠間書院
堀田要治（1956）「桑名市新地・矢田磧に残る語法」『三重県方言』2
松岡義一（1956）「武家ことばと背中合わせに住んでいた私」『三重県方言』2
松村明（1977）「江戸時代の言語生活」『近代の国語　江戸から現代へ』桜楓社
三石泰子（1977）「待遇表現としての文の地理的分布―長野県飯山市・新潟県新井市地方の場合―」『国語学』109
南不二男（1972）「日常会話の構造―とくにその単位について―」『月刊言語』1-2
宮治弘明（1987）「近畿方言における待遇表現運用上の一特質」『国語学』151
宮地裕（1981）「敬語史論」『講座日本語学9　敬語史』明治書院
村上謙（2009）「近世上方における尊敬語化形式「テ＋指定辞」の変遷」『日本語の研究』5-1
諸星美智直（1997）「武市瑞山文書から見た土佐藩士の言語について」『国語学』191
諸星美智直（2004）『近世武家言葉の研究』清文堂
森岡健二（1980）「国語史における心学道話の位置」『国語学』123
森岡健二（1991）『近代語の成立―文体編―』明治書院
山崎久之（2004）『増補補訂版　国語待遇表現体系の研究』武蔵野書院
山本志帆子（2010a）「『桑名日記』にみる近世末期下級武士の命令表現」『社会言語科学』13-1
山本志帆子（2010b）「『桑名日記』にみる近世末期下級武士の働きかけの表現―授受補助動詞クレル類命令形を中心として―」『国語国文』79-6
山本志帆子（2010c）「『桑名日記』にみる近世末期下級武士の人称代名詞」『近代語研究　第15集』武蔵野書院
山本志帆子（2010d）「『桑名日記』にみる近世末期下級武士の第三者待遇表現」『国

語学研究』49
山本志帆子（2011）「『桑名日記』にみる近世末期下級武士の待遇表現の使い分けにかかわる場面の内実」『佐賀大国文』40
山本志帆子（2012）「『桑名日記』にみられる述部待遇表現形式の体系間の待遇価値の異同―授受補助動詞クレル類を含む形式の体系と含まない形式の体系に着目して―」『国語学研究』51
山本淳（1993）「『東海道四谷怪談』における命令表現の実態」『山形県立米沢女子短期大学紀要』28

あ と が き

　この書は、江戸時代の武家の生活を思い描きながら桑名藩の下級武士とその家族の待遇表現体系を明らかにしようとしてきた、私の足あとである。
　私が、『桑名日記』『柏崎日記』にはじめて出会ったのは、父を亡くした2002年の冬のことであった。立命館大学文学部の彦坂佳宣先生のもとで、『柏崎日記』の電子化を進める作業をすることになり、その作業の過程で『柏崎日記』を少しずつ読み進めた。日記を読み進めていくうちに、『柏崎日記』の筆者である渡部勝之助や妻のおきく、子のおろくや真吾といった登場人物に親しみを覚えるようになっていったことを思い出す。その後、卒業論文において、『柏崎日記』に比べて口語的な文体が広くみられる『桑名日記』を対象として、ト・バ・タラ・ナラが文体や場面によってどのように使い分けられているのかを考察した。「『桑名日記』における仮定条件表現について」と題した卒業論文は、今から思えば拙いものであったが、彦坂先生のもとで学ぶなかで、研究のおもしろさを知ったように思う。
　研究をさらに深めるべく門戸を叩いた東北大学大学院文学研究科では、『桑名日記』に登場する人々の声が聞こえるような研究をしたいとの思いから、待遇表現体系のありようを明らかにすることを目的とした。はじめのころは人間関係も良くわからず、手探りの状態であった。そのような折、東北大学附属図書館狩野文庫に桑名藩の分限帳や地図があることを知り、それがきっかけとなって歴史史料を活用した研究を進めることになった。
　『桑名日記』にみられる待遇表現体系のありようを調査するにあたっては、多くの用例を調べ、用例に語らせるという方法を採った。真実は用例だけが知っている、そのような思いで用例の収集と整理に没頭した。その一方で、平太夫や鐐之助の声が聞こえるような研究でありたいと思い続けた。そうして研究を進めるうちに、平太夫たち桑名藩士のあいだでは糸ひき仲間かどう

かということが待遇表現の使い分けにとって重要であること、「親しき仲にも礼儀あり」といった現代にも通じる使い分けがあることなど、生活に根ざした興味深い使い分けの実態がみえてきた。本書をとおして、桑名藩をたしかに生きていた人々の、ことばの繊細な使い分けの実態を描き出すことができたならば、幸いである。

　ここで、本書を成した経緯について述べておく。本書は、2010年12月に東北大学に提出した博士（文学）学位論文『近世武家社会における待遇表現体系の研究―『桑名日記』にみる桑名藩下級武士を中心として―』を加筆・修正して、まとめたものである。
　刊行にあたり、副題についてはこの研究が『桑名日記』を主たる対象としたものであることをかんがみ、「桑名藩下級武士による『桑名日記』を例として」とあらためた。序章から第10章までは、ほぼ博士論文のままである。第11章以降については大幅に修正したが、これには理由がある。博士論文では、『桑名日記』にはα体系とβ体系という二種の体系が併存する、これは「わきまえ」によるものであり、現代を生きる我々に視座を与えるものであるという結論をもって終わったが、2011年4月に佐賀大学文化教育学部に赴任したのち、遅々として刊行の準備が進まないでいるうちに思いもかけず父とおなじ病を得て、事情が変わってきた。残された時間のことを考えると、不勉強なところがあることは承知のうえで、近世語研究や日本語学の研究の発展により役立つようなかたちでまとめたいと思うようになった。そのような事情により、博士論文で第11章と終章としたところについては大幅に書き直した。本書では、博士論文で終章としたところを第12章とし、新たに終章としたところで近世語研究への展望をわずかながら述べた。

　本書を成すにあたり、多くの方々のご協力を得た。まず、私が『桑名日記』を対象として研究することができたのは、澤下春男氏、澤下能親氏の翻刻があったからである。およそ10年にもおよぶ『桑名日記』全4冊と、その返信にあたる『柏崎日記』全3冊を丹念に翻刻された両氏には、敬意を表すると

ともに心からの感謝を申し上げたい。

　そして、このようなすばらしい資料を長く保存してこられた、桑名市のみなさまにも感謝申し上げたい。

　『桑名日記』『柏崎日記』をかつて所蔵されていた故・伊東春夫氏の奥様でいらっしゃる伊東富江さんには、伊東春夫氏がご存命ならばこの研究を喜んだに違いないとのうれしいお手紙をいただき、たいへんな励みになった。

　桑名市博物館には、自筆本『桑名日記』『柏崎日記』の写真撮影をご快諾いただいた。とくに、学芸員の杉本竜さんにはご尽力を賜った。翻刻を自筆本の写真と比較することができるようになったことにより、用例をより精確に扱えるようになった。

　『桑名日記』の筆者・渡部平太夫氏のご子孫でいらっしゃる渡邉夸任子氏には、『渡邉家系図』『渡部平太夫親類書』『渡部勝之助親類書』をご恵送いただいた。これらの貴重な史料により、親戚関係など長く疑問に思っていた多くのことが氷解した。ここであらためて、心からのお礼を申し上げたい。

　また、本書をまとめるまでに、多くの先生方にご指導・ご教示をいただいてきた。立命館大学文学部の彦坂佳宣先生には、『桑名日記』と出会う機会を作っていただいたばかりでなく、研究に対する心構えをはじめ、多くのことを教えていただいた。とくに、佐藤喜代治先生がおっしゃっていたという「功をあせらず後々まで動かぬ論証を」という教えは、今日に至るまで、研究生活における私の心のよりどころであった。

　東北大学国語学研究室では、斎藤倫明先生、小林隆先生、大木一夫先生、甲田直美先生に、懇切・丁寧なご指導を賜った。とくに、大木一夫先生には大学院時代を通して多くのことを教えていただいた。大学院では、先生のご指導を励みにして研究を進めてきたことが思い返される。大学院を修了し就職したあとも、大木先生は研究・教育において私の大いなる目標であった。

　また、大学院の集中講義等においては、武家言葉研究の先達でいらっしゃる諸星美智直先生はじめ、多くの先生方に有益なご教示を賜った。ここで、以上の先生方、そして、学会や研究会、あるいは投稿論文の査読をとおしてご教示を賜ったすべての先生方に、心より御礼を申し上げたい。これ以上、

学恩に報いることができそうにもないことが悔やまれるが、ひとまずこの書を刊行することで、これまでの御礼としたい。

なお、本書は日本学術振興会の平成21年度科学研究費補助金（特別研究員奨励費、課題番号215574）の成果を含んでいる。博士後期課程に在籍中、特別研究員として研究に専念できたことは、たいへんありがたいことであった。

さて、万全の体調ではないなか、和泉書院の廣橋研三編集長と恩師である彦坂先生、大木先生のあたたかい励ましがあり、何とかここまでたどり着くことができた。彦坂先生と大木先生は序文まで書いて下さった。生涯において、かけがえのない師と出会えたことは、このうえない幸せであったとあらためて思う。

また、こうして病を得ながら最後まで仕事を続けることができたのは、佐賀大学文化教育学部の甲斐今日子先生、白石良夫先生をはじめとする同僚の先生方と学生たち、大学院修了後も変わらず助けとなってくださる鳴海伸一さん、安本真弓さんをはじめとする東北大学国語学研究室の先輩方、そして、母と弟たちのおかげである。ここに記して、深謝したい。

博士論文が受理され、学位授与式を待つあいだの2011年3月11日、東日本大震災が発生した。あの日、避難した中学校の校庭で見上げた仙台の夜空には、無数の星が美しく煌めいていた。夜とはこんなにも暗いものだったのかと驚いた。そして、多くの人々の命が失われたことを思うと、この研究が何の役に立つのかと自問せずにはいられなかった。それでも、本書でまとめた『桑名日記』を対象とした待遇表現体系の研究が、私の生きたあかしであることだけは間違いないと、あれから3年以上が経った今も信じている。ようやく二語文が出始めた長女・千秋が成長し、いつの日かこのあとがきを読んだときのため、最後にこのことを記しておく。

  2014年5月　麦秋の佐賀にて

佐藤　志帆子

■ 著者紹介

佐藤志帆子（さとう しほこ）
1982年札幌市に生まれ、静岡市（旧清水市）で育つ。
2005年立命館大学文学部卒業。
2011年東北大学大学院文学研究科（国語学専攻）博士後期課程修了。
日本学術振興会特別研究員を経て、
現在、佐賀大学文化教育学部講師。
博士（文学）。

研究叢書 451

近世武家社会における待遇表現体系の研究
―桑名藩下級武士による『桑名日記』を例として―

2014年11月25日　初版第一刷発行

著　者　佐藤志帆子
発行者　廣橋研三
〒543-0037　大阪市天王寺区上之宮町7-6
発行所　有限会社　和泉書院
電話 06-6771-1467
振替 00970-8-15043
印刷・製本 遊文舎

ⒸShihoko Sato 2014 Printed in Japan　ISBN978-4-7576-0723-1 C3381
本書の無断複製・転載・複写を禁じます。